Annette Leo und Peter Reif-Spirek (Hrsg.)

HELDEN, TÄTER UND VERRÄTER

Annette Leo und Peter Reif-Spirek (Hrsg.)

HELDEN, TÄTER UND VERRÄTER

Studien zum DDR-Antifaschismus

METROPOL

Die Deutsche Bibliothek – CIP-Einheitsaufnahme
Helden, Täter und Verräter : Studien zum DDR-Antifaschismus /
Annette Leo und Peter Reif-Spirek (Hrsg.) - Berlin : Metropol, 1999
ISBN 3-932482-22-0

www.metropol-verlag.de

Umschlagbid:
OdF-Kundgebung am 14.09.1947 im Lustgarten in Berlin.
(Bundesarchiv)

Gestaltung:
ROTATION-Verlagsservice, Berlin

Druck und Bindung:
Wiener Verlag Ges. mbH Nachf. KG
A-2325 Himberg

INHALT

Annette Leo · Peter Reif-Spirek

PLÄDOYER FÜR DEN GENAUEN BLICK

Als 1989/90 nach dem demokratischen Umbruch sowie der deutschen Vereinigung neben den politischen und wirtschaftlichen Machtverhältnissen auch der Antifaschismus der DDR zur Diskussion und Disposition stand, waren die Reaktionen in Ost und West ambivalent und widerspruchsvoll wie der Gegenstand, dem sie galten. Die Schließung von Traditionskabinetten, die Umgestaltung von Ausstellungen, Straßenumbenennungen und die Beseitigung von Denkmälern wurden mit Beifall oder Empörung, Zustimmung oder Protest beantwortet. Nachdenklichkeit und unvoreingenommene Fragen waren in dieser aufgeregten Zeit selten, was angesichts der zentralen Bedeutung des DDR-Antifaschismus für die Herrschaftslegitimation der SED nicht weiter verwundert.

Gleichwohl erschöpfte sich der Antifaschismus der DDR nicht in dieser Funktion. Viele Ostdeutsche sahen darin das „beste Erbe" des untergegangenen Staates, das auch im vereinigten Deutschland gepflegt und bewahrt werden müßte. Der antifaschistische Konsens hatte bis hinein in kritische und oppositionelle Kreise der DDR-Intellektuellen gewirkt. Es handelte sich hierbei zweifellos um eine wichtige Grundüberzeugung der DDR-Gesellschaft, die von einem Teil der Bürger ernstgenommen wurde. Andererseits jedoch war kaum zu übersehen, daß diese Haltung mehr Glaube als Wissen war und seltsam abgetrennt von der Wirklichkeit, häufig auch abgetrennt von den jeweiligen familiären Erfahrungen existierte und einen genauen Blick auf das Erbe eher blockierte.

Erste Untersuchungen von Inhalten und Formen der bisherigen Erinnerungspolitik ergaben sich häufig aus der praktischen Notwendigkeit, über den künftigen Umgang mit KZ-Gedenkstätten, Museen, „antifaschistischen Traditionskabinetten" und Denkmalsanlagen zu befinden. Da im Mittelpunkt der „erzieherischen Botschaft" dieser Gedenkorte stets der DDR-Staat stand, in dem, wie es hieß, das Vermächtnis des antifaschistischen Widerstands erfüllt worden sei, waren eine kritische Bestandsaufnahme und das Nachdenken über neue Konzeptionen nach dem Verschwinden der DDR unumgänglich geworden. Bei der genaueren Untersuchung stellte sich oftmals erst heraus, in welchem Maße die SED-Führung die gesamte Darstellung der NS-Vergangenheit der Legitimation ihrer eigenen Macht untergeordnet hatte. Nicht nur, daß eine Reihe von Opfergruppen aus der offiziellen Erinnerung ausgeblendet worden war, auch Fakten, Strukturen und Zusammenhänge waren verkürzt und verzerrt worden, auf einen politischen Zweck zurechtgestutzt, der nun abhanden gekommen war.

Wie läßt sich dieser offizielle Antifaschismus als ein System von oben dekretierter Anschauungen über den Nationalsozialismus näher kennzeichnen? Der theoretische Rahmen blieb die bereits 1935 auf dem VII. Kongreß der Kommunistischen Internationale formulierte Doktrin Dimitroffs vom Faschismus als der „offenen terroristischen Diktatur der reaktionärsten, am meisten chauvinistischen, am meisten imperialistischen Elemente des Finanzkapitals". In der Engführung dieses ökonomistischen Ansatzes, der weit hinter den in der Arbeiterbewegung bereits erreichten Diskussionsstand zurückfiel – erinnert sei hier an die Arbeiten von Otto Bauer, August Thalheimer, Fritz Sternberg –, konnte gerade die Spezifik des Nationalsozialismus nicht erkannt werden. Nicht der Antisemitismus, die rassistische Vernichtungspolitik und der Holocaust standen im Zentrum der DDR-Faschismustheorie, sondern der Gegensatz von „reaktionärstem Finanzkapital" und Arbeiterbewegung, die unter kommunistischer Anleitung den Widerstandskampf geführt habe. In dieser reduzierten Perspektive „von oben", die den Blick vornehmlich auf die KP-Führung und die ökonomische Elite fixierte, mußte nicht zuletzt die Frage nach der massenhaften Zustimmung für das NS-Regime ausgespart bleiben. Das Verhalten der „ganz normalen Deutschen" und ihr aktiver Anteil an der NS-Eroberungs- und Vernichtungspolitik (etwa in der Wehrmacht) waren kein Gegenstand einer kritischen Analyse; sie galten als „Verführte", nicht aber als Trägerschichten des Nazismus.

Die offizielle Erinnerungspolitik war daher alles andere als eine repräsentative Widerspiegelung der Erfahrungen der verschiedenen Widerstandsgruppen und Verfolgten. Schon frühzeitig begannen Sowjetische Besatzungsmacht und SED die spontane und plurale Erinnerungskultur in den Hintergrund zu drängen und setzten eine

Hierarchie der Opfergruppen an ihre Stelle. Auch wenn die Entwicklung des DDR-Antifaschismus zahlreiche Zäsuren und Differenzierungen aufweist: Die Erinnerungskultur blieb doch immer der Geschichtspolitik der jeweiligen SED-Führungsgruppe und ihren machttaktischen Interessen untergeordnet. Alternative Deutungsmuster konnten sich lediglich im kulturellen Bereich (hier vor allem durch die Literatur wie z. B. von Johannes Bobrowski, Franz Fühmann, Fred Wander oder Christa Wolf) und im Umfeld der christlichen Kirchen oder der kleinen jüdischen Gemeinden entwickeln. Weitere Forschungen wären sicher wünschenswert, die der Frage nachgehen, ob sich hier in Ansätzen ein zivilgesellschaftlicher „Antifaschismus von unten" entwickelt hat, der andere Fragestellungen – etwa die Verantwortung des Individuums in der NS-Diktatur – in den Blick nahm.

Die ersten Auseinandersetzungen, die 1991/92 um die Umbenennung von Straßen für ermordete Widerstandskämpfer, um die Neuorientierung der KZ-Gedenkstätten oder das Thälmann-Denkmal in Ost-Berlin geführt wurden, erwiesen sich als ein schwieriger Balanceakt, und das, obwohl es sich anfangs fast ausschließlich um eine innerostdeutsche Debatte handelte. Es meldeten sich Leute zu Wort, die zusammen mit der DDR am liebsten gleich auch die Erinnerung an die Opfer der nationalsozialistischen Verfolgung loswerden wollten. Andere, die eben dieses Bestreben fürchteten, sperrten sich gegen jegliche kritische Annäherung an das bisherige Geschichtsbild. In diese Debatte mischten sich bald auch kräftige Stimmen aus der alten Bundesrepublik. Hier waren sowohl westdeutsche Linke zu vernehmen, denen die DDR als positives Gegenbeispiel zum bundesrepublikanischen Umgang mit der NS-Vergangenheit und als Projektionsfläche einer vermeintlich konsequenten Entnazifizierungspolitik diente. Es beteiligten sich aber auch konservative Historiker und Politiker, die die „zweite Schuld" (Ralph Giordano) der alten Bundesrepublik, den großen Frieden mit den NS-Tätern, leugneten und das DDR-Regime mit der NS-Diktatur gleichsetzen wollten. Solche Kontroversen verweisen auf die Notwendigkeit einer noch ausstehenden vergleichenden Geschichtsschreibung der NS-Aufarbeitung in beiden deutschen Staaten, die ihre wechselseitigen Polarisierungen (20. Juli versus kommunistischer Widerstand), aber auch gemeinsamen Ausgrenzungen und Ausblendungen analysiert (z. B. der Verfolgtengruppe der Roma und Sinti oder der sogenannten Asozialen und Gewohnheitsverbrecher).

Noch immer haben es differenzierte Stimmen schwer, die nüchtern und unvoreingenommen Leistungen wie Defizite des DDR-Antifaschismus untersuchen wollen, gerade weil sie die Auseinandersetzung mit der deutschen Geschichte von 1933 bis 1945 weiterhin für notwendig erachten und sie im vereinten Deutschland auf eine neue Basis stellen wollen. Seine machtpolitische Unschuld wird der Antifaschismus nicht mehr zurückgewinnen können, denn in seinem Namen wurde in der DDR eine repressive Machtstruktur etabliert, deren Repräsentanten auch Widerstandskämpfer waren. Dabei wurden zum Teil andere NS-Verfolgte wie z. B. Heinz Brandt Opfer der neuen Machtstruktur. An deren „doppelten Widerstand" wäre gerade heute in der historisch-politischen Bildung zu erinnern. Der „Antifaschismus" hat nur dann eine Perspektive, wenn er seine eigene Geschichte und damit auch seine repressiv-herrschaftliche Indienstnahme aufarbeitet und – über das „Anti-" hinaus – auf eine radikale Verteidigung universeller Menschenrechte verweist.

„Ich glaube, daß man immer auf der Seite der Verfolgten sein muß, wer sie auch sein mögen. Man muß dem Verfolgten eine Wohnung geben, man muß ihn im Keller verstecken, man darf keine Angst davor haben, und man muß generell gegen diejenigen sein, die verfolgen", sagt Marek Edelman, stellvertretender Kommandant des Warschauer Ghettoaufstandes von 1943.[1]

***

Die Beiträge des vorliegenden Bandes geben einen Einblick in eine Reihe von aktuellen Forschungsarbeiten und Recherchen zum Thema „DDR-Antifaschismus". Die Texte erzählen die Geschichte einzelner Menschen oder ganzer Opfergruppen, die nicht allein aus dem Erinnerungskanon, sondern auch aus der DDR-Gesellschaft selbst ausgegrenzt wurden. *Andreas Herbst* fand bisher unbekanntes Material über das Schicksal der Vorsitzenden der jüdischen Gemeinden ei-

1 Anka Grupinska, Im Kreis. Gespräch mit jüdischen Kämpfern, Frankfurt a. M. 1993, S. 28.

niger DDR-Städte. Auf dem Höhepunkt der antisemitischen Kampagne zu Beginn des Jahres 1953 sollten sie der Staatssicherheit ihre „geheimdienstlichen Kontakte“ gestehen. Die meisten von ihnen flohen daraufhin in die Bundesrepublik oder sogar in ihre ehemaligen Exilländer. *Andreas Weigelt* zeichnet in seinem Text minutiös die einzelnen Etappen des „Vergessens“ der jüdischen Opfer des Lagers Jamlitz nach, deren Geschichte in dem Maß verschwand, in dem das offizielle Gedenken mit Denkmal, Inschrift und feierlichen Zeremonien von dem Ort Besitz ergriff.

Einige Beiträge beschäftigen sich mit dem kommunistischen Widerstand, der zwar in der DDR-Überlieferung den wichtigsten Platz einnahm, dessen Geschichte jedoch mit all ihren Tabus und Widersprüchen erst heute erzählt werden kann. *Annette Leo* vergleicht in ihrem Beitrag „Gebrochene Biographien“ die Lebenswege von vier Kommunisten, die sich als treue Parteisoldaten im Widerstand engagierten, im Konzentrationslager Sachsenhausen inhaftiert waren und danach zu den Gründervätern der DDR gehörten bzw. in die Mühlen der stalinistischen Säuberungen gerieten. *Diana Grings* Porträt des ehemaligen Funktionshäftlings Karl Semmler aus dem KZ Mittelbau-Dora zeigt, wie die Lebenslüge eines traumatisierten Menschen und der Mythos vom kommunistischen Widerstandshelden in einer Weise zusammenfließen, in der das eine vom anderen kaum noch zu trennen ist. Karl Semmler spielte im Erinnerungskanon der DDR eine wichtige Rolle, wohingegen Walter Trautzsch, der als Kurier zwischen dem verhafteten Ernst Thälmann und der Emigrationsleitung der Partei in Paris fungiert hatte, jahrzehntelang darauf warten mußte, endlich von seiner Schweigeverpflichtung entbunden zu werden. Aus den unterschiedlichsten Gründen paßte seine Geschichte, die hier von *Annette Leo* rekonstruiert wird, nicht in das offizielle Bild von Ernst Thälmann und von der kommunistischen Emigration. *Wolfgang Kießling* stellt die Lebensgeschichte des jüdischen Kommunisten Leo Katz vor, der mit seinen Aussagen geholfen hatte, einen stalinistischen Schauprozeß in der DDR vorzubereiten und daran letztlich zerbrach. *Regina Scheer* erzählt von ihren Begegnungen mit Frauen von kommunistischen Widerstandskämpfern und Frauen, die selbst im Widerstand engagiert waren, und denkt über das Spannungsfeld zwischen Bild und Wirklichkeit nach.

Jürgen Danyel und *Insa Eschebach* wenden sich einem Thema zu, über das bisher noch relativ wenig bekannt ist: dem Umgang mit NS-Tätern und Mitläufern in der DDR. Der Beitrag von Jürgen Danyel zeichnet die gesellschaftlichen Auseinandersetzungen über dieses Problem in der SBZ und der frühen DDR nach. Insa Eschebach demonstriert anhand von Akten der Staatssicherheit, wie ehemalige Aufseherinnen des KZ Ravensbrück beurteilt und behandelt wurden.

Der Antifaschismus war stets ein wichtiger Bezugspunkt in der DDR-Literatur, die vermutlich das Vergangenheitsbild und die Wertvorstellungen ganzer Generationen von DDR-Bürgern nachhaltiger beeinflußt hat, als es die offizielle Geschichtspropaganda vermochte. *Martin Straub* untersucht das Bild, das Dieter Noll in „Die Abenteuer des Werner Holt" vom Krieg zeichnet, und geht der Frage nach, warum dieser Roman heute ein Kultbuch in der rechtsextremen Szene geworden ist.

Beim genauen Blick auf die Ereignisse der Vergangenheit löst sich die unproduktive Polemik der letzten Jahre auf, die sich in Angriff und Verteidigung, Rechtfertigung Ost und Selbstgerechtigkeit West erschöpfte. Zu diesem Vorgang möchte der vorliegende Band einen bescheidenen Beitrag leisten.

Julius Meyer in der Synagoge Rykestraße,
Berlin am 4. Mai 1949. (Ullstein Bilderdienst)

Andreas Herbst

GROSSMUTTER IM STERBEN

Die Flucht der Repräsentanten der Jüdischen Gemeinden 1953 aus der DDR

Als am Nachmittag des 5. Februar 1953 die Abgeordneten der Volkskammer ihre Unterlagen einpackten und sich von ihren Plätzen erheben wollten, verkündete Präsident Dieckmann am Schluß der Sitzung, daß „die Volkskammerfraktion VVN, VdgB (BHG) und Genossenschaften mir soeben mitgeteilt hat, daß der bisherige Abgeordnete der Volkskammer Julius Meyer das Gebiet der Deutschen Demokratischen Republik auf nicht gesetzlichem Weg verlassen hat. Das Mandat dieses bisherigen Abgeordneten ist damit erloschen. Die Sitzung ist geschlossen“.[1]

1 Stenographisches Protokoll der 31. Sitzung der Volkskammer am 5. 2. 1953 (S. 899). Am 16./17. 12. 1953 befaßte sich das Sekretariat des ZK der SED mit dem durch Flucht freigewordenen Mandat von Julius Meyer. Dazu hieß es: „Anstelle des ehemaligen Abgeordneten Julius Meyer, Klein-Machnow, Arbeitsgemeinschaft der antifaschistischen Widerstandskämpfer, wird die Genossin Charlotte Fenske, Stalinstadt, als Abgeordnete bestätigt.“ SAPMO BArch, DY 30 J IV 2/3 A-394, Arbeitsprotokoll Nr. 20 vom 16./17. 12. 1953.

Wer war dieser Julius Meyer, und was trieb ihn, die DDR auf „nicht gesetzlichem Weg“ zu verlassen? Julius Meyer, Überlebender der Lager Auschwitz und Ravensbrück, war nach 1945 Referent im Ernährungsamt bzw. Leiter des Referats Opfer der Nürnberger Gesetzgebung in der Abteilung Opfer des Faschismus beim Magistrat von Groß-Berlin. Außerdem gehörte er in leitender Funktion der Jüdischen Gemeinde zu Berlin an, die durch den Magistrat von Groß-Berlin im Februar 1946 als Körperschaft öffentlichen Rechts anerkannt worden war. [2] Meyer wurde 1949 gemeinsam mit Heinz Galinski Vorsitzender der Jüdischen Gemeinde zu Berlin. Diese Funktion in der politisch gespaltenen Stadt auszuüben, mußte zwangsläufig zu Konflikten und Belastungen führen, zumal Meyer nicht nur ab 1949 Volkskammerabgeordneter, sondern seit 1946 auch Mitglied der SED war. Der Rabbiner Nathan Levinson berichtete in seinen 1996 erschienenen Erinnerungen über die komplizierten Probleme der noch ungeteilten Jüdischen Gemeinde Groß-Berlins: „Aber auch in der Hauptverwaltung spielten sich des öfteren dramatische Szenen ab. Das geschah immer dann, wenn der Druck der Ostbehörden zu stark wurde und die Gemeinde wieder einmal ersucht wurde, eine Entschließung gegen den ‚revanchistischen Geist der Bundesrepublik‘ und den ‚dort herrschenden Faschismus‘ zu verabschieden. Man schrie sich stundenlang gegenseitig an, rang um Texte und Definitionen und wußte immer genau, was der andere sagen würde. Bei einer dieser Sitzungen ereiferte sich Julius (genannt Jule) Meyer so sehr, daß er zu japsen anfing. Ich war überzeugt, er hätte einen Herzanfall erlitten. ‚Was bist du für ein Rabbiner‘, schrie er, ‚du lieferst mich diesen Leuten ans Messer!‘ Am nächsten Tag war man wieder gut Freund und widmete sich den eigentlichen jüdischen Aufgaben.“ [3]

2 1946 erließen Gemeindevorstand und Magistrat einen gemeinsamen Aufruf, um die in der Stadt sich aufhaltenden Juden statistisch zu erfassen. Die daraufhin eingehenden Meldungen ergaben per 1. November 1946 einen Mitgliederstand der Gemeinde von 7274 Personen, von denen 2442 im Ostsektor der Stadt lebten. Kurz zuvor hatte eine Volkszählung in der SBZ ergeben, daß von den Bürgern, die sich selbst ausdrücklich als Juden bezeichneten, 424 im Land Brandenburg lebten, 153 in Mecklenburg, 435 in Sachsen-Anhalt, 652 in Sachsen und 428 in Thüringen. Jüdische Kultusgemeinden bildeten sich jedoch nur in 8 Städten der SBZ/DDR: Berlin, Dresden, Erfurt, Halle, Chemnitz/Karl-Marx-Stadt, Leipzig, Magdeburg und Schwerin.

3 Nathan Peter Levinson, Ein Ort ist, mit wem du bist. Lebensstationen eines Rabbiners. Berlin 1996, S. 85.

Seit 1947 vertrat Meyer die jüdischen Gemeinden der SBZ im gesamtdeutschen Direktorium der Arbeitsgemeinschaft jüdischer Gemeinden Deutschlands bzw. dem Zentralrat der Juden in Deutschland, der am 19. Juli 1950 als Gesamtvertretung aller Jüdischen Gemeinden gegründet wurde. Julius Meyer, bis zu seiner Flucht im Januar 1953 der bekannteste Funktionär der jüdischen Gemeinde in der SBZ/DDR, war seit 1947 Präsident des Vorbereitenden Landesausschusses, aus dem der Landesverband der Jüdischen Gemeinden in der Sowjetischen Besatzungszone hervorging, und stand dann als Präsident dem Verband der Jüdischen Gemeinden in der DDR vor, der von der DDR-Regierung am 9. Juli 1952 als Körperschaft des öffentlichen Rechts anerkannt wurde.

Neben solchen Juden, die sich einer der Kultusgemeinden anschlossen, gab es in der DDR eine weit größere Anzahl von überlebenden oder aus der Emigration zurückgekehrten Juden, die religiöse Bindungen ablehnten, weil sie sich als Sozialisten und Antifaschisten verstanden. Gemeinsam war beiden Gruppen nur, daß sie als Opfer des Faschismus (OdF) anerkannt waren und meist auch der Vereinigung der Verfolgten des Naziregimes (VVN) angehörten.

ANFÄNGLICHES WOHLWOLLEN DER SED

Die SED hatte 1948 die Gründung des Staates Israel begrüßt. Kein Geringerer als Paul Merker, Mitglied des Zentralsekretariats des SED-Parteivorstandes, schrieb am 24. Februar 1948 im *Neuen Deutschland*: „Der jüdischen Bevölkerung gehören die Sympathien und die tatkräftige Hilfe aller fortschrittlichen Kräfte. Besonders die demokratischen Kräfte Deutschlands haben die Verpflichtung, ihre Sympathien und Hilfsbereitschaft zum Ausdruck zu bringen."[4] Es gab offizielle, aber noch mehr inoffizielle Gespräche zwischen Vertretern der SED und des jungen Staates Israel. Im März 1950 empfing DDR-Präsident Wilhelm Pieck den Rabbiner der Jüdischen Gemeinde zu Berlin, den amerikanischen Armeerabbiner Steven S. Schwarzschild.

4 Neues Deutschland, 24. 2. 1948.

Zugegen waren der stellvertretende Ministerpräsident Otto Nuschke, Julius Meyer und der Vorsteher der Repräsentantenversammlung der Jüdischen Gemeinde zu Berlin, Kammergerichtspräsident Dr. Hans Freund.[5]

Im Mai 1951 berichtete die von Heinz Galinski in West-Berlin redigierte jüdische Wochenzeitung *Der Weg* über die feierliche Einweihung eines ausdrücklich den jüdischen Opfern gewidmeten Mahnmals auf dem jüdischen Friedhof in Leipzig. Anwesend war neben den Repräsentanten der jüdischen Gemeinden auch Hans Seigewasser – ehemaliger kommunistischer KZ-Häftling und nach 1945 Partei- und Staatsfunktionär –, der, so hieß es in dem Bericht, „die Notwendigkeit der Einheitlichkeit einer Repräsentanz aller Juden in Deutschland unterstrich und eine enge Zusammenarbeit aller Juden forderte".

Im Gegenzug unterstützten und begrüßten die Jüdischen Gemeinden in der DDR in einer öffentlichen Stellungnahme die Volkskammer-Erklärung von Ministerpräsident Grotewohl, der dem Bundestag am 15. September 1951 in einem dringenden Appell Wahlen zu einer deutschen Nationalversammlung unter Teilnahme aller demokratischen Parteien und Organisationen vorgeschlagen hatte.[6]

Die Anwesenheit von hohen Repräsentanten des DDR-Staates bei Veranstaltungen zum Gedenken an die jüdischen Opfer des Nationalsozialismus war zu dieser Zeit durchaus üblich. Am 31. 8. 1952 wurde in Erfurt die neu erbaute Synagoge des Landesverbandes Thüringen der jüdischen Gemeinde eingeweiht. Der stellvertretende Ministerpräsident Otto Nuschke (CDU), der für die DDR-Regierung sprach, erklärte, die Wiedergutmachung an den Juden und der Schutz des Staates sei für die Regierung der DDR oberstes Gesetz. Es gebe kein Land der Welt außer der DDR, das Rassenhetze unter Strafe gestellt habe. Ottomar Geschke, Vorsitzender der VVN erklärte: „Die neu erbaute Synagoge soll eine Mahnung und Verpflichtung über Millionen vergossener Tränen sein."[7] Noch im September 1952 berichtete *Der Weg* über einen Prozeß in Ost-Berlin gegen die Weissenseer Friedhofsschänder. Ausführlich wurde aus der Urteilsbegründung des Jugendschöffengerichts des, wie es in der Zeitung hieß, „Demokrati-

5 Ebenda, 4. 3. 1950.
6 Ebenda, 16. und 17. 9. 1951.
7 Der Weg, Nr. 37 v. 12. 9. 1952.

schen Sektors", zitiert: „Ist an sich schon der Diebstahl von Gegenständen, die die Ruhestätte der Toten würdig gestalten, eine besondere Verwerflichkeit, so kommt noch das Erschwernis hinzu, daß das Unrecht sich gegen die Mitglieder der Jüdischen Gemeinde richtet, deren Angehörige auf dem Friedhof in Weissensee zur Ruhe gebettet wurden. Weit über ein Jahrzehnt war die jüdische Bevölkerung der Verfolgung und den Grausamkeiten der Nationalsozialisten ausgesetzt. Sich von diesem Makel, mit dem die Beherrscher Deutschlands in der Zeit unmittelbar vor 1933 und in den Jahren danach sein Ansehen geschändet haben, zu befreien und das Vertrauen der jüdischen Bevölkerungskreise wiederzugewinnen, ist das Ziel eines jeden anständigen deutschen Menschen."[8]

Im November 1952 berichtete *Der Weg* über Gedenkfeiern in Erfurt und Görlitz, die die DDR-Staatsorgane anläßlich der 14. Wiederkehr des Pogroms vom 9. November 1938 mitorganisiert hatten. Bei diesen Veranstaltungen wurden die jüdischen Opfer ausdrücklich geehrt und nicht in einen allgemeinen Widerstandskontext, wie es später üblich werden sollte, gestellt.

SCHAUPROZESS GEGEN SLÁNSKY GAB DAS SIGNAL

Das anfänglich gute und verständnisvolle Verhältnis zwischen unpolitischen und politisch engagierten Juden, die fast freundschaftliche Atmosphäre zwischen jüdischen Gemeindevertretern und kommunistischen Partei- und Staatsfunktionären wurde, nachdem schon 1948/49 erste Konflikte zwischen Gemeinden und der SED im Gefolge des gescheiterten Wiedergutmachungsgesetzes aufgetreten waren, im Winter 1952/53 empfindlich gestört. Im Zusammenhang mit den stalinistischen Schauprozessen gegen Slánsky und andere in der ČSSR im November 1952 sowie mit der „Aufdeckung" einer angeblich zionistisch gelenkten „Ärzte-Verschwörung" in Moskau Anfang Januar 1953 verschärften sich antizionistisch-antisemitische Repressalien im gesamten Ostblock. Dem seit Titos Abfall konstruierten Feindbild des

8 Ebenda.

trotzkistisch-titoistisch-imperialistischen Verschwörers wurde nun die Variante des zionistisch-jüdisch-kapitalistischen Agenten beigestellt. Der unter den Bedingungen des Kalten Krieges sich schnell ausbreitende Verfolgungswahn erreichte im Dezember 1952 auch die DDR. In dem am 20. 12. 1952 verabschiedeten, aber erst Anfang Januar 1953 veröffentlichten ZK-Beschluß über die Lehren aus dem Prozeß gegen das Verschwörerzentrum Slánsky heißt es: „Die zionistische Bewegung hat nichts gemein mit Zielen der Humanität und wahrhafter Menschlichkeit. Sie wird beherrscht, gelenkt und befehligt vom USA-Imperialismus, dient ausschließlich seinen Interessen und den Interessen der jüdischen Kapitalisten.“[9]

Die offiziellen SED-Beschlüsse zu diesem Thema versuchten zwar, einen Unterschied zwischen Antisemitismus und Antizionismus zu konstruieren, in der Praxis verschwammen jedoch die Grenzen. Antisemitismus galt als Instrument des Imperialismus und wurde wie dieser bekämpft. Zionismus, worunter nationale jüdische Interessen und in Folge der Staat Israel subsumiert wurden, galt als Spielart des Imperialismus, war also ebenso zu bekämpfen. Die Bekämpfung des Zionismus firmierte unter dem Begriff Antizionismus. Antizionismus war daher gemäß der Lesart der DDR kein Antisemitismus. Der Kampf gegen Zionisten und Zionismus war jedoch mit antisemitischen Stereotypen und Ressentiments untersetzt und wurde so selbst zum Antisemitismus.[10] In diesen Zusammenhang gehört auch das Dokument „Lehren aus dem Prozeß gegen das Verschwörerzentrum Slánsky“, in dem deutlich antisemitisch (antizionistisch) argumentiert wurde.

Julius Meyer hatte wenige Tage nach seiner Flucht aus der DDR vor der internationalen Presse in Westberlin für Aufsehen gesorgt. Er erklärte damals: „Es gibt keinen Antisemitismus im deutschen Volk.

9 Beschluß des Zentralkomitees vom 20. Dezember 1952. Lehren aus dem Prozeß gegen das Verschwörerzentrum Slánsky, in: Dokumente der SED. Beschlüsse und Erklärungen des ZK sowie seines Politbüros und seines Sekretariats, Bd. IV, Berlin 1954, S. 199 ff., siehe hierzu auch: Mario Keßler, Die SED und die Juden – zwischen Repression und Toleranz. Politische Entwicklungen bis 1967, Berlin 1996; Lothar Mertens, Davidstern unter Hammer und Zirkel. Die Jüdischen Gemeinden in der SBZ/DDR und ihre Behandlung durch Partei und Staat 1945–1990, Hildesheim/Zürich/New York 1997; Angelika Timm, Hammer, Zirkel, Davidstern. Das gestörte Verhältnis der DDR zu Zionismus und Staat Israel, Bonn 1997.

10 Jutta Illichmann, Die DDR und die Juden. Die deutschlandpolitische Instrumentalisierung von Juden und Judentum durch die Partei- und Staatsführung der SBZ/DDR von 1945 bis 1990, Frankfurt a. M. 1997, S. 128.

Es gibt nur einen Antisemitismus in der SED, der aus hochpolitischen Gründen von Moskau gesteuert wird." Meyer äußerte weiter, in Gefahr seien vor allem die Juden, die sowohl aktive Kommunisten als auch aktive Juden seien; weder ein religiöser Jude, der keinen öffentlichen Einfluß habe, noch ein jüdischer Kommunist, der über keinerlei Kontakte zur Gemeinde oder nach Israel verfüge und auch keine Wiedergutmachungsansprüche stelle, würden vom Regime als potentielle Gefahr angesehen.[11] Mit Meyer stellten sich am 23. Januar 1953 auch der ehemalige Vizepräsident des Landesverbandes, Fritz Grunsfeld, das frühere geschäftsführende Vorstandsmitglied der Jüdischen Gemeinde Leipzig, Helmut Looser, und der ehemalige Geschäftsführer und Kantor der Jüdischen Gemeinde Erfurt, Günter Singer, nach ihrer Flucht der internationalen Presse. Was ging in diesen Männern vor, die noch vor kurzem nicht nur führende und anerkannte Repräsentanten ihrer Gemeinden in der DDR waren, sondern auch aktive Mitglieder und Funktionäre der Vereinigung der Verfolgten des Naziregimes (VVN)? Welchem ungewissen Schicksal setzten sie sich selbst und ihre Familien aus? Viele von ihnen ließen aus Furcht vor Repressalien ihren gesamten Besitz zurück. Sie begannen unter schwierigsten Bedingungen den Aufbau einer Existenz für sich und ihre Familien. Einige von ihnen stellten Anträge auf Unterstützung bei der Zentralwohlfahrtsstelle der Juden in Deutschland e. V. (ZWST).[12]

Im Zusammenhang mit dem Slánsky-Prozeß und der „Aufdeckung" einer angeblich zionistisch gelenkten Ärzte-Verschwörung in Moskau Anfang Januar 1953 kam es auch in der DDR zu antizionistisch-antisemitischen Repressalien. Unter der Parole „Der Feind steht in der Festung!" begann man Kaderakten zu überprüfen, wurden Büros der Jüdischen Gemeinden durchsucht, jüdische VVN-Mitglieder und Funktionäre bedrängt, verhört bzw. zur Flucht nach West-Berlin und in die Bundesrepublik genötigt. Unter denen, die westwärts entkom-

11 Die Neue Zeitung (Berliner Ausgabe) Nr. 20. vom 24. 1. 1953, S. 3: „Moskauer Antzionismus in der DDR. Interview mit geflüchteten Leitern der Jüdischen Gemeinde der Sowjetzone."

12 Siehe dazu: Brief von Heinz Galinski an die ZWST in Sachen Leo Eisenstädt vom 24. 12. 1954: Zentralarchiv zur Erforschung der Geschichte der Juden in Deutschland, Heidelberg (künftig abgekürzt als Zentralarchiv bezeichnet), B.1/11, Serie A, Nr. 106, Eisenstädt; Brief von Leon Zamorje an die ZWST vom 20. 10. 1953: Zentralarchiv, B.1/11, Serie A, Ordner Nr. 571, Zamorje; Brief von Franz Unikower an die ZWST vom 5. 11. 1956: Zentralarchiv, B1/11, Serie A, Ordner Nr. 526.

men konnten, waren sowohl Juden wie Nichtjuden, Repräsentanten der Gemeinden und einfache Mitglieder, SED-Mitglieder wie der ehemalige Staatssekretär und Leiter der Kanzlei des Präsidenten der DDR, Leo Zuckermann, und der schon erwähnte Hans Freund, Kammergerichtspräsident in Ost-Berlin. Zu den Flüchtlingen gehörten aber auch VVN-Funktionäre und Mitglieder anderer Parteien wie der CDU-Volkskammerabgeordnete Heinz Fried, Direktor der Ost-Berliner Wasserwerke. Sie und viele andere wurden als zionistische Agenten oder auch nur als Agenten diffamiert; Julius Meyer, Leon Löwenkopf, Helmut Looser und Günter Singer wurden am 21. Januar 1953 aus der VVN ausgeschlossen, und der Zentralvorstand nutzte die Gelegenheit, um Wachsamkeit im Kampfe gegen alle Agenten der Kriegstreiber zu fordern. Die VVN-Zeitschrift *Die Tat* signalisierte mit nachgedruckten ND-Artikeln und eigenen Stellungnahmen ihre Zustimmung zu dieser Kampagne. Es gab schließlich auch innerhalb der VVN Vorbehalte und Ressentiments von kommunistischen Widerstandskämpfern gegenüber ihren jüdischen Kameraden. So schreibt z.B. der Kommunist Arno Hercher, der damals Sekretär der VVN-Bezirksleitung Erfurt war, in seinen unveröffentlichten Lebenserinnerungen über Auseinandersetzungen mit Singer. Demnach habe sich Singer bei den Ende 1952 anstehenden Vorstandswahlen für die neue Leitung der VVN-Bezirksleitung Erfurt vor allem für jüdische Kandidaten eingesetzt: „Hier war es insbesondere ein damaliger Genosse Singer, der mit dieser Linie [vor allem aktive Kämpfer gegen den Faschismus in die VVN-Leitungen zu wählen, der Verf.] nicht einverstanden war und Vorschläge machte, wonach rassisch Verfolgte die Mehrheit hatten. Gleichgültig wie ihr Anteil am Kampf gegen den Faschismus war und ihre Einstellung zu unserer demokratisch-fortschrittlichen Entwicklung. Dieser Singer ging so weit, daß er mir sagte: ‚Wenn die Liste nicht nach meinen Vorschlägen und Wünschen zusammengestellt wird, wirst Du nicht lange auf diesem Stuhl sitzen‘. Nach einer Aussprache in der Bezirksleitung der SED mit dem Genossen Einicke und nachdem Singer nichts Negatives gegen die Vorgeschlagenen sagen konnte, wurde die Liste bestätigt. ... Und wieder war es Singer, der mit dem Arbeitsplan und den Tagesordnungen des Sekretariats nicht einverstanden war. Er vertrat den Standpunkt, das Sekretariat sei ein rein geschäftsführendes Organ, in dem politische

Fragen nicht behandelt werden. Diese sollten Gegenstand in Versammlungen und Organisationen sein.“[13]

Mit Günter Singer (Erfurt), Leon Löwenkopf (Dresden), Helmut Looser (Leipzig), Fritz Grunsfeld (Leipzig) und Leon Zamorje (Halle) befanden sich unter den Geflohenen fünf der acht Vorsitzenden Jüdischer Gemeinden in der DDR. Neben dem Vizepräsidenten floh auch der Generalsekretär des Landesverbandes der Jüdischen Gemeinden in der DDR, Leo Eisenstädt. Der in der Literatur erwähnte Franz Unikower, Vorsitzender der Schweriner Gemeinde, gehörte 1953 nicht zur Gruppe der Geflüchteten. Unikower versuchte noch einige Jahre die Gemeinde in Schwerin zu führen, schließlich resignierte auch er und ging 1956 in die Bundesrepublik.

VERHÖRE VOR DER PARTEIKOMMISSION

Auf abenteuerliche Weise gelangten Günter Singer, Leon Löwenkopf, Helmut Looser, Fritz Grunsfeld und Leon Zamorje mit ihren Familien in den Tagen um den 14. und 15. Januar 1953 nach West-Berlin. Julius Meyer, so ist aus überlieferten Akten der Zentralen Parteikontrollkommission (ZPKK) der SED zu ersehen, war Anfang Januar 1953 wiederholt zu stundenlangen verhörartigen Gesprächen zur ZPKK geladen.[14] Hier mußte er nicht nur ausführlich über sein Leben berichten, diverse Ergänzungen zum Lebenslauf abliefern, sondern wurde auch aufgefordert, detailliert über die Verbindungen der Jüdischen Gemeinde zur Hilfsorganisation Joint (Jewish Joint Distribution Committee) zu berichten. Außerdem wurde er immer wieder nach offiziellen und inoffiziellen Verbindungen und Gesprächen von DDR-Staats- und Parteifunktionären zu Vertretern des jungen israelischen Staates befragt. Meyer hielt die Funktionäre der ZPKK hin, die ihn aufforderten, Namenlisten von Gemeindemitgliedern zu liefern, die Care-Pakete erhielten.[15] Daß Meyers Verhaftung bevorstand, ist un-

13 Lebenserinnerungen, Hercher, SAPMO BArch, SgY 1565.

14 Aussprache mit dem Genossen Julius Meier, Präsident der jüdischen Gemeinde am 6. 1. 1953, SAPMO BArch, DY 30/V 2/4/404.

15 Ebenda.

zweifelhaft. Seiner Hinhaltetaktik gegenüber der ZPKK verdanken die anderen Gemeindevorsitzenden ihre Flucht. Geschützt durch seinen Status als Volkskammerabgeordneter konnte er sie in seinem Auto nach Ost-Berlin holen. In einer fast schon spektakulären Aktion flüchteten die von Meyer gewarnten Personen mit ihren Familien nach West-Berlin.

Zu den Einzelheiten der dramatischen Flucht gab es neben sensationell aufgemachten Zeitungsmeldungen[16] bisher nur den Bericht des britischen Journalisten Sefton Delmer im Londoner *Daily Express* vom 2. Februar 1953, der aber von Beteiligten nie autorisiert wurde. Der Artikel, der unter der Überschrift: „Der Mut des Herrn Meyer" veröffentlicht wurde, reflektiert nicht nur die sich über Monate zuspitzende Situation, sondern markiert auch, wie genau diese unrühmlichen Ereignisse in der DDR international von jüdischer Seite beobachtet wurden. Hildegard Grunsfeld, die Schwester von Fritz Grunsfeld, die den Bericht Delmers nicht kannte, bestätigte im April 1998[17] die Fakten in diesem Bericht, so daß sich die Ereignisse so zugetragen haben dürften, wie Delmer 1953 schrieb:

„An einem späten Abend im August [1952, der Verf.] klingelte es an der Tür einer Privatwohnung in Leipzig, die Dr. Grunsfeld gehörte. Der Doktor ist ein jüdischer Anwalt mit einer großen Praxis in der sowjetischen Zone. Ich werde Ihnen nicht den Namen des Besuchers des Anwalts sagen. Er ist ein Jude und hat noch, was außergewöhnlich genug ist, einen Posten in der kommunistischen Maschinerie Ostdeutschlands inne.

Er sagte zu Dr. Grunsfeld: ‚Sie waren in der Vergangenheit gut zu mir, Herr Doktor. So komme ich zu Ihnen, um Ihnen einen Gegendienst zu erweisen. Die Geheimpolizei hat mir befohlen, mich der

16 Die Neue Zeitung (Berliner Ausgabe), Nr. 11 v. 13. 1. 1953: „Moskau beschuldigt Ärztegruppe eines Komplotts gegen die Sowjetführung"; „Antisemitische Kampagne bezeichnet angesehene Wissenschaftler als Mörder Schdanows"; „Neue Wege des sowjetischen Antisemitismus"; Alexander Korab: „Die ‚Prawda' gab das Signal zur offenen Judenverfolgung"; ebenda, Nr. 12 v. 14. 1. 1953: „Empörung über Moskaus neuestes Manöver. Bestätigung des Antisemitismus von Stalin-Nachfolge des Nationalismus und Faschismus"; ebenda, Nr. 13 v. 15. 1. 1953: „Vorsitzende jüdischer Gemeinden fliehen aus der Sowjetzone. Julius Meyer bittet um Asyl – Galinski: Große antijüdische Aktion"; Telegraf, Nr. 14. v. 17. 1. 1953: „Meyer schleuste sie nach Berlin"; Telegraf, Nr. 15. v. 18. 1. 1953: „Juden unter SSD-Aufsicht gestellt. Antisemitische Aktionen jetzt systematisch – Gemeinderäume versiegelt – Reiseverbote".

17 Brief von Hildegard Grunsfeld (Düsseldorf) an der Verf. vom 30. 4. 1998.

Gemeinde anzuschließen und zu arrangieren, daß dort vernichtende Beweise über Verbindungen jüdischer Flüchtlinge zu zionistischen Organisationen wie der Jewish Agency und dem Joint Distribution Committee vorliegen.' Was sodann geschah, zeigt, daß mehr als Stalins gegenwärtige Maßnahmen dazu erforderlich ist, um die Vortrefflichkeit der jüdischen Organisation zu zerstören. Nachstehend wird gezeigt, wie der Fluchtplan zustandekam. Am nächsten Morgen, als die Geheimagenten der Geheimpolizei den Wink erhielten, suchte Dr. Grunsfeld Lohse [Helmut Looser, der Verf.], den Vorsitzenden der Leipziger Juden, auf. Lohse wiederum erstattete Julius Meyer, dem Vorsitzenden der ostdeutschen Judenschaft, Bericht. Meyer eilte über die Sektorengrenze. Dort sprach er mit einem Repräsentanten der Westberliner Juden [Heinz Galinski, der Verf.], der seinerseits die Juden im Westen über die bevorstehenden Ereignisse unterrichtete. Geheimpläne wurden ausgearbeitet. Es wurde beschlossen, daß die jüdischen Repräsentanten bleiben sollten, wo sie sich gegenwärtig aufhielten. Sie wurden aber benachrichtigt, daß sie sich beim Empfang eines Kodesignals in höchster Eile auf den Weg nach Berlin machen und nach Westberlin fliehen sollten. Was war nun der Kode? Nun, nichts anderes als unser vielbenutztes altes ‚Großmutter im Sterben'. Aber es funktionierte. Das Signal wurde nicht vor dem 10. Januar 1953 gesandt." [18]

Das weitere Schicksal Julius Meyers ist bis heute nicht restlos geklärt. Da er selbst Mitglied der SED gewesen war, somit zur Kategorie prominenter DDR-Flüchtlinge gehörte, war es für ihn nicht leicht, im Westen Fuß zu fassen. Jahrelange bürokratische Auseinandersetzungen um seinen Anspruch auf Entschädigungsleistungen sowie eine langwierige Prüfung seiner Biographie im Bundesnotaufnahmeverfahren zur Anerkennung als politischer Flüchtling bewogen ihn, mit seiner Familie nach Brasilien auszureisen. [19] Dort verstarb er 1979 in São Paulo. [20] Auch andere prominente Flüchtlinge hatten es bei ihrem Neubeginn schwer. Sie standen vor der Möglichkeit, sich entweder

18 Daily Express, Nr. 863 vom 2. 2. 1953 (Übers. vom Verf.).

19 Siehe dazu den Artikel: SED-Prominenz und demokratisches Asylrecht. Strenge Prüfung, aber kein Aufnahmeverbot für kommunistische Funktionäre, von Ernest J. Salter, in: Telegraf, Nr. 22. vom 27. 1. 1953.

20 Brief von Renate Meyer-Sanches, São Paulo/Brasilien an den Verf. vom 15. 2. 1996.

wie Meyer jahrelangen bürokratischen Prüfungen um einen Anspruch auf Entschädigungsleistungen auszusetzen, oder aber zu versuchen, eine neue Existenz aufzubauen.

In diesem Zusammenhang soll auch an das Schicksal von Leon Löwenkopf, des Vorsitzenden der Dresdener Jüdischen Gemeinde, erinnert werden. Noch anläßlich des 60. Geburtstags Löwenkopfs am 10. Dezember 1952 hatte der Gemeindevorstand der Dresdener Gemeinde zu einer Feier eingeladen. Mit Freunden und Kameraden aus der Vereinigung der Verfolgten des Naziregimes, deren Zentralvorstandsmitglied er war, und der Jüdischen Gemeinde beging der Jubilar noch in scheinbar ungetrübter Atmosphäre seinen Ehrentag. Am 18. Februar 1953 übermittelte die Kontrollkommission der Dresdener SED-Bezirksleitung der Berliner Zentrale einen ihr übergebenen Brief, in dem sich Löwenkopf zu den Motiven seiner Flucht nach West-Berlin äußerte.

„Liebe Freunde! Leider mußten wir den Entschluß fassen, fortzugehen über Nacht so daß wir keine Zeit hatten, Euch davon zu unterrichten, oder gar noch Abschied von Euch zu nehmen.

Eines sollt Ihr jedoch wissen, ich war immer ein anständiger Mensch und habe meine ganze Kraft für den Aufbau unserer Heimat zur Verfügung gestellt. Die Diffamierungen jedoch konnten wir nicht länger ertragen und so haben wir den Entschluß gefaßt, aus zwingenden Gründen unsere Heimat aufzugeben und fortzugehen. Scheinbar ist das, was wir während der Nazizeit erlitten haben, noch nicht genug gewesen! Jetzt stehen wir vor der Frage, wohin? Und womit? Wir haben keinerlei Mittel gehabt, um einige Ersparnisse zu machen. Soweit haben wir es gebracht, daß wir heute auf öffentliche Unterstützung angewiesen sind.

Glaubt ja nicht, daß ich zu irgendeiner Handlung fähig wäre, welche nur im geringsten unanständig wäre. Ich war mein ganzes Leben ein sauberer anständiger Mensch.

Und nun, meine Freunde, wünschen wir Euch alles Gute, vor allem Gesundheit und weiteres Wohlergehen. Nochmals alles Gute und viele, viele, herzliche Grüße, von Euren alten Freunden.

Vernichtet den Brief, da ich nicht will, daß er Euch irgendwie schaden könnte, da ich ohne Euch zu fragen, Euch schreibe, um unser Fortgehen zu rechtfertigen.“[21]

21 SAPMO BArch, DY 30/IV 2/4 124.

Löwenkopf, der auch gegenüber der Politik der Bundesrepublik kritische Vorbehalte hatte,[22] übersiedelte in die Schweiz und war bis zu seinem Tode im Dezember 1965 Mitglied der Israelitschen Cultusgemeinde in Zürich.

Im Zusammenhang mit der antijüdischen Kampagne wurden die Büros der Jüdischen Gemeinden und auch Privatwohnungen durchsucht, die Gemeindevorstände unter dem Verdacht geheimdienstlicher Kontakte verhört sowie religiös und zugleich politisch engagierte Juden aus öffentlichen Stellungen und repräsentativen Ämtern entfernt. Viele Mitglieder der Jüdischen Gemeinden und andere Juden reagierten auf die erneuten Verfolgungen mit der Flucht in den Westen, wozu sie der damals in West-Berlin tätige Rabbiner Levinson ausdrücklich aufforderte. Daß diese Fluchtbewegung ohne Behinderung staatlicher Stellen ablief, läßt zumindest Raum für die Überlegung, ob nicht die politische Führung der DDR in dieser Flucht das kleinere Übel sah. Einerseits wurde formal den sowjetischen antijüdischen Weisungen entsprochen, andererseits bewahrte man die DDR vor allzu großer internationaler Diskreditierung.[23]

DIE AUFLÖSUNG DER VVN

Die Auflösung der VVN im Februar 1953[24] steht in einem direkten Zusammenhang mit der jüdischen Fluchtbewegung. Viele Mitglieder der jüdischen Gemeinde waren auch Mitglieder der – nach offizieller Lesart – überparteilichen VVN. Deren Mitglieder mußten den ZK-Beschluß über die Lehren aus dem Slánsky-Prozeß besonders gründlich studieren. In VVN-Mitgliederversammlungen, die Mitte Januar 1953 ausschließlich zu diesem ZK-Beschluß durchgeführt wurden, ist nachweislich vor den jüdischen Gemeinden gewarnt worden.[25] So ist auch folgende

22 Löwenkopf hatte noch im Frühjahr 1952 in mehreren Rede- und Zeitungsmanuskripten die DDR gelobt und die Situation der jüdischen Bürger, auch im Vergleich zur Bundesrepublik Deutschland, ausdrücklich positiv hervorgehoben. Siehe Mertens, Davidstern unter Hammer und Zirkel, S. 54.

23 Olaf Groehler, Antifaschismus und jüdische Problematik in der SBZ und der frühen DDR, in: Hefte zur ddr-geschichte Nr. 26, Berlin 1995.

24 Elke Reuter/Detlef Hansel, Das kurze Leben der VVN 1947 bis 1953, Berlin 1997.

25 Ebenda, S. 479 ff.

Aussage des Kaderchefs der Berliner SED-Bezirksleitung, Fritz Reuter, eines ehemaligen antifaschistischen Widerstandskämpfers, überliefert, der im Einklang mit der herrschenden Agentenpsychose formulierte: „Ist es nicht eine Tatsache – und das hat doch mit rassistischen Antisemitismus nichts zu tun –, daß die Juden zumeist aus kleinbürgerlichen Schichten entstammen, sozial nicht mit der Arbeiterklasse verbunden sind und überall im Westen Verwandte und Bekannte haben. Daher bilden sie für den Klassengegner sehr geeignete Ansatzpunkte."

Diese Äußerung kann man ohne Übertreibung als offenen Antisemitismus bezeichnen.[26] Namentlich die VVN in Berlin verfaßte Listen mit Namen ihrer jüdischen Mitglieder, die im Januar 1953 und dann noch Anfang Februar nach West-Berlin geflüchtet waren. Diese Listen belegen, daß es sich um eine regelrechte Fluchtwelle gehandelt hatte, die nicht selten ganze Familien betraf. Auf der Liste stand auch der Name von Albert Hirsch, des persönlichen Referenten für jüdische Angelegenheiten im Amt Verbindung zu den Kirchen beim stellvertretenden Ministerpräsidenten Otto Nuschke. Hirsch berichtete nach seiner Flucht gegenüber dem Informationsbüro West, einer in West-Berlin ansässigen Nachrichtenstelle, über die Situation der Juden in der DDR: „Man sagt Zionisten und meint allgemein die Juden. Die Öffentlichkeit ist darüber hinaus nicht in der Lage, zwischen Zionismus und Judentum zu unterscheiden, so daß jeder Jude als Zionist bezeichnet werden wird."

Hirsch berichtete auch über ein Gespräch, das er mit seinem Chef Otto Nuschke in diesem Zusammenhang führte. Nuschke wollte nämlich bei Pieck wegen der Angriffe im *Neuen Deutschland* vom 4. Januar 1953 intervenieren: „Nuschke ist judenfreundlich und er sagte: ‚Wenn das wieder kommen sollte, so wäre das furchtbar. Ich werde mit führenden Leuten sprechen, um zu helfen'. Pieck, von Nuschke daraufhin angesprochen: ‚Müßt ihr denn alles den Nazis nachmachen', worauf Pieck geantwortet haben soll: ‚Das ist notwendig geworden'."[27]

Nach dem Tode Stalins im März 1953 wurden die antizionistisch-antisemitischen Angriffe zwar abgebrochen, aber noch auf der 13.

26 Groehler, Antifaschismus und jüdische Problematik S. 22 f.
27 Ebenda, S. 16 f.; Timm, Hammer, Zirkel, Davidstern, S. 119.

Tagung des ZK der SED am 13. und 14. Mai 1953 konnte man antizionistische und antiisraelische Stellungnahmen vernehmen.[28] Die verleumderischen Beschuldigungen, die offiziell niemals zurückgenommen wurden, wirkten noch lange Jahre nach. Für die zurückgebliebenen Juden hinterließen die Ereignisse von 1952/53 einen nachhaltigen Schock, der einzelne sogar von einem psychologischen Pogrom sprechen ließ (Hans Noll). Daran änderte auch nicht viel, daß 1956 einige damals diffamierte oder reglementierte jüdische Funktionäre und Künstler rehabilitiert wurden.

So schmerzlich und traumatisierend für viele jüdische Bürger der DDR die Ereignisse der Jahre 1952/53 mit ihren antisemitischen Stimmungen und Vorkommnissen waren, verbietet sich doch jede Gleichsetzung mit der antijüdischen Staatspolitik des Nationalsozialismus. Es handelte sich Ende 1952/Anfang 1953 nicht um einen rassistisch begründeten Antisemitismus, sondern eher um einen Moskauer Weisungen folgenden Antizionismus mit allerdings antisemitischen Elementen, der eng verwoben mit politischen Verschwörungstheorien einherging. Ähnlich wie in der Sowjetunion diente diese Kampagne als Mittel innerparteilicher Säuberung und Disziplinierung. Opfer der Fraktionskämpfe wurden die nichtjüdischen Politbüromitglieder Paul Merker und Franz Dahlem und ihre jüdischen und nichtjüdischen Freunde. Parteifunktionäre jüdischer Herkunft wurden verhaftet und zu hohen Zuchthausstrafen verurteilt (Paul Baender, Leo Goldhammer, Lex Ende). Anders als in der Sowjetunion bestanden die jüdischen Gemeinden fort, wenn sie auch zu einem Schattendasein verurteilt waren. Es gab Partei- und Staatsfunktionäre, die sich um Schadensbegrenzung und eine Rückkehr zur Normalität bemühten. Dennoch bleibt es unentschuldbar, daß der Antisemitismus-Antizionismus nur wenige Jahre nach dem Holocaust in einem deutschen Staat, der sich als antifaschistisch definierte und vorgab, die braune Vergangenheit bewältigt zu haben, zeitweilig Bestandteil offizieller Politik wurde.[29]

28 Neues Deutschland vom 16., 17. und 19. 5. 1953; ebenso Dokumente der SED, Bd. IV 1954, S. 394 ff.

29 Timm, Hammer, Zirkel, Davidstern, S. 125.

Eisenstädt, Leo (*26. 1. 1901, †11. 3. 1992)

Geboren in Berlin, Tod der Eltern 1909, aufgewachsen im Waisenhaus zu Pankow, 1915 bis 1918 Lehre und Arbeit als Dreher, 1919 Freiwilliger bei der Reichswehr in Küstrin, 1919 bis 1920 Hausdiener, 1920 bis 1928 Lagerist und Verkäufer einer Schuhgroßhandlung; 1928 bis 1935 Expedient bei einer jüdischen Schuhgroßhandlung, nach „Arisierung" des Geschäftes 1937 entlassen, 1937/38 Lagerist und Verkäufer bei einer Schuhgroßhandlung, nach erneuter „Arisierung" von 1938 bis 1945 Abrißarbeiter auf dem Bau; Ab 7. Juni 1945 Angestellter bei der Gemüsegroßhandlung Hans Rösch und Julius Meyer (Berlin N 54 Zionskirchstraße), bis Anfang der 50er Jahre Generalsekretär des Landesverbandes der Jüdischen Gemeinde Berlin in Ost-Berlin, Januar 1953 Flucht nach West-Berlin, Angestellter im Jüdischen Krankenhaus, 1987 Übersiedlung nach Frankfurt am Main.

Quelle: Landesarchiv Berlin Bestand OdF/VVN A-30236. Auskunft der Nichte von Leo Eisenstaedt, Frau G. Eisenstädt, Frankfurt am Main, an den Verf.

Freund, Hans (*26. 12. 1901, †29. 5. 1959)

Geboren in Kattowitz als Sohn einer jüdischen Familie, Volksschule, Gymnasium, Studium der Rechtswissenschaften, Rechtsanwalt, Mitglied der USPD bzw. der SPD, nach 1933 als Jude verfolgt, Widerstandstätigkeit, 1943 Zuchthaus Tegel, 1945 Mitglied der KPD, 1946 der SED, 1945 zuerst Amtsgerichtsrat in Berlin-Pankow, anschließend Direktor des Amtsgerichts Berlin-Mitte; 1948–1953 Amtsgerichtsdirektor bzw. Präsident des Kammergerichts Berlin; 1948 2. Vorsitzender der VVN in Berlin, Syndikus der Konsumgenossenschaft Berlin-Lichtenberg; Mitglied des Vorstands der Jüdischen Gemeinde von Groß-Berlin; 1949–1953 MdV, Januar 1953 Ausschluß aus der VVN, Flucht nach West-Berlin.

Fried, Heinz (*8.8.1909)

Geboren in Wiesbaden als Sohn eines Kaufmanns, Volksschule und Gymnasium, Abitur, Maschinenbaustudium an der TH München und juristisches Kolleg an der Universität München, später an der Universität Frankfurt am Main, Mitglied der Zentrumspartei, Betriebsingenieur, nach 1933 Verfolgung als Jude, Reisebuch- bzw. Versicherungsvertreter, zeitweilig auch Versicherungshilfsinspektor der „IDUNA-GERMANIA“, Entlassung aufgrund seiner jüdischen Herkunft, anschließend Hilfsarbeiter und Landarbeiter, dienstverpflichtet zur Organisation Todt, 1945 amerikanische Kriegsgefangenschaft, Rückkehr nach Berlin, Arbeit als Betriebsingenieur in den physikalischen Werkstätten, 1945 Mitglied der CDU und der VVN, Mitglied des VVN-ZV, Direktor der Berliner Wasserwerke, 1950–1952 MdV, Sept. 1952 Mandatsniederlegung wegen „politischen Fehlverhaltens“, ebenso Niederlegung der Mitgliedschaft im VVN-ZV, später Flucht nach Westberlin.

Grunsfeld, Fritz (*27.9.1908, †22.6.1991)

Geboren in Halle als Sohn eines Kaufmanns, Gymnasium in Halle, 1927 Abitur, 1927–1930 Studium der Rechtswissenschaften an den Universitäten in Heidelberg, Köln, Berlin und Halle, 1933 Promotion zum Dr. jur. in Halle, Berufsverbot als Jude, 1934–1936 Aufenthalt in Halle, Genf, Amsterdam und zuletzt Berlin, ab 23. Januar 1939 Verwaltungsdirektor der Israelitischen Gemeinde zu Leipzig, Juni 1943 Deportation in das KZ Theresienstadt; 1945 Rückkehr nach Leipzig, Vorstandsmitglied und Syndikus der Israelitischen Religionsgemeinde Leipzig, 1946 zeitweilig Inhaftierung durch NKWD aufgrund falscher Anschuldigungen, Juni 1946 2. juristisches Staatsexamen, ab Januar 1947 zugelassener Rechtsanwalt und ab 1949 Notar, November 1947 Vizepräsident des Landesverbandes der Jüdischen Gemeinden in der SBZ, ab 1949 der DDR; Januar 1953 Flucht in die Bundesrepublik, ab Sommer 1953 Richter bzw. ab 1955 Senatspräsident am Land- bzw. Oberlandesgericht Düsseldorf, nach Pensionierung Rechtsanwalt in Heilbronn, Köln und Düren.

Quelle: Auskunft der Schwester Fritz Grunsfelds, Frau Hildegard Grunsfeld, Düsseldorf, an den Verf., sowie Auskunft von Herrn Stefan Held, Israelitische Religionsgemeinde Leipzig, an den Verf.

Hercher, Arno (* 1904)

Geboren in Pößneck als Sohn einer Arbeiterfamilie, Volks- und Berufsschule, Lehre und Arbeit als Tischler, 1928 Mitglied der KPD, nach 1933 illegale Arbeit, 1934–1937 inhaftiert im Zuchthaus Luckau, 1937–1943 Arbeiter in Berlin, 1943 Strafbataillon 999 in Ägypten, 1945–1947 britische Kriegsgefangenschaft, 1947 Rückkehr nach Deutschland, Mitglied der SED, 1947 SED-Betriebsgruppensekretär beim Aufbau der Rügendammbrücke in Stralsund, anschließend Instrukteur in der SED-KL Saalfeld, dann Maxhütte Unterwellenborn, Studium an der Landesparteischule Bad Blankenburg, 1950–1952 Instrukteur der SED-Landesleitung Thüringens bzw. SED-BL Erfurt, Ende 1952 bis Februar 1953 Sekretär des VVN-BV Erfurt.

Hirsch, Albert (* 2. 12. 1900, † 31. 10. 1976)

Geboren in Borghorst in Westfalen als Sohn eines Kaufmanns, Realschule, anschließend kaufmännische Lehre und kaufmännischer Angestellter, Mitglied der SPD, Inhaber eines Herrenbekleidungsgeschäftes in Dresden, nach dem antisemitischen Pogrom am 9./10.11. 1938 Schließung des Geschäfts, Deportation in das KZ Buchenwald, 1939 entlassen, am 10. November 1939 erneut inhaftiert wegen „Verdachts staatsfeindlicher Handlungen“, Januar 1940 erneute Entlassung, Februar 1943 Deportation mit Familie nach Auschwitz, Frau und Kind dort ermordet; nach Befreiung Rückkehr nach Dresden, 1946 Mitglied der SED, selbständiger Textilkaufmann, Mitglied des Vorstandes der Jüdischen Gemeinden in der SBZ/DDR, ab Oktober 1949 persönlicher Referent für jüdische Angelegenheiten im Amt Verbindung zu den Kirchen beim stellvertretenden Ministerpräsidenten Otto Nuschke, Flucht im Januar 1953 nach West-Berlin, später wohnhaft in Baden-Baden.

Löwenkopf, Leon (* 10. 12. 1892, † 15. 12. 1966)

Geboren in Schtscherez, Volks- und Bürgerschule, 1908 Übersiedlung nach Wien, Lehre als Hutmacher, kaufmännische Lehre, 1912–1913 Angestellter in einer Hutfabrik in Wien, ab 1913 in Dresden, 1914 Teilnahme am Weltkrieg in der österreichischen Armee, 1916 russischer Kriegsgefangener, 1918 Rückkehr nach Dresden, 1919 Mitbegründer der Jüdischen Arbeiterpartei in Dresden, bis 1933 deren 2. Vorsitzender, 1930 Mitglied der SPD, bis 1934 Reklame- und Versicherungsvertreter, ab 1924 Generalagentur der „Phönix-Versicherung" für Ostsachsen, 1934 Emigration nach Palästina, 1936 Repräsentant einer italienischen Versicherungsgesellschaft in Warschau, 1940 Deportation in das Warschauer Ghetto, im Auftrag des Judenrates Leitung einer Pferdeomnibusgesellschaft, 1942 Flucht, Mitglied einer polnisch-jüdischen Widerstandsgruppe, inhaftiert, Verurteilung zum Tode, im Januar 1943 nach Majdanek, im Juli 1944 nach Auschwitz verbracht, ab 30. Juli 1944 KZ Sachsenhausen, Todesmarsch, Befreiung in Schwerin; August 1945 Rückkehr nach Dresden, Oktober 1945 Leiter der Abteilung „Nürnberger Gesetze" beim Ortsausschuß OdF Dresden; zeitweilig auch Geschäftsführer der Lichtspieltheater in Dresden-Radebeul, 1. Dezember 1946 bis 30. September 1948 kaufmännischer Direktor bzw. 1. Direktor der Industrie-Verwaltung-Konfektion Sachsens; 15. 10. 1948 Vizepräsident bzw. ab 1950 Präsident der Sächsischen Landeskreditbank, später Leiter der DNB Sachsens bzw. der Bezirksfiliale der DNB Dresden, 1951 Berufung zum stellvertretenden Hauptdirektor der Deutschen Versicherungsanstalt; bis Januar 1953 Vorsitzender der Jüdischen Gemeinde in Dresden und Vorstandsmitglied des Landesverbandes der Jüdischen Gemeinden in der SBZ/DDR, 1946 Mitglied der SED, Mitbegründer der VVN in der SBZ, Mitglied des ZV der VVN; August 1950 nach Denunziation wegen angeblicher Unterschlagung und Unregelmäßigkeiten zeitweilig inhaftiert, Rehabilitation, nach Entlassung erneute Arbeitsaufnahme; Januar 1953 Flucht nach West-Berlin, später in die Bundesrepublik, Mitglied der Jüdischen Gemeinde Düsseldorf, 4. April 1957 Übersiedlung nach Zürich, Mitglied der „Cultusgemeinde Zürich"; Januar 1953 Ausschluß aus der VVN.

Quelle: Auskünfte von Frau Dr. Nora Goldenbogen, Dresden, Frau Dr. Clara Obermüller-Studhalter und Frau Doris Hummer, *Israelitisches Wochenblatt*, beide Zürich, an den Verf.

Looser, Salo (Helmut) (* 18. 11. 1908, † 29. 9. 1980)

Geboren in Kattowitz, Kaufmännische Ausbildung, Kaufmann, nach 1933 als Jude verfolgt, KZ; nach 1945 Mitglied des Vorstandes und Geschäftsführender Vorsitzender der Jüdischen Kultusgemeinde Leipzig, bis Anfang 1953 Inhaber einer Textilhandlung in Leipzig „Gewürz & Looser", Mitglied der VVN und der SED, Mitglied des VVN-ZV; Januar 1953 Flucht nach West-Berlin, später für einige Zeit in Kenia/ Afrika, Rückkehr in die BRD, verstorben in Köln.

Quelle: Auskunft von Herrn Stefan Held, Israelitische Religionsgemeinde Leipzig, 1996 an den Verf.

Meyer, Julius (* 17. 9. 1909, † 2. 12. 1979)

Geboren in Krojanke/Schneidemühl in Westpreußen als Sohn des jüdischen Handwerkers Moses Meyer; Volksschule, ab 1917 in der Landwirtschaft tätig, 1923 Lehre und Arbeit im Lederhandwerk, später im Straßenbau und als Maschinenführer bei Siemens & Halske in Berlin tätig, 1930 Mitglied der KPD, nach 1933 als Jude verfolgt und diskriminiert, 1943 nach Auschwitz deportiert, 1945 Ravensbrück, 1945 Mitarbeiter im Ernährungsamt, 1946–1949 Referent bzw. Leiter der Abt. OdF beim Magistrat von Berlin bzw. des Hauptamtes OdF, Abt. Opfer der Nürnberger Gesetzgebung; 1946 Mitglied der SED, 1947 der VVN, Mitglied des VVN-ZV; 1949 Mitvorsitzender der Jüdischen Gemeinde zu Berlin, ab 1947 Vertreter der jüdischen Gemeinden der SBZ im Direktorium der „Arbeitsgemeinschaft jüdischer Gemeinden Deutschlands", 1952/53 Vorsitzender der Jüdischen Gemeinden in der DDR, 1949 bis Januar 1953 MdV, VVN-Arbeitsgemeinschaft, Januar 1953 Flucht nach West-Berlin bzw. anschließend in die Bundesrepublik, Januar 1953 Ausschluß aus der VVN; später Übersiedlung nach Brasilien, 1979 in São Paulo verstorben.

Quelle: Antragsakte Julius Meyer, in: Landesarchiv Berlin, Bestand OdF/VdN A 4816.

Seigewasser, Hans (* 12. 8. 1905, † 18. 10. 1979)

Geboren in Berlin als Sohn einer Arbeiterfamilie, Volks- und Mittelschule, 1919 Mitglied der FSJ, 1921–1923 Lehre als Bankangestellter, 1921 Mitglied der USPD und der Gewerkschaft, 1922 der SPD; 1926–1933 Angestellter der Sozialversicherung; 1928 Mitglied, 1930 Vorsitzender der Reichsleitung der Jungsozialisten, 1931 Mitbegründer der SAPD, Mitglied des PV und Vorsitzender der SAPD in Berlin-Brandenburg, 1932 Mitglied der KPD; 1933 illegale Arbeit, Verhaftung, 1934 Verurteilung zu 4 Jahren Zuchthaus, anschließend bis 1945 KZ Sachsenhausen; 1945–1946 persönlicher Mitarbeiter von Franz Dahlem im ZK der KPD; 1946 Mitglied der SED; 1946–1950 Mitglied des SED-PV bzw. des ZK der SED; 1950–1979 MdV; 1950 stellvertretender Vorsitzender, 1953–1959 Vorsitzender des Büros des Präsidenten des Nationalrats der Nationalen Front, 1959–1960 Vizepräsident und 1. Sekretär des Bezirksausschusses Groß-Berlin; 1960–1979 Staatssekretär für Kirchenfragen; ab 1947 Mitglied des VVN-ZV, 1953 Mitbegründer des Komitees der Antifaschistischen Widerstandskämpfer und Mitglied des Präsidenten der ZL, ab 1965 Mitglied des Büros des Präs. der FIR.

Singer, Günter (* 14. 1. 1922, † 1. 11. 1989)

Geboren in Breslau als Sohn einer streng religiösen Familie, Volksschule, Realgymnasium, nach 1933 als Jude verfolgt und diskriminiert, Entlassung aus dem Realgymnasium, Verwaltungslehrling bei der jüdischen Gemeinde in Breslau, Deportation in das KZ Theresienstadt, später nach Auschwitz; 1945 Kantor und Vorsitzender der Jüdischen Gemeinde in Erfurt, Mitglied der VVN, Mitglied der VVN-Landesleitung Thüringens, zeitweilig Kassierer, 1948–1953 Mitglied des VVN-ZV, Januar 1953 Flucht nach West-Berlin, später Mitglied in den Gremien der Zentralwohlfahrtsstelle der Juden in Deutschland bzw. des Zentralrates der Juden in Deutschland, ab 1953 Kantor, ab 1956 Geschäftsführer der Jüdischen Gemeinde in Hamburg; 1986 Bundesverdienstkreuz.

Unikower, Franz (* 11. 5. 1901, † 29. 9. 1997)

Geboren in Glogau/Oberschlesien, Volksschule und Gymnasium, Studium der Rechtswissenschaften an den Universitäten in Breslau und Berlin, Promotion zum Dr. jur., Rechtsanwalt in Breslau; nach 1933 Verfolgung als Jude, Deportation nach Auschwitz, Überlebender des Todesmarsches von Auschwitz nach Mecklenburg; 1945 Aufbau des Justizwesens in Schwerin und Mecklenburg, zunächst in der Landesverwaltung Mecklenburg-Vorpommern, 1946 Mitglied der SED, ab Dezember 1946 in der Landesregierung, Präsident des Oberlandesgerichts Mecklenburg, Mitglied des Landesvorstandes des Kulturbundes in Schwerin und des VVN-LV Mecklenburg; Präsident der Jüdischen Gemeinden Mecklenburgs, 1956 Flucht nach West-Berlin, später Übersiedlung und Arbeit als Rechtsanwalt in der Bundesrepublik.

Zamorje, Leon (* 10. 10. 1900, † 30. 5. 1976)

Geboren in Leipzig als Sohn eines Diamantenhändlers, aufgewachsen in einer orthodoxen Familie, Volks- und Realschule, kaufmännische Lehre und Tätigkeit in Frankfurt am Main, zeitweilig als Angestellter bei Krankenkassen; Mitglied der Liga für Menschenrechte, nach 1933 Verfolgung als Jude, zeitweilig inhaftiert, nach Entlassung Arbeit als Kaufmann, 1937 bis 1945 illegal lebend; 1945 Inhaber eines Musikgeschäftes in Halle, Geschäftsführer der Jüdischen Gemeinde Halle, Januar 1953 Flucht nach West-Berlin, später Inhaber eines Reinigungsgeschäfts in Wiesbaden; Mitglied der Liga für Menschenrechte in der Bundesrepublik.

Zuckermann, Leo (* 12. 6. 1908, † 14. 11. 1985)

Geboren in Lublin/Polen als Sohn eines Kaufmanns, aufgewachsen in Wuppertal, Volksschule und Oberrealschule, 1927 Abitur, Studium der Rechtswissenschaften an den Universitäten Bonn und Berlin, Mitglied der „Sozialistischen Arbeitsgemeinschaft", 1931 Promotion zum Dr. jur.; Mitglied der SPD, 1927 der KPD, nach 1933 politisch verfolgt, Emigration nach Frankreich, Mitarbeiter beim „Verteidigungskomitee für die Angeklagten im Reichstagsbrandprozeß", später auch Sekretär von Henri Barbusse im „Weltkomitee gegen Faschismus und Krieg", Mitglied des Beirates des Völkerbundhochkommissars für die deutschen Flüchtlinge, später auch Redakteur und Mitarbeiter von Pariser Tageszeitungen, Berater der spanischen Volksfrontregierung, 1939 Internierung in Frankreich, 1941 Emigration nach Mexiko, Mitglied der „Bewegung Freies Deutschland" und des „Heinrich-Heine-Klubs", Mitarbeiter der Zeitschriften *Demokratische Post* und *Alemania Libre*; Mai 1947 Rückkehr nach Deutschland, Mitglied der SED, Mitarbeiter in der Abteilung Kommunalpolitik im Zentralsekretariat des SED-Parteivorstandes, 1949 Leiter der außenpolitischen Kommission des SED-PV, Oktober 1949 bis Anfang 1951 Staatssekretär und Leiter der Präsidialkanzlei des Präsidenten der DDR, Wilhelm Pieck, anschließend außenpolitischer Mitarbeiter des Zentralkomitees der SED bzw. des Ministeriums für Auswärtige Angelegenheiten, außerdem zeitweilig Dekan der Fakultät für Außenpolitik und Völkerrecht an der Deutschen Verwaltungsakademie in Forst-Zinna, 1952 Direktor des Instituts für Rechtswissenschaft der Akademie für Staat und Recht in Potsdam-Babelsberg, im Zusammenhang mit dem ZK-Beschluß über die Auswirkungen des Slánsky-Prozesses vom Dezember 1952 Diffamierung als „zionistischer Agent", Ende Dezember 1952 Flucht nach West-Berlin, später nach Frankreich bzw. Übersiedlung nach Mexiko, Inhaber einer Schallplattenfirma und Gastprofessor für Soziologie an der Universität Mexiko-Stadt bzw. an der Arbeiteruniversität „Vicente Lombardo Toledano" in Mexiko-Stadt.

Der „KZ-Stein" an der Stelle des damaligen Lagertors.
(Ortschronik Jamlitz)

Andreas Weigelt

DIE ASCHE DER JÜDISCHEN HÄFTLINGE AUF DEM „GALGENBERG" IN LIEBEROSE

Zum Umgang mit dem KZ-Nebenlager Jamlitz in der DDR

„... daß diese unzähligen, mutigen antifaschistischen Widerstandskämpfer ... für die gerechteste Sache der Welt ihr Leben gaben ..."

SED Kreisleitung Beeskow, 30. 3. 1971[1]

„Allein, allein. Die mit mir lebten, waren meinesgleichen, wie ich selbst, und dennoch Fremde, Feinde, wölfisch. Denn was uns band, das trennte uns zugleich: Furcht, Hunger, Schläge, Haß und Tod. Der Tiere Wesen weckte man; es war das Wesen derer, die dort herrschten, und alles sollte sein wie sie."

Gunther R. Lys, ehemaliger politischer Häftling im Außenlager Jamlitz, 1948[2]

Der Aufsatz will versuchen, die Geschichte des Gedenkens an die Geschehnisse im größten jüdischen Außenlager des KZ Sachsenhausen, Jamlitz, darzustellen und zu beurteilen. Der Autor befand sich im September

1 Kreisarchiv des Landkreises Oder-Spree Fürstenwalde (im folgenden KA LOS), Akte zum Mahnmal Lieberose, ohne Namen, unpag.
2 Gunther R. Lys, Kilometerstein 12,6 , Berlin 1948 und Basel/Frankfurt a. M. 1987, S. 18.

1971 in Pionierkleidung, eine rote Nelke in der Hand, im Ehrenspalier, als die Urne mit der Asche der jüdischen, im Februar 1945 ermordeten Häftlinge des Jamlitzer Lagers auf den bis dahin von uns Kindern als Rodelhang benutzen „Galgenberg“, die Hinrichtungsstätte des mittelalterlichen Lieberose, getragen wurde. Trauermusik, Ehrengarde und die erzeugte Feierlichkeit beeindruckten und machten den damals 8jährigen ehrfürchtig. Der Tag ist nicht vergessen, bis heute. Erst 23 Jahre später begann die Auseinandersetzung mit der Geschichte dieses Lagers, seiner Insassen, Aufseher und der Erinnerung daran.

Wo aber beginnt die Geschichte des Erinnerns? Doch wohl schon damit, daß die Jamlitzer, in deren Dorf die Waffen-SS das Lager 1944 anlegte, zu Zeugen eines außergewöhnlichen Geschehens wurden. Sie konnten die Anwesenheit zahlreicher Dienststellen des SS-Führungshauptamtes und ab November 1943 in Bahnhofsnähe[3] den Aufbau des KZ-Häftlingslagers beobachten. Während die Bewohner das An- und Abrücken der noch kleinen Häftlingskolonnen und ihren Einsatz täglich mitansahen, weitete die Waffen-SS ihren Aktionsradius für die Anlegung des SS-Truppenübungsplatzes „Kurmark“ ständig aus. Im Vorsommer 1944 erreichten für diese Arbeiten die ersten 2400 jüdischen Häftlinge aus Auschwitz den Bahnhof in Jamlitz. An den noch mit verschränktem gelben und roten Winkel (Davidstern) gekennzeichneten Zebra-Uniformen waren sie als solche leicht zu erkennen. Das Lager wurde im Umkreis als „Judenlager“ bekannt. Vor dem Lagertor, von der Straße zum Bahnhof aus sichtbar, ließ die SS in einen Findling die Inschrift „Arbeitslager Lieberose“ und darunter sich kreuzende Picke und Spaten meißeln. Wer 1944 mit der Kleinbahn von Lieberose nach Jamlitz fuhr oder durch das Dorf Jamlitz zum „Staatsbahnhof Lieberose“ am östlichen Ortsende zu Fuß ging, passierte in jedem Fall das Lager. Auch auf Arbeitskolonnen beim Straßenbau und im Wald mußte man stoßen, wenn man Verbindungsstraßen zwischen Jamlitz und umliegenden Dörfern benutzte. Wie Erna Steyskal, die berichtete: „Als ich näher kam, zog es mir das Herz zusammen, das war mehr als traurig. Gefangene in gestreifter Kleidung aller Altersgruppen waren da. Abgemagert, kaum noch fähig zu stehen, mußten sie mit bloßen Händen, die schon bluteten, viereckige Steine tragen

3 Die Bahnstation in Jamlitz trug bis 1958 den Namen „Staatsbahnhof Lieberose“. Deshalb nannte die Waffen-SS das KZ-Nebenlager „Arbeitslager Lieberose“.

und die Stück für Stück den Weg pflastern. Ab und zu ein Aufseher. Wenn's nicht schnell genug ging, gab's was mit dem Knüppel."[4]

Überliefert sind Versuche von Anwohnern, den Häftlingen zusätzliche Nahrung, etwa auf dem Anmarschweg, zuzustecken. „Aber konnten diese stillen Gaben und Hilfen den Zustand und die Lage in Deutschland ändern? Nein, es waren winzige und keineswegs zu übersehende, aber doch erfolglose Aktionen." So die ehrliche Einschätzung eines Jamlitzers anläßlich einer Gedenkveranstaltung 1965.[5]

Bleiben wir zunächst noch bei den Jamlitzern selbst. Ein Ereignis hat sich unauslöschlich in ihre Erinnerung eingegraben. Anfang Februar 1945 nach dem Abmarsch der gehfähigen Häftlinge waren im Dorf zwei oder drei Tage lang MP-Salven und Pistolenschüsse aus dem Inneren des Lagergeländes zu hören. Angehörigen nachrückender SS-Einheiten, die nur eine Woche später kurz in den nun leerstehenden Lagerbaracken übernachteten, wurde dies in einem Jamlitzer Gasthaus berichtet.[6] Jamlitzer hatten auch das zwischenzeitlich verwaiste Lager betreten: „An den Barackenwänden klebten Blut, Fleisch und Hirnreste."[7]

Einige Arbeiter des Sägewerks Jamlitz mußten etwa zur selben Zeit für die SS das notdürftig geschlossene Massengrab in der Staakower Kiesgrube, zwei Kilometer von Jamlitz, mit einer stärkeren Sandschicht bedecken, nachdem das Beerdigungskommando von zwölf Häftlingen schon liquidiert worden war. Diese Arbeiter wollten aber später auf Befragen nicht gewußt haben, was sich in der Grube befunden hat.[8]

Den Abmarsch der gehfähigen Häftlinge Richtung Lieberose haben viele Jamlitzer wahrgenommen. In Lieberose entstand dann auch das einzige Foto von diesem Marsch. Der frühere SPD-Ortsvereinsvorsitzende und Stadtverordnete Alfred Hinz nahm den Konvoi hinter der Fensterscheibe auf. Erst in den 60er Jahren wurde dieses Foto bekannt.

4 Archiv Lieberose, Bericht von Erna Steyskal, Forst 1983.

5 Der Bundesbeauftragte für die Unterlagen des ehemaligen Staatssicherheitsdienstes der DDR, Zentralarchiv (im folgenden BStU), RHE 15-71-DDR, Teil 3a und 4, Bl. 250.

6 Eberhard Baumgart, Bei der 32. SS Division „30. Januar" von der Oder bis nach Berlin, in: Gerald Ramm, Gott mit uns – Kriegserlebnisse aus Brandenburg und Berlin, Woltersdorf/Schleuse 1994, S. 62.

7 Edeltraut Wunderschütz, Das KZ-Lager „Arbeitslager Lieberose", Forschungsarbeit Oberschule Lieberose 1970/72, Lieberose, Februar 1972, S. 26.

8 Staatsanwaltschaft Cottbus (im folgenden StA Cottbus), 211-5/75, Handakte, Bl. 4.

Der Lieberoser Pfarrer Kowalewski notierte im Sommer 1945 in einem Bericht über die letzten Kriegswochen: „Das Jamlitzer Sträflings- und Judenlager wurde wegverlegt. Hunderte Juden wurden erschossen.“[9]

In Jamlitz sind am 2. Februar 1945 die von der Waffen-SS beauftragten Firmenangehörigen Willi Doeveling (Fa. Elektro-Kircher Cottbus) und Otto Maaß (AEG Cottbus) Augenzeugen des Massenmordes an den etwa 1200 zurückgebliebenen jüdischen Häftlingen geworden. Otto Maaß, indessen als Kriminalsekretär bei der Cottbuser Polizei in Zusammenarbeit mit der Operativen Gruppe des NKWD Cottbus für die Verhaftung nationalsozialistischer Funktionäre verantwortlich, legte am 20. Juni 1945 eine einseitige Aktennotiz an, in der er die Umstände der Erschießungen schildert und Namen, Dienstgrad und Funktion von acht Tätern nennt.[10] Veranlaßt hatte diese Niederschrift vermutlich der Cottbuser Kreisrat und KPD-Kreisleiter Alfred Donath, ehemaliger Sachsenhausen- und Buchenwald-Häftling. In seinem Nachlaß befand sich bis zur Entdeckung des ersten Massengrabes im Mai 1971 dieses Dokument. Der SED-Kreisleitungsarchivar hatte sich daran erinnert, als in der Regionalpresse eine kurze Meldung zum Massengrabfund erschienen war.

Der ebenfalls für die SS eingesetzte Rohrleger Otto Fritschka, nunmehr Leiter der Cottbuser Stadtwerke, stellte im Oktober 1945 eine Liste von in Jamlitz für Cottbuser Firmen tätig gewesenen Handwerkern und Technikern für Donath zusammen. Sich selbst führte er nicht auf.[11] Möglicherweise hatte Donath in Zusammenarbeit mit Kriminalsekretär Otto Maaß die Aufklärung des ihm zu Ohren gekommenen Verbrechens befördern wollen. Denn nur eine Woche vor Maaß' Aktennotiz war die Cottbuser Polizei offiziell durch den Stadtkommandanten verpflichtet worden, „die Entlarvung und Fahndung nach Kriegsverbrechern sofort und mit allen Mitteln durchzuführen“.[12] Wieso es im Jamlitzer Fall nicht dazu kam, läßt sich nur vermuten. Einer der Tatzeugen, Otto Maaß, wurde jedenfalls im November 1945 selbst

9 Zit. in Stadt Journal Lieberose, 2. Jg., Heft 3, Mai/Juni 1998.

10 StA Cottbus, 211-5/75, Handakte, Bl. 19.

11 Brandenburgisches Landeshauptarchiv, Abteilung Potsdam-Bornim (im folgenden BLHA-Bornim), Rep. 930, SED-Bezirksleitung Cottbus, Nachlaß Alfred Donath, Nr. 4016, unpag.

12 Stadtarchiv Cottbus, Abt. II, Nr. 876, Niederschrift über die Anordnung des Kommandanten in Cottbus in der Besprechung am 14. 6. 45 betreffend Aufbau der Polizei, Bl. 5.

vom NKWD Cottbus verhaftet und war von Dezember 1945 bis April 1947 im Speziallager Nr. 6 in Jamlitz, dann in Mühlberg und bis 1950 in Buchenwald als „Agent der Gestapo" Gefangener des NKWD.[13] Ein weiterer in Jamlitz eingesetzter Cottbuser Handwerker war das spätere SED-Kreisvorstandsmitglied Willy Finzelberg.

Die Aufklärung des Massenmords von Jamlitz hatten die NKWD-Ermittler auch im Sachsenhausen-Prozeß 1947 unterlassen, obwohl ihnen die Angeklagten Kaindl (Lagerführer), Baumkötter (Lagerarzt) und Hempel (Rapportschreiber) in insgesamt sieben Verhören zum Lager „Lieberose" nicht nur einige Namen der dortigen Lager-SS, sondern auch Umstände der Erschießungen und den Ort eines Massengrabes nannten. Es kam zu keiner Anklage wegen der Morde in Jamlitz. Wenn es stimmte, was Hempel im August 1946 ausgesagt hatte, daß sich nämlich ein Grab mit den Ermordeten auf dem „Territorium des Lagers" befand,[14] so war damit ein weiteres Grab (das bis heute nicht gefunden wurde) zu diesem Zeitpunkt eingeschlossen in das sowjetische Speziallager Nr. 6 in Jamlitz – und damit unerreichbar. An dem Schicksal der jüdischen Häftlingsgruppen in den nationalsozialistischen Konzentrationslagern bestand kein offizielles Interesse auf sowjetischer Seite.

Die verlassenen Jamlitzer Häftlingsbaracken gerieten schon bald ins Visier verschiedener Nachkriegsinteressen. Zunächst entzündete sich ein Streit zwischen den Kreisen Guben und Lübben sowie dem Bauamt Cottbus um die Verfügung der von der SS zwischen Lager und Bahnhof zurückgelassenen Baulager mit ihren umfangreichen Materialien für den Aufbau der zerstörten Städte. So wurde man durch Inspektionsreisen im August 1945 auch auf die Häftlingsbaracken aufmerksam. Der gesamte bauliche Bereich des Truppenübungsplatzes wurde von der Kommandantur Lieberose überwacht.[15] Die Cottbuser Stadtverwaltung plante Anfang September 1945 ein Quarantänelager für 15 000 Vertriebene in Jamlitz.[16] Noch am 19.

13 GARF, f. 9409, op. 1, d. 648, l. 74.

14 BStU, RHE 15-71-DDR, Teil 2, Vernehmungsprotokoll Horst Hempel vom 30. 8. 1946 (dt. Ü.), Bl. 250.

15 Stadtarchiv Cottbus, Bestand S, Nr. 949, Bericht des Landrats Cottbus vom 29. 8. 1945, unpag.

16 Ebenda, Bestand VA, Nr. 4068, Protokoll einer Beratung beim Oberbürgermeister am 10. 9. 1945, unpag.

September 1945, als das ehemalige KZ-Nebenlager schon mit deutschen Internierten belegt war, sandte Innenminister Bechler für die Provinzialverwaltung ein Rundschreiben bezüglich der „700 000 ausgewiesenen Deutschen“ an die Landräte und Oberbürgermeister und kündigte für den Ort Jamlitz die Schaffung des größten brandenburgischen „Auffanglagers“ für 15 000 „Umsiedler“ an.[17] Dem war das NKWD jedoch zuvorgekommen. Bereits am 13. September 1945 traf die erste Marschkolonne deutscher Internierter aus dem Speziallager Nr. 6 aus Frankfurt/Oder in Jamlitz ein. Hier beginnt eine andere Geschichte, die des zweiten Lagers in Jamlitz.[18]

Anzumerken bleibt, daß von Internierten sowohl der SS-Lagerstein vor dem Tor als auch die – freilich verschieden wiedergegebene – KZ-Inschrift über dem Tor erinnert wird.

FRÜHE NACHFORSCHUNGEN UND ERSTES GEDENKEN

Der erste Nachkriegsbürgermeister von Jamlitz, Hans Grünberg, hatte ab 1946 Verbleibsnachfragen sowohl von Verwandten von SS-Angehörigen als auch von Häftlingen zu beantworten. Im Januar 1946 schrieb er einer Familie: „Unseres Wissens hat hier von den Leuten niemand gewußt, was sich im und außerhalb des Lagers tat.“[19] Das war natürlich falsch, denn im Jahre 1965 anläßlich einer Großkundgebung in Jamlitz berichtete Grünberg dann aus eigener Erfahrung: „Alle 14 Tage wurde selektiert. Wer die zentnerschweren Steine nicht mehr schleppen konnte, kam in die Sachsenhausener Verbrennungsöfen. [...] Als Rangierer habe ich auf dem Bahnhof viele solcher ‚Verladungen‘ erlebt. Vor unseren Augen knallte die SS die Häftlinge ab und schlug auf sie ein. Und da mein Haus gleich neben dem Lager stand, erlebte meine Frau fast täglich einen der Morde.“[20]

17 Ebenda, Bestand S, Nr. 444, unpag.

18 Vgl. Andreas Weigelt, Jamlitz – Speziallager Nr. 6 (September 1945 – April 1947), in: Jörg Morré, Speziallager des NKWD. Sowjetische Internierungslager in Brandenburg 1945–1950, hrsg. von der Brandenburgischen Landeszentrale für politische Bildung und der Stiftung Brandenburgische Gedenkstätten/Gedenkstätte und Museum Sachsenhausen, Potsdam 1997, S. 33–42.

19 KA LOS, Jamlitz, Nr. 2094, unpag.

20 Neuer Tag, Organ der Bezirksleitung der SED Frankfurt/Oder vom 30. 3. 1965.

In der Bürgermeisterei hing seit 1945 ein Gemälde, das KZ-Häftlinge bei der Arbeit im Wald zeigt.[21]

Verweilen wir noch beim Gedenken der Jamlitzer. Im April 1947 löste das NKWD das Speziallager Nr. 6 in Jamlitz auf. Schon Ende 1947 waren vermutlich die meisten Baracken durch die Rote Armee abgetragen und an Interessenten verkauft worden.[22]

Im Jahre 1949 wurde der behauene Findling bei Aufräumarbeiten neben dem Lagergelände wieder entdeckt. 1956 veranlaßte der Jamlitzer Werner Mocho die Aufstellung und Einfassung des Steines unmittelbar an der Straße zum Bahnhof. Die Inschrift wurde durch weiße Farbe hervorgehoben, und der Platz diente fortan als Denkmal. In dieser Zeit begannen Werner Mocho und der als Vertriebener nach Jamlitz gekommene Hans-Joachim Drendel als erste, Kenntnisse über den Truppenübungsplatz und das Lager zu sammeln und aufzuschreiben. 1958 wandte sich Mocho auch an das Komitee der Antifaschistischen Widerstandskämpfer der DDR (Antifakomitee) und erhielt von Rudolf Wunderlich, der in Sachsenhausen Lagerläufer gewesen war, eine kurze, nur wenige Fakten mitteilende Antwort. Ein besonderes Interesse seitens des Antifakomitees kann dieser Reaktion nicht entnommen werden.[23] Schon 1957 hatte Mocho in einem heimatgeschichtlichen Beitrag auf das KZ-Nebenlager und das Internierungslager hingewiesen.[24] Außer dem folgenlosen Brief von Wunderlich, der ihm lediglich mitgeteilt hatte, daß 3000 ungarische Juden in Jamlitz angekommen und die in Sachsenhausen eingetroffenen Häftlinge nach der Evakuierung „alle vergast und verbrannt" worden seien (was nicht stimmte), waren Werner Mocho jedoch auch die wenigen öffentlichen Erwähnungen des Lagers „Lieberose" bekannt. So während der Kundgebung am 16. Dezember 1945, die der Hauptausschuß „Opfer des Faschismus" beim Berliner Magistrat im Admiralspalast anläßlich des Nürnberger Kriegsverbrecherprozesses unter der Losung „Wir klagen an!" veranstaltete. Im Redebeitrag von Hildegard Staehle, die auch die Ermordung von „5 Millionen Menschen" in Auschwitz anmerkte, findet sich bezüglich Sachsenhausens

21 Neuer Tag vom 13. 9. 1959.

22 BLHA-Bornim, Rep. 204A, Nr. 1806. Auch der Großvater des Autors errichtete aus Wandsegmenten einer solchen Baracke eine Scheune.

23 Archiv Lieberose, Antwort Rudolf Wunderlichs vom 6. 2. 1959.

24 Werner Mocho, Rings um Jamlitz, in: 3. Heimatheft des Kreises Beeskow, hrsg. von der Fachkommission Heimatkunde beim Pädagogischen Kreiskabinett Beeskow, Beeskow 1957, S. 27 f.

der Satz: „In einem anderen Fall blieben von 3572 Juden in Lieberose nur 180 am Leben.“[25] Mocho kannte ebenfalls die Urteilsformel im Sachsenhausener SMT-Prozeß vom 1. November 1947 bezüglich der Beteiligung des Rapportschreibers Horst Hempel an der Ermordung von 400 aus Jamlitz evakuierten jüdischen Häftlingen in Sachsenhausen.[26]

Bis 1971/73 erinnerten außer dem Lagerstein in Jamlitz noch die Pfeiler des Lagertors und die erkennbare Lagerstraße an die einstige Topographie des Lagers. Der 1956 wieder aufgestellte Stein sollte fortan „mahnen, daß niemals mehr auf Erden solch Unmenschentum gelitten wird, daß wir nur eins wollen: ‚Sozialimus und Frieden für immer‘.“[27] In seinen Artikeln ließ Werner Mocho die jüdische Häftlingsgruppe in Jamlitz nie unerwähnt. Mitgefühl mit ihrem Schicksal ist seinen Sätzen anzumerken. Im Stil der damaligen Zeit verknüpfte er damit polemische Angriffe in Richtung „Bonn“, wo „der Judenmörder Globke engster Berater und Vertrauter“ von Bundeskanzler Adenauer werden konnte: „So werden schon wieder Synagogen geschändet und jüdische Menschen verfolgt.“ Und: „hinweg mit dem Militaristenklüngel, der Mörderbande aus Westdeutschland. Ganz Deutschland muß ein Land des Friedens werden.“[28] Vermutlich durch diese Beiträge angeregt, meldete sich jener Lokführer, der Anfang Februar 1945 etwa 700 jugendliche und kranke jüdische Häftlinge auf dem Weg nach Sachsenhausen von Jamlitz bis Königs Wusterhausen zu fahren hatte. „Als 1945 die Sowjetarmee immer näher kam und das Nebenlager Jamlitz geräumt wurde, hatte ich sieben Güterwagen mit Juden in meinem Zuge. Die Hilfeschreie nach Brot und Wasser klangen mir noch tagelang in den Ohren.“[29]

25 Entnommen waren die Zahlen dem Bericht des Sachsenhausen-Häftlings Walter Pfaff, den dieser für die sowjetischen Ermittlungsbehörden am 21. 5. 1945 geliefert hatte. Der Beitrag von Hildegard Staehle in: Wir klagen an! Öffentliche Anklage des Hauptausschusses „Opfer des Faschismus“ in der Berliner Staatsoper am 16. 12. 1945 anläßlich des Prozesses gegen die Kriegsverbrecher in Nürnberg, Berlin 1945, hier besonders S. 24; sowie in: 2 Jahre Hauptausschuß „Opfer des Faschismus“, hrsg. vom Hauptausschuß „Opfer des Faschismus“, verantwortlich für den Inhalt Hellmut Bock, Berlin 1947, hier besonders S. 67.

26 Todeslager Sachsenhausen. Ein Dokumentarbericht vom Sachsenhausen-Prozeß, zusammengestellt von Fritz Sigl, Berlin 1948, S. 213.

27 Werner Mocho, KZ-Lager Jamlitz, in: Kulturspiegel des Kreises Beeskow, 1. Jg., H. 3, Mai 1958, S. 4.

28 Ders., Vergeßt nie die Schandtaten der Militaristen, in: Neuer Tag vom 18. 2. 1959; vgl. auch ders., Unschuldige Opfer mahnen uns, in: Neuer Tag vom 13. 9. 1959.

29 O. Just, Vergeßt nicht die Toten von Ravensbrück, in: Neuer Tag vom 29. 9. 1959.

In Mochos Chroniken des Ortes Jamlitz und des dortigen Sägewerkes, die Ende der 60er Jahre entstanden, flossen auch Befragungen von Zeitzeugen mit ein, die er seit Ende der 50er Jahre protokollierte. Den Jamlitzern blieb dabei natürlich das Problematische der eigenen privaten Kontakte zu den zahlreich einquartierten SS-Führern konkreter in Erinnerung als das Häftlingslager. Noch in der SS-Zeit waren die Jamlitzer durch eine in Deutschland nicht übliche Form von Ungehorsam ins Blickfeld Himmlers geraten, als sie sich trotz der Anweisung des Sonderbevollmächtigten und der SD/Gestapo-Außenstelle in ihrer unmittelbaren Nähe weigerten, massenhaft auszusiedeln.[30] Im Rückblick stellten viele ihr eigenes Opfer neben das der KZ-Häftlinge.

Das Komitee der Antifaschistischen Widerstandskämpfer sowie die Lagerarbeitsgemeinschaft Sachsenhausen hatten bis dahin nicht versucht, den Gedenkort Jamlitz durch politische Botschaften zu vereinnahmen. Noch hatte niemand die Opfer des Lagers „Lieberose" in Helden oder Widerstandskämpfer umgedeutet. Vorherrschend war der Tenor der Erschütterung über die Tatsache, daß ein solches Lager überhaupt im eigenen Ort existiert hatte, Erschütterung auch über die vielen Morde, an denen die Jamlitzer nicht vorbeisehen konnten. Ganz selbstverständlich erwähnten zu jener Zeit die Zeitungsnotizen, daß es sich um jüdische Häftlinge gehandelt hatte. So stellte es sich auch in den Pressebeiträgen anläßlich einer Großkundgebung der „Nationalen Front des demokratischen Deutschland" am 28. März 1965 in Jamlitz dar, die vom Ortsausschuß Jamlitz und dem Kreisausschuß Beeskow organisiert worden war.[31] Als Hauptredner sprach Minister Erich Markowitsch, ein ehemaliger Sachsenhausen-Häftling. Während sich der Aufruf zur Kundgebung im Rahmen der eingeschliffenen Formulierungen bewegte – „Unsere Republik erfüllt das Vermächtnis der Helden des antifaschistischen Kampfes" –, sprachen die Zeitungsberichte statt dessen von den „Opfer(n) des Terrors" bzw.

30 Vgl.: Die Rede Himmlers vor den Gauleitern am 3. August 1944, in: Vierteljahrshefte für Zeitgeschichte, 1. Jg. 1953, hier besonders S. 375. Himmler nannte die Jamlitzer ein „Sauvolk, das sehr kommunistisch war und das damals – es ist ja mitten in einem reaktionären Gebiet drin – schon sagte und erzählte [...]: Es hat doch gar keinen Zweck, die Russen kommen ja doch bald."

31 Vgl. Harry Hofmann/Heinz Köhler, Und so ward Frühling an der Oder, in: Neuer Tag vom 23. 3. 1965.

„des SS-Terrors", denn es war ja bekannt, daß die Majorität der Opfer in Jamlitz aus jüdischen Häftlingen bestand.[32]

Erstmals spielt dieser Aufruf auch öffentlich auf „Massengräber" in Jamlitz an, jedoch ohne einen genauen Ort zu benennen.

ERMITTLUNGSVERFAHREN IN DER BUNDESREPUBLIK

In den 60er Jahren sind in der BRD mehrere Ermittlungen gegen Verantwortliche des Lagers Lieberose geführt worden. Wegen des Massenmordes an den 1200 jüdischen Häftlingen hatten seit 1961, ohne daß dies in der DDR öffentlich bekannt wurde, die Staatsanwaltschaften Köln bzw. Essen gegen den ehemaligen Blockführer Gerhard Alwin Lehmann ermittelt.[33] Ende Dezember 1963 meldeten in- und ausländische Presseagenturen die Verhaftung des ehemaligen Blockführers Erich Schemel, zu diesem Zeitpunkt Schirrmeister beim Bundesgrenzschutz, wegen der Morde auf dem Evakuierungsmarsch, jedoch ohne Hinweis auf Jamlitz bzw. „Lieberose". In DDR-Zeitungen erschien die Meldung nicht.[34] Seit Februar 1964 bearbeiteten das Ministerium für Staatssicherheit (MfS) und die Generalstaatsanwaltschaft der DDR (GStA) ein entsprechendes Rechtshilfeersuchen (RHE) des Landgerichts Fulda. Das Antifakomitee konnte hierfür als Zeugen keinen weiteren Überlebenden des Lagers in der DDR ermitteln.[35] Von den in der DDR bekannten drei ehemaligen Jamlitz-Häftlingen waren zwei vorbestraft, davon einer schon 1950 wegen Häftlingsmißhandlung,[36] und der dritte hatte kurioserweise als Zeugen für seine Anerkennung als Verfolgter des Naziregimes den ehemaligen Lagerführer Wilhelm Kersten angegeben. Für die DDR-Staatsanwaltschaft verstand es sich von selbst, daß diese Zeugen „unzuverlässig" waren. „Erscheinen der Zeugen Müller, Schnell und Kehr-

32 Vgl. Neuer Tag vom 29. und 30. 3. 1965.

33 Lehmann war vermutlich zu diesem Zeitpunkt nicht mehr im Lager „Lieberose" gewesen.

34 Vgl. aber Spandauer Volksblatt vom 25. 12. 1963 sowie Süddeutsche Zeitung und Frankfurter Allgemeine Zeitung vom 27. 12. 1963.

35 Bundesarchiv Berlin-Licherfelde (im folgenden BArch), DP 3, V RhW 6/64, Schreiben von Rudi Wunderlich an GStA vom 4. 8. 1964, Bl. 53.

36 BStU, AOP 127/55 und 561/48 F.

baum zur Verhandlung Schemel in Fulda nicht möglich", so das Telegramm der GStA der DDR an den Generalstaatsanwalt in Frankfurt am Main.[37]

Ehemalige politische Häftlinge, so u. a. der Revierschreiber in Jamlitz, der Schriftsteller Gunther R. Lys, wollten sich mit der für Fulda vorgesehenen Anklageformel gegen den Lagerführer Wilhelm Kersten nicht zufrieden geben und informierten den westdeutschen Häftlingsverband. Daraufhin richtete der ehemalige Lagerälteste von Sachsenhausen, Harry Naujoks, an das Antifakomitee in der DDR ein Schreiben, in dem er bat, in Jamlitz Erkundigungen über die zurückgebliebenen und dann ermordeten Häftlinge einzuholen. Damit, so Naujoks, ließen sich zwei Blockführer unter Druck setzen, die schließlich nach Ankunft in Sachsenhausen der Kommandantur die Liquidierung der marschunfähigen Häftlinge in Jamlitz gemeldet hatten.[38] Eine Reaktion darauf ist nicht überliefert. Erkundungen oder Befragungen in Jamlitz wurden offensichtlich nicht durchgeführt.[39]

Schemels Urteil erging, ohne daß ein Zeuge der DDR am Prozeß teilnehmen konnte; das Verfahren gegen Kersten wurde eingestellt. Zu einer erweiterten Anklage gegen Kersten wegen der Morde in Jamlitz bei Auflösung des Lagers kam es nicht. Der Generalstaatsanwaltschaft der DDR war es offenbar unangenehm, nicht mit wirklichen Beweisen aufwarten zu können.[40] Aber tatsächlich unternahm sie nichts, um Fakten zu ermitteln. Die drei nach Westdeutschland geladenen Zeugen erfuhren nicht einmal, obwohl sie von der Kriminalpolizei in der DDR vernommen wurden, daß man in Fulda ihre Aussagen benötigte. Die GStA der DDR befürchtete, „daß es zu einer Kontaktaufnahme zwischen den Zeugen und dem Fuldaer Gericht kommt",

37 BArch, DP 3, V RhW 6/64, Bl. 66R.

38 BStU, RHE 15-71-DDR, Teil 3a und 4, Bl. 213 f.

39 Bezeichnend ist die Tatsache, daß die DDR-Presse keine Notiz von dem Prozeß in Fulda genommen hat. In Israel sind 1964 in Bearbeitung des westdeutschen RHE in verschiedenen Zeitungen durch Anzeigen der Israelischen Polizei auf Hebräisch, Jiddisch und Polnisch Überlebende des Lagers gesucht worden.

40 Als im Mai 1971 das erste Massengrab gefunden wurde, setzte die GStA eine Selbstlüge in Umlauf, wonach die DDR „seit Jahren [...] den Justizorganen der Bundesrepublik umfassendes Beweismaterial gegen die Verantwortlichen der im Lager Lieberose verübten Verbrechen gegen die Menschlichkeit übermittelt" habe. Vgl. hierzu Neue Berliner Illustrierte, Nr. 2/1972. Vgl. auch das (Selbst-)Interview des stellvertretenden GStA Karl-Heinz Borchert vom 27. 9. 71, das später in dem Propaganda-Film „Wie aktuell ist Nürnberg noch?" Verwendung fand, in: BArch, DP 3, V 45/68, Bl. 106-110.

falls man ihnen das Reiseverbot mitteilen würde.[41] Natürlich wertete man in Fulda das spröde Telegramm als Verbot für die Zeugen, und so meldete DPA am 5. Oktober 1965: „scharfe kritik aeusserte der anklaeger an der sowjetzone, die einigen zeugen die reise nach fulda verweigert hatte.“[42]

Deutlich standen politisch-taktische Verhaltensweisen vor dem wirklichen Bemühen, die Ermittlungen zur Überführung der Schuldigen voranzutreiben. Bei alledem ist auch das Wissens- und Mißtrauensmonopol des MfS bei der Einleitung von NS-Verfahren zu berücksichtigen. Ohne seine Einschätzungen war keine der Handlungen der GStA denkbar.

Hatte das Antifakomitee schon Harry Naujoks nicht zugearbeitet, so versuchte auch die Kommission zur Erforschung der Geschichte der örtlichen Arbeiterbewegung bei der Bezirksleitung Frankfurt/Oder der SED vergeblich, beim Komitee in Sachen Lager „Lieberose“ Hilfe zu finden. Der Arbeiterchronist Richard Schulz aus Beeskow hatte Anfang 1968 von der Kommission den Auftrag erhalten, den antifaschistischen Widerstand und die Bodenreform im Bezirk zu erforschen, und war bald auf das Lager Jamlitz gestoßen. Er bat am 11. Mai 1968 in einem Brief an das Komitee um Unterstützung, nachdem ihm die Nationale Mahn- und Gedenkstätte (NMG) Sachsenhausen mitgeteilt hatte, „keinerlei Unterlagen“ zu besitzen.[43] Vom Komitee erhielt Schulz dann nach vier Monaten nur jene Anfrage von Naujoks aus dem Jahre 1965 sowie einige ADN-Meldungen zum Schemel-Prozeß in Fulda zugesandt.[44] In seinem Kommentar dazu stellte er resigniert fest, daß das Komitee „nichts unternommen“[45] habe. Selbst der Bericht des ehemaligen Arbeitseinsatzschreibers in Jamlitz, Herbert Simon, aus dem Jahre 1950, den das Komitee besaß, wurde Schulz nicht übermittelt.[46] Auch die Redaktion des *Neuen Deutschland*, von Schulz um ADN-Meldungen zum Urteilsinhalt gebeten, half nicht.[47]

41 BArch, DP 3, V RhW 6/64, Bl. 66.

42 Ebenda, unpag.

43 BArch, DP 3, V 45/68, Bl. 53 f.

44 BStU, RHE 15-71-DDR, Teil 3a und 4, Bl. 213-219.

45 Ebenda, Bl. 214.

46 Als das Komitee 1971 Faktenmaterial zum Lager „Lieberose“ zusammenstellte, verwandte es Simons Angaben, ohne ihn ausdrücklich zu nennen. Vgl. BArch, DP 3, 213–227/71, Bl. 29–34.

47 BStU, RHE 15-71-DDR, Teil 3a und 4, Bl. 219.

Trotzdem wurde die Arbeit Richard Schulz' die bis dahin umfangreichste, wenn auch spekulativste Sammlung von Informationen zum „Arbeitslager Lieberose"[48], sieht man von den westdeutschen Ermittlungsverfahren einmal ab, da diese auch in der BRD nicht öffentlich zugänglich waren.[49] Sein Bericht landete, obwohl ursprünglich zur Publikation vorgesehen, in den Akten der SED-Bezirksleitung Frankfurt/Oder, ein anderes Exemplar erhielt Werner Mocho.

Vermutlich als Reaktion auf die Anfrage von Richard Schulz beim Antifakomitee 1968 oder als Folge des intern bekannten Prozesses gegen Erich Schemel forderte der ehemalige Sachsenhausen-Häftling Werner Rosenberg noch 1968 in einem Bericht, in Jamlitz den Zustand aufzuheben, daß der „Stein aus dem faschistischen Lager [...] als Gedenkstein angesehen" werde, „an dem zu den Gedenktagen Kränze und Blumen niedergelegt" würden. Schon 1968 war beschlossen worden, bis 1969, zum 20. Jahrestag der DDR, entsprechende Veränderungen vorzunehmen.[50] Obwohl andernorts sogar Hinrichtungsstätten zum Gedenken genutzt wurden, sah man offenbar in dem Jamlitzer Lagerstein ein unerträgliches Symbol dieses KZ-Nebenlagers.

ERFORSCHUNG DER LAGERGESCHICHTE

Parallel zu den Recherchen des Arbeiterchronisten Richard Schulz begann auch in Lieberose im Jahre 1968 die Erforschung der Lagergeschichte. Mit dem Lehrer Roland Richter als Leiter der Arbeitsgruppe und dem Parteiveteranen W. Passing aus Lieberose wurden auch die Jamlitzer Ernst Hockun und Hans Grünberg (Bürgermeister 1945–1962) im Januar 1968 von der SED-Kreisleitung Beeskow mit

48 Unter dem Arbeitstitel: Das „Arbeitslager Lieberose". Die Errichtung des „Truppenübungsplatzes KURMARK der Waffen-SS" und das „Außenlager des Konzentrationslagers Sachsenhausen in Jamlitz, Kreis Lübben N/L", vollständig in: BStU, RHE 15-71-DDR Teil 3a und 4, Bl. 114–223.

49 Verfahren hatte es bis dahin gegeben gegen den Kammerchef Hans Zöller vor dem Landgericht Düsseldorf 1948/49, gegen den Lagerführer Wilhelm Kersten 1950/54 beim Landgericht Lübeck, Ermittlungen gegen den Blockführer Gerhard Alwin Lehmann durch die Staatsanwaltschaften Köln und Essen ab 1961 und ein Verfahren gegen den Blockführer Erich Schemel sowie den Lagerführer Kersten beim Landgericht Fulda 1963/65.

50 BArch, DP 3, V 45/68, Bl. 79.

der Erforschung des antifaschistischen Widerstandskampfes im Raum Lieberose/Jamlitz/Leeskow beauftragt. Außerdem sollten bis Oktober 1968 Vorschläge für „weitere Gedenk- und Erinnerungsstätten" im Kreis gemacht werden.[51]

Aus den Forschungen, die Roland Richter mit Schülern seiner Arbeitsgruppe in Lieberose durchführte, ging bis 1970/72 u. a. eine umfängliche Schülerarbeit hervor.[52] Im Nachbarort Goyatz befaßten sich 1968/69 Schüler unter Anleitung des Lehrers Horst Hanke mit dem Evakuierungsmarsch, der am 2./3. Februar 1945 durch ihren Ort geführt hatte. Die Häftlinge verbrachten hier ihre erste Nacht. Vier von ihnen wurden in Goyatz ermordet und auf dem Friedhof begraben.[53]

Im Jahre 1968 begann die Staatsanwaltschaft Nürnberg-Fürth Ermittlungen wegen der Verantwortung des Lagerführers Wilhelm Kersten für den Massenmord vom Februar 1945 und wandte sich mit einem Rechtshilfeersuchen an die DDR. Auch diesmal zeigte sich die Generalstaatsanwaltschaft der DDR erstaunlich passiv. Es wurde keine Untersuchung vor Ort vorgenommen, niemand befragt, der sich mit der Lagergeschichte befaßt hatte. Auch das Ministerium für Staatssicherheit ermittelte, zumindest nach bisher ausgewerteten Akten, nicht vor Ort. Die Arbeit von Richard Schulz wurde erst nach Auffinden des Massengrabes 1971 zu Rate gezogen. Außer einigen Vernehmungsprotokollen aus dem Sachsenhausen-Prozeß 1947 und zwei weiteren Berichten über „Lieberose", die in Moskau gelegen hatten, konnte von DDR-Seite nichts beigesteuert werden. So mußte Staatsanwalt Wieland schon nach einem Jahr im Mai 1969 feststellen: „Die zu diesem Verfahren mögliche DDR-Einwirkung ist gegenwärtig erschöpft."[54]

Im Januar 1970 starb der ehemalige Lagerführer Kersten, von dem Häftlinge sich erzählten, er habe wie Eichmann mehrmals den Wohnort gewechselt. Gegen Kersten waren nach Anzeigen von Überlebenden

51 BLHA-Bornim, Rep. 731, SED-Kreisleitung Beeskow, Nr. 727.

52 Wunderschütz, Das KZ-Lager „Arbeitslager Lieberose".

53 Die Ergebnisse, u. a. die Aussagen eines Mordzeugen, wurden, außer in einem Zeitungsartikel von 1975, erst im Jahre 1988 veröffentlicht: Das Grab der Antifaschisten auf dem Friedhof in Goyatz, in: Todesmärsche 1945 im Gebiet des heutigen Bezirkes Cottbus, hrsg. v. Bezirkskabinett für außerunterrichtliche Tätigkeit, Cottbus, o. J. (1988), S. 43–45.

54 BArch, DP 3, V 45/68, Bl. 45.

nicht weniger als fünf Ermittlungsverfahren eingeleitet worden, denn nach der Internierung in Neuengamme 1946–1948, für die ebenfalls ein ehemaliger Häftling gesorgt hatte, verurteilte ihn 1948 ein Spruchgericht, während schon seit 1947 (und bis 1949) englische Ermittler zu einem polnischen Auslieferungsersuchen Vernehmungen durchführten. 1950 erneut von einem ehemaligen Häftling angezeigt, fanden die Ermittlungen erst 1954 mit einem lapidaren und sehr „verständnisvollen" Urteil ihr Ende. Schon ab 1961 wurde er in einem Verfahren gegen seinen früheren Untergebenen in Jamlitz, den Blockführer Gerhard Alwin Lehmann, das eigentlich ihm hätte gelten müssen, erstmals wegen der Morde im Februar 1945 vernommen, und von 1963 bis 1965 stand seine Verantwortung für die Morde auf dem Evakuierungsmarsch im Mittelpunkt eines neuen Verfahrens. Schließlich starb Kersten während der letzten Ermittlungen bezüglich der 1200 im Lager getöteten jüdischen Häftlinge, die schon 1965 begonnen worden waren. Mit seinem Tod schienen in Ost und West alle Verfolgungsmöglichkeiten erschöpft zu sein.

DIE ENTDECKUNG DER MASSENGRÄBER

Am 25. November 1970 unternahmen die ehemaligen Sachsenhausen-Häftlinge Werner Rosenberg, Alois Eisenhändler und Kurt Riemer für die Lagerarbeitsgemeinschaft (LAG) Sachsenhausen Arbeitsgruppe III eine Besichtigungsreise nach Jamlitz und Schwarzheide, wo 1944/45 ebenfalls ein Außenlager für Juden bestanden hatte. Galt die Reise in erster Linie dem Zustand der jeweiligen Gedenkstätten, so erfuhren die drei Berichterstatter in Jamlitz auch bisher Unbekanntes über die Vergangenheit. Die wichtigste Mitteilung war, daß sich in Jamlitz Massengräber aus der Zeit des KZ-Nebenlagers befänden. Jamlitzer Bürger zeigten ihnen diese Stellen. Der Bericht empfahl, „nun endgültig, entsprechend der Rolle des Nebenlagers Lieberose als Vernichtungslager, eine würdige Gedenkstätte zu schaffen" und „zu prüfen, ob die Untersuchung der Massengräber zweckmäßig ist".[55]

55 BArch, DP 3, V 45/68, Bericht vom 28. 11. 1970, Bl. 80.

Die LAG übergab ihren Bericht der Generalstaatsanwaltschaft, von wo eine Kopie zum „Untersuchungsorgan" des MfS, zuerst in die Abteilung XX/3, ging.

Eine in nur drei Exemplaren gefertigte Information „Hinweis auf vermutliche Massengräber sowjetischer Bürger in der DDR aus der Zeit des Faschismus" leitete im Januar 1971 einen Aktenvorgang in der Abteilung IX/11 des MfS ein, der bis zum Auffinden des Massengrabes im Mai 1971 ohne Aktenzeichen blieb. Bemerkenswerterweise spricht der MfS-Offizier von „sowjetischen Bürgern", obwohl sich im Bericht der LAG kein Wort davon findet. Aus den bisher zugänglichen MfS-Unterlagen geht nicht hervor, ob die Massengräber gesucht worden sind, jedenfalls nicht von der Abteilung IX/11. Das MfS überprüfte lediglich Aufenthaltsorte der bekannten SS-Verantwortlichen und von DDR-Zeugen. In Moskau suchte es in den Beuteakten nach Dokumenten zum Lager „Lieberose". Das Antifakomitee erhielt vom MfS die Aufforderung, „von allen geplanten Veranlassungen bezüglich das KZ Lieberose bis auf Widerruf Abstand zu nehmen, um die Ermittlungen nicht zu gefährden".[56] Möglicherweise ist eine andere Abteilung des MfS den Hinweisen der Jamlitzer nachgegangen.

Am 6. Mai 1971 faßte eine „Information" der Abteilung IX/11 (Major Winkler) die seit Januar 1971 getätigten Ermittlungsergebnisse zusammen. Vorgeschlagen wurde u. a.: 1. die „exakte Dokumentation des Ortes der Massengräber bei Jamlitz/Lieberose nach Vernehmung der Zeugen" (gemeint sind Bürger aus Jamlitz und Umgebung), 2. die „Exhumierung der Opfer von Jamlitz/Lieberose und deren würdige Bestattung" und 3. die „Einleitung strafrechtlicher Maßnahmen, falls Teilnehmer an dem Massenverbrechen in der DDR wohnhaft sind".[57]

An diesem Tag, dem 6. Mai 1971, als Major Winkler die Exhumierung der Massengäber vorschlug, waren zwei Kilometer von Jamlitz entfernt in einer alten Kiesgrube schon mindestens 20 Skelette geborgen, wie es im MfS-Rapport Nr. 89 vom 6. Mai 1971 heißt. Alles deutet darauf hin, daß Winkler erst nachträglich darüber informiert worden ist.[58] Denn nach MfS-Akten hat man bereits am 4. Mai bei

56 BStU, RHE 15-71-DDR, Teil 2, Bl. 39.
57 BStU, RHE 15-71-DDR, Teil 1, Bl. 16 f.
58 StA Cottbus, 211-5/75, Handakte, Bl. 1.

Ausschachtungsarbeiten die ersten drei Skelette gefunden.[59] Sollte tatsächlich ein Informationsdefizit bei der MfS-Ermittlungsabteilung in NS-Angelegenheiten bestanden haben, wenn doch gerade ein Massengrab in diesem Zusammenhang geöffnet wurde? Kaum zu glauben. Es bleibt zweifelhaft, ob das Grab wirklich zufällig entdeckt wurde.

Zwischen dem 5. und 18. Mai 1971 exhumierte und erfaßte das Institut für gerichtliche Medizin der Medizinischen Akademie „Carl Gustav Carus" Dresden 577 Gebeine. Es war das größte jemals in der DDR entdeckte Massengrab aus der NS-Zeit.

Hatten Major Winkler und die Lagerarbeitsgemeinschaft eine würdige Bestattung und eine „Gedenkstätte entsprechend der Rolle des Nebenlagers Lieberose als Vernichtungslager" vorgeschlagen,[60] so entspann sich nach der Endeckung des Massengrabes nicht nur eine fragwürdige Auseinandersetzung um den Standort einer solchen Gedenkstätte, sondern es begann auch die Vereinnahmung der jüdischen Opfer, eine Verwischung der authentischen Spuren sowie die Unkenntlichmachung der im Jahre 1971 noch vorhandenen Reste der Jamlitzer Lagertopographie.

Nicht nachvollziehbar ist eigentlich schon der anfängliche Vorschlag von Staatssekretär Heinze im Kulturministerium, die Gebeine nach Sachsenhausen umzubetten, denn die Lagerarbeitsgemeinschaft hatte ja ursprünglich eine Gedenkstätte in Jamlitz vorgeschlagen, jedenfalls solange das Massengrab nicht gefunden worden war. Am 24. Mai 1971 teilte jedoch Kulturminister Klaus Gysi dem Vorsitzenden des Rates des Bezirkes Cottbus ohne Angabe von Gründen mit, daß eine Beisetzung in Sachsenhausen nicht möglich sei.[61] Daß es sich bei den gefundenen Leichenresten um ermordete jüdische Häftlinge handelte, daran konnte kein Zweifel bestehen. Der ehemalige Lagerkommandant Anton Kaindl und andere SS-Führer hatten dies in insgesamt sieben Vernehmungen in Vorbereitung des Sachsenhausener SMT-Prozesses 1946 unmißverständlich ausgesagt. Diese Protokolle waren im MfS vorhanden. Auch ehemaligen Sachsenhausen-Häftlingen in der DDR war aus der eigenen Haftzeit die Spezifik des Lagers „Lieberose" bekannt. Schließlich fanden sich in dem Massengrab u. a.

59 Ebenda.
60 BArch, DP 3, V 45/68, Bl. 80.
61 BArch, DP 3, 213-227/71, Vermerk der GStA vom 24. 5. 1971, unpag.

ein Medaillon mit den zehn Geboten Moses' in hebräischer Sprache und ein aus Holz geschnitzter David-Stern.

Trotz des Wissens um die jüdische Herkunft der 577 ermordeten Häftlinge übergab am 18. Mai 1971 das MfS Cottbus noch am Fundort die Gebeine dem Rat des Bezirkes Cottbus, Abteilung Inneres, „zur Feuerbestattung".[62] Wer allerdings diese folgenschwere Entscheidung getroffen hat, ließ sich nicht rekonstruieren. Kulturminister Klaus Gysi, dem die Gedenkstätten unterstanden und der selbst aus einer jüdischen Familie stammte, erhob gegen die Einäscherung, die die religiösen jüdischen Gebräuche verletzte, keine Einwände – ein angesichts von Auschwitz unverständlicher Mißgriff.[63]

Es tun sich aber weitere Fragen in diesem Zusammenhang auf. Genau eine Woche verblieben die 577 Gebeine, in 30 Holzsärgen, noch am Fundort. Erst am 24. Mai 1971 wurden sie ins Krematorium Forst überführt, am selben Tage, als der Kulturminister die geplante Beisetzung in Sachsenhausen abgesagt und statt dessen entschieden hatte, „daß eine Gedenkstätte [...] in Lieberose/Jamlitz, dem ehemaligen Standort des Außenlagers des KZ-Sachsenhausen, ausgewählt und für die Beisetzung entsprechend vorbereitet" werden soll. Auch die Fundstätte selbst sollte diesem Entschluß nach „würdig, entsprechend der Umgebung gestaltet" werden.[64]

Am 26. Mai 1971 bestätigte der Rat des Bezirkes Cottbus den Einäscherungsauftrag für das Krematorium Forst mit dem kryptischen Satz: „Sie wollen bitte mit der Einäscherung der 30 Särge so verfahren, wie am

62 BLHA-Bornim, Rep. 801, Rat des Bezirkes Cottbus, Nr. 4907, Übergabeprotokoll, unpag.

63 In diesen Kontext gehört auch ein Vermerk der GStA vom 17. 5. 1971, einen Tag, bevor „die Frage der Umbettung entschieden" werden sollte: „Die Opfer bei Staakow weisen zum Teil viel Zahngold auf. Dieser Faktor darf bei einer Umbettung nicht ganz unbeachtet bleiben." BArch, DP 3, 213–227/71, Bl. 14. Bis zu diesem Tag waren durch das MfS den 577 Gebeinen insgesamt „1080 g. Zähne und Zahnprothesen" entnommen worden. Bedenkt man, daß niemals an eine Einzelbestattung gedacht war, so liest sich die Begründung für die Entnahme des Zahngoldes, gegeben durch Major Scholz und Oberleutnant Schubert (MfS Cottbus), wie ein Hohn auf die Opfer: „Durch die willkürliche Bestattung im Massengrab war es nicht mehr möglich, die einzelnen Goldarbeiten einzelnen Skeletten zuzuordnen. Deshalb wurden die aufgefundenen Goldprothesen vor der Freigabe zur Feuerbestattung durch die Gerichtsmedizin Dresden an das Untersuchungsorgan zur weiteren Verfügung übergeben." BStU, ZUV 73, Bd. 1, Bl. 95. Die Spur dieses Goldes verliert sich am 2. Juni 1975, als es „zur Abverfügung an die Abt. Finanzen an die HA IX/12 übergeben" wurde. Ebenda, Bl. 101.

64 StA Cottbus, 211-5/75 Handakte, Information des Rates des Bezirkes Cottbus vom 28. 5. 71, Bl. 21 und 21R.

24. 5. 71 tel. vereinbart."[65] Erst am 18. August jedoch legt die Abteilung Inneres im Rat des Bezirkes einen Aktenvermerk an: „Die vom Untersuchungsorgan des Ministeriums für Staatssicherheit Cottbus übergebenen 577 exhumierten Skelette wurden im Krematorium Forst eingeäschert."[66] Sollten diese 30 Särge fast drei Monate in einem Krematorium aufbewahrt worden sein? Am 3. September, neun Tage vor Überführung der Urne nach Lieberose, wies die Abteilung Inneres aus Cottbus das Krematorium an: „Die weitere Asche der Skelette bitte ich in gebührender Form auf dem Friedhof in Forst in Ihrer Verantwortung beizusetzen und uns die restlichen Kosten in Rechnung zu stellen."[67]

Es gibt jedoch weder im „Einäscherungsregister" des Krematoriums Forst für die Zeit von Mai bis September 1971 eine Eingangsnummer oder einen Verbrennungsnachweis für diese 30 Särge, noch befindet sich im „Beisetzungsregister" für Urnen eine Eintragung über eine „in gebührender Form" erfolgte Beisetzung der restlichen Asche auf dem damals in Forst benutzten „Urnensammelfeld". Ein Nachweis der Einäscherung und des Verbleibs der restliche Asche von 577 jüdischen Häftlingen des Nebenlagers „Lieberose" in Jamlitz war nicht zu erbringen.[68]

Was mag die Verantwortlichen bewogen haben, die Gebeine dieser ermordeten „Helden des antifaschistischen Widerstandskampfes", wie sie bald genannt werden sollten, nicht in den Unterlagen des Krematoriums Forst erscheinen zu lassen? Warum mußte der größere Teil ihrer Asche ortlos verscharrt werden? Ein Grab war auch nach dem DDR-Gräbergesetz zu kennzeichnen.[69]

DIE GEDENKSTÄTTE AM FALSCHEN ORT

Neben den erwähnten Empfehlungen der LAG und des MfS für eine Gedenkstätte hatte auch die SED-Kreisleitung Beeskow (Kommission zur Erforschung der Geschichte der örtlichen Arbeiterbewegung)

65 BLHA-Bormin, Rep. 801, Rat des Bezirkes Cottbus, Nr. 4907, unpag.
66 Ebenda.
67 Ebenda.
68 Schreiben des Betriebsamtes Forst an den Autor vom 6. 5. 1997.
69 Vgl. den Beschluß des Präsidiums des Ministerrates der DDR vom 13. 7. 1971 zur „Behandlung von Gräbern Gefallener und ausländischer Zivilpersonen".

in einer Aufgabenstellung für die Jahre 1971–75 zum 30. Jahrestag der Befreiung „in Jamlitz eine propagandistische Großveranstaltung zum Gedenken der Opfer des Faschismus“ und „die Einweihung der ‚Gedenkstätte für die Opfer des Faschismus‘ in Jamlitz – Außenstelle des KZ Sachsenhausen“ geplant.[70]

Niemand, weder die LAG noch das MfS oder die SED, war bis zum Auffinden des ersten Massengrabes auf die Idee gekommen, an einem anderen Ort als in Jamlitz eine Gedenkstätte einzurichten. Auch Kulturminister Gysi hatte noch am 24. Mai 1971 als Ort der Beisetzung den „ehemaligen Standort des Außenlagers“ vorgeschlagen.[71]

Der Rat des Bezirkes Cottbus plante zudem noch im Juni 1971 ein „Ehrenmal in Staakow“ (d. h. am Fundort, der Kiesgrube bei Staakow). Das Gelände sollte eingezäunt werden. Aber nichts geschah. Bis zum April 1995, als anläßlich des 50. Jahrestages der Befreiung des KZ Sachsenhausen eine Informationstafel am Ort des Massengrabes errichtet wurde, erinnerte dort nichts an dieser Stelle an die 577 Ermordeten.

Doch hatte unabhängig davon der Rat des Bezirkes Frankfurt/Oder, in dessen Verantwortung die Gemeinde Jamlitz und die Stadt Lieberose fielen, schon am 4. Juni 1971 kurzerhand beschlossen, „eine würdige Gedenkstätte in der Stadt Lieberose“ zu errichten. Die Empfehlung hierfür sei von den Sekretariaten der SED-Bezirksleitungen Frankfurt/Oder und Cottbus gekommen und mit dem Ministerium für Kultur, dem Amt für Denkmalpflege und dem Leiter der Nationalen Mahn- und Gedenkstätte Sachsenhausen abgestimmt worden.

Mit diesem Beschluß setzte auch die Schleifung der authentischen Reste der Lagertopographie ein. So hieß es in dem Text: „Nach Fertigstellung der Gedenkstätte Lieberose ist der Gedenkstein in der Gemeinde Jamlitz zu entfernen.“[72] Der Stein, um den sich 20 Jahre lang niemand außer den Jamlitzern selbst gekümmert hatte, verschwand am 10. September 1971, zwei Tage vor der Grundsteinlegung für ein Mahnmal in Lieberose.[73]

70 BLHA-Bornim, Rep. 731, SED Kreisleitung Beeskow, Nr. 727, Schreiben der Kommission vom 6. 3. 1971, unpag.

71 Vgl. Fußnote 61.

72 BLHA-Bornim, Rep. 601, Rat des Bezirkes Frankfurt/Oder, Nr. 6582, unpag.

73 Er lag, mit der Inschrift zur Erde, bis 1990 auf der Burg Beeskow, dessen Innenhof u. a. als Stellfläche für Müllfahrzeuge diente. Dann holten ihn die Jamlitzer wieder zurück.

In einer Beratung am 25. Juni 1971 „übernahm die Genossin Miethe[74] die Verpflichtung, bis 07. 07. einen entsprechenden Vorschlag ausarbeiten zu lassen, einschließlich der Inschrift des neuen Gedenksteins (mit Unterstützung der antifaschistischen Widerstandskämpfer)".[75] Selbst dieser Versuch, in Jamlitz statt des alten einen neuen Gedenkstein aufzustellen, lief noch den Bestrebungen des Bezirks Frankfurt/Oder und des Kreises Beeskow zuwider.

Schon am 8. Juli hielt der Stellvertreter des Vorsitzenden des Rates des Kreises Beeskow die „Errichtung eines neuen Gedenksteines in Jamlitz [...] nicht für erforderlich [...], da das Mahnmal in Lieberose in würdiger Weise dem Gedenken der Opfer des Faschismus gerecht" werde, obwohl dies noch am 26. Juni in einer Beratung mit allen einbezogenen Stellen ausdrücklich beschlossen worden war.[76]

Der Kampf gegen die authentischen Spuren in Jamlitz war damit entschieden. Bis April 1995, als auch am ehemaligen Lagertor des KZ-Lagers eine Informationstafel aufgestellt wurde, erinnerte in Jamlitz – außer dem 1990 zurückgeholten „Lagerstein" – nichts an das zweitgrößte Außenlager des KZ Sachsenhausen.

Wie können die ehemaligen Sachsenhausen-Häftlinge in der DDR mit dem Umstand gelebt haben, daß am „Ort des Leidens und des Kampfes" ihrer Kameraden, wie seit 1971 häufig betont wurde, nicht nur nichts an diesen Ort erinnerte, sondern auch noch Sachzeugen beiseite geschafft wurden gerade in dem Moment, als man an ihr Opfer zu erinnern vorgab. Ein scheinbar unsägliches Paradox.

Bei der Entscheidung für den Gedenkstättenstandort wählte eine Kommission, der auch Vertreter des Ministeriums für Kultur und das Amt für Denkmalpflege angehörten, am 26. Juni 1971 den mittelalterlichen Hinrichtungsplatz der Stadt Lieberose neben dem Friedhof als Standort. Der „Galgenberg", so zu lesen in einer damaligen Information des Rates des Kreises Beeskow, besitze „historische und emotionale Beziehungen zum ehemaligen Lager Jamlitz".[77] Es fällt schwer, diesen Satz ohne Sarkasmus zu kommentieren.

74 Anna Dora Miethe arbeitete am Institut für Denkmalpflege.
75 BLHA-Bornim, Rep. 801, Rat des Bezirkes Cottbus, Nr. 4907, unpag.
76 Ebenda, unpag.
77 KA LOS, Akte zum Mahnmal, ohne Namen, Information des Rates des Kreises Beeskow vom 16. 6. 1971, unpag.

Die Urnenbeisetzung und gleichzeitige Grundsteinlegung für das Mahnmal fanden am 12. September 1971 in Lieberose statt.

In diesem Zusammenhang muß auch auf die damalige Pressepolitik kurz eingegangen werden. Nur ein Artikel erwähnt m. W. überhaupt, daß sich in „Lieberose" auch „jüdische Häftlinge" befunden hatten.[78] Nicht ein einziger Artikel verweist auf Jamlitz als Ort des Lagers. Die Terminologie, wie später auch an der Strukturwand des Mahnmals, lautete „Lieberose-Jamlitz" oder nur „Lieberose". Auch in der Berichterstattung über die Exhumierung fand sich kein Wort von Jamlitz bzw. den jüdischen Häftlingen.[79] In der *Neuen Berliner Illustrierten* wurde durch Verwendung „bisher noch unveröffentlichter Dokumente", das hieß durch SS-Fotos von später in Sachsenhausen ermordeten Sowjetsoldaten, suggeriert, in „Lieberose" seien in großem Umfange Soldaten der Roten Armee umgekommen. Beide Berichte nennen „Lieberose" zudem ein „Straflager". Auch das sollte von der eigentlichen Bedeutung des Lagers ablenken und mußte den aufmerksamen Leser vollends in die Irre führen. Es war zudem, bezogen auf die mehrheitlich jüdischen Häftlinge des Lagers, eine unglaubliche Formulierung.

Bereits seit Sommer 1971 wurde eine Gesamtgestaltung des Mahnmals vorbereitet. Aus den Planungsunterlagen geht hervor, daß man zu keinem Zeitpunkt daran dachte, dem Charakter des Lagers als jüdisches Arbeits- und auch Vernichtungslager in der Gestaltung gerecht zu werden.[80]

Das Mahnmal wurde am 6. Mai 1973 in Form eines Ringgrabes (in der Mitte die versenkte Urnengruft) mit seitlich vorgesetzter Strukturwand eingeweiht. Neben dem roten Winkel für die politischen Häftlinge liest man: „Ehrendes Gedenken den Opfern des Faschismus, die im Nebenlager Lieberose-Jamlitz des KZ Sachsenhausen von der SS ermordet wurden. 1943–1945."

Auch die Diskussionen in Vorbereitung der Einweihung verdienen unsere Aufmerksamkeit. So sollte ursprünglich ein ehemaliger

78 Neuer Tag vom 7. 9. 1971.

79 Vgl.: Akademie-Echo, Organ der SED-Hochschulparteiorganisation der Medizinischen Akademie „Carl Gustav Carus" Dresden, 13. Jg., Nr. 17, Dresden, 16. 11. 1971; sowie Neue Berliner Illustrierte Nr. 2/1972.

80 Vgl. BArch, DY 57, K. 105, Bd. 8, Schreiben des Instituts für Denkmalpflege an das Antifakomitee vom 19. 10. 1971, unpag.

Häftling des Lagers eine Ansprache halten. Mit Kurt Kohn, Vorsitzender der Parteikontrollkommission im Bezirk Leipzig, war ein Häftling gefunden worden, der sich als Jugendlicher vom jüdischen Elternhaus gelöst hatte und Kommunist geworden war. Nach einer politischen Haftstrafe war er als staatenloser Jude aus Deutschland nach Polen abgeschoben und später ins Ghetto von Lodz verbracht worden. Über Auschwitz kam er nach Jamlitz und erlebte seine Befreiung in Mauthausen. Das Komitee der Antifaschistischen Widerstandskämpfer lehnte jedoch den Vorschlag des Rates des Kreises Beeskow ab und ließ den Stellvertreter des Vorsitzenden des Komitees, Willy Perk, sprechen. Außer den CDU- und NDPD-Zeitungen des Bezirkes Cottbus berichtete m. W. keine weitere Zeitung, daß sich mit Kurt Kohn ein Überlebender des „Arbeitslagers Lieberose" bei der Einweihung unter den Anwesenden befunden hatte.[81]

DIE ROLLE DES ANTIFA-KOMITEES

Das Antifakomitee tat sich 1973 auch bei der Beseitigung der letzten Sachzeugen des Lagers hervor. Hatte 1970 die LAG Sachsenhausen in ihrem Bericht noch empfohlen, daß sich für „eine würdige Gedenkstätte" noch zwei „stehende Pfeiler des ehemaligen Lagertores verwenden" ließen,[82] so unterbreitete das Antifakomitee am 16. März 1973 in einer Beratung mit dem Rat des Kreises Beeskow den Vorschlag, „die zwei Torpfeiler des ehemaligen Lagertores zu beseitigen". Zur Frage neuer Gedenkstein oder Gedenktafel „vertraten die Genossen einstimmig die Auffassung, daß in der Gemeinde Jamlitz nichts mehr errichtet werden soll. Zentraler Punkt ist und sollte Lieberose bleiben. Dazu sollte im Rahmen der massenpolitischen Arbeit in Jamlitz Klarheit geschaffen werden". Auch die „Ortsbezeichnung sollte und muß beibehalten werden. Die Doppelbezeichnung Lieberose/Jamlitz ist richtig".[83] Die beiden Pfeiler des Lagertores sind dann tatsächlich

81 Vgl. Märkische Union vom 15. 4. 1973.
82 BArch, DP 3, V 45/68, Bl. 80.
83 BLHA-Bornim, Rep. 731, SED-Kreisleitung Beeskow, Nr. 1019, Niederschrift vom 19. 3. 1973, unpag.

1973 mit einem Traktor „beseitigt" worden. „Zwecks Verschönerung des Dorfbildes der Gemeinde Jamlitz erfolgte am 28. 4. 73 die Entfernung der [...] Steinpfeiler."[84]

Auch in den Presseinformationen der SED-Kreisleitung Beeskow vor der Mahnmaleinweihung ist von „unzähligen, mutigen, antifaschistischen Widerstandskämpfern" die Rede, die „für die gerechteste Sache der Welt ihr Leben gaben". Wieder wurde der Presse die Sprachregelung anempfohlen: „Wir möchten bitten, daß die Bezeichnung KZ Sachsenhausen – Nebenlager Lieberose-Jamlitz benutzt wird."[85] Die regionale und zentrale Berichterstattung machte jetzt aus den ermordeten jüdischen Häftlingen „namenlose Helden",[86] deren „Vermächtnis erfüllt werde".[87]

In der Gedenkrede der SED-Kreisleitung Beeskow am 6. Mai 1973 findet sich die Behauptung: „Was wir damals nicht wußten, ist uns heute bekannt. Das Leben und Schicksal der Häftlinge aus dem faschistischen Außenlager Lieberose berührte eng das Schicksal und die Zukunft vieler Menschen dieses Gebietes."[88]

Trotz des erkennbaren Willens, Opfer von Unrecht und Terror zu würdigen, kann nur festgestellt werden, daß ideologische Vorurteile und politisch-taktisches Vorgehen wichtiger als faktische Erkenntnisse waren und zuletzt wider vorhandenes Wissen falsches Bewußtsein von der Sache in Stein gegossen worden ist – eine weitere grobe Mißachtung der jüdischen Häftlinge. Es bleibt die Frage, wer denn nun eigentlich geehrt wurde.

Die meisten der in Jamlitz internierten Juden waren nicht politisch organisiert, bevor sie verschleppt wurden.[89] Auch Sympathien für den Kommunismus können ihnen nicht einfach zugeschrieben werden. Nach dem Ende des Krieges, spätestens seit den antisemitischen Demonstrationen in Polen 1946, dürften die meisten jüdischen

84 So Oberleutnant Röhr vom MfS Cottbus in einen Protokoll vom 17. 2. 1975, in: BStU, ZUV 73, Bd. 14, Bl. 17.

85 BLHA-Bornim, Rep. 731, SED-Kreisleitung Beeskow, Nr. 1019, unpag.

86 Vgl. Neues Deutschland vom 5. 5. 1973 sowie Neuer Tag vom 7. 5. 1973.

87 Vgl. Neuer Tag vom 8. 5. 1973.

88 BLHA-Bornim, Rep. 731, SED-Kreisleitung Beeskow, Nr. 1019, unpag.

89 Vgl. das nachgelassene Manuskript des ehemaligen Revierschreibers in Jamlitz Gunther R. Lys (Kilometerstein 12,6): „‚Faschismus/Antifaschismus' indessen [...] waren dieser Zahlenmajorität abstrakte Begriffe, leere Fremdvokabeln. Sie waren [...] unvorbereitete, wehrlose Opfer, gegensätzlich zu bewußt und planmäßig handelnden Antifaschisten" (S. 166).

Überlebenden sich von der realsozialistischen Entwicklung abgewandt haben. Dies hat sich in vielen Zeitzeugengesprächen in Israel bestätigt.
Da das Schicksal der jüdischen Häftlinge aus Jamlitz in den Jahren 1971/73 bereits gründlich aus dem Bewußtsein der Verantwortlichen verdrängt war, konnte die SED-Kreisleitung Beeskow, sozusagen mit der Wand des Mahnmals im Rücken, in einem Maßnahmeplan zur massenpolitischen Nutzung der Gedenkstätte vom 20. Juli 1973 als eines der pädagogischen Ziele vorgeben, „den Haß gegen den Imperialismus weiter zu vertiefen" und „den Prozeß der bewußten Abgrenzung von der imperialistischen BRD zu fördern".[90]

Mißbräuchlicher konnten die jüdischen Opfer dieses Lagers nicht vereinnahmt werden. Erst 1981/82, mit der Einrichtung eines Museums am Fuß des „Galgenbergs", ist teilweise der Versuch unternommen worden, dem Charakter des Lagers gerecht zu werden.[91] Zwar stellte die Ausstellung nur eine jüdische Biographie (und gekennzeichnet mit rotem Winkel) vor, aber es fand sich wenigstens, wenn auch nicht exponiert, der kurze Satz, daß die meisten Häftlinge Juden waren. Kurt Kohn, der sich selbst als jüdischen Häftling in Jamlitz bezeichnete, wurde zum „Politischen" gemacht. Fotos des „entfernten" Lagersteines bzw. eines „beseitigten" Torpfeilers fanden ebenfalls Verwendung. Im Grunde aber zeigte man „Lieberose" als eines von vielen der Außenlager des KZ Sachsenhausen, ohne Akzentsetzung auf die überwiegend jüdischen Insassen.

Um das so konstruierte Bild zu wahren, hatten die Verantwortlichen offenbar wenig Interesse an öffentlichem Kontakt mit Überlebenden des Lagers. Nur zwei Beispiele:

1. Über das westdeutsche Sachsenhausen-Komitee hatte der ehemalige politische Häftling Herbert Simon aus Bremen Beziehungen zur Lieberoser Schul-Arbeitsgemeinschaft Geschichte angeknüpft, besuchte u. a. im Februar 1976 das Mahnmal und nahm an einer Gesprächsrunde mit Schülern teil. Weil das Volksbildungsministerium an der SED-Bezirksleitung Frankfurt/Oder vorbei die

90 BLHA-Bornim, Rep. 731, SED-Kreisleitung Beeskow, Nr. 1019, unpag.
91 Vgl. Archiv der Gedenkstätte Sachsenhausen, KAW, K. 25, M 1, Drehbuchentwurf des Direktors der NMG Sachsenhausen Hans Biereigel, Bl. 73–78.

Genehmigung für Simons Auftritt in der Schule erteilt hatte, liefen in der Partei die Drähte heiß. Um das Gesicht zu wahren, wurde Herbert Simon zwar nicht ausgeladen, jedoch meinte die Bezirksleitung, „daß wir nicht der westdeutschen Antifaschisten bedürfen, um unsere Jugend klassenmäßig zu erziehen". Nach dem Treffen sei dem Lehrer Roland Richter, dem Organisator der Veranstaltung, „klarzumachen, daß es nicht darauf ankommt, wie ein Archivar alle Einzelheiten zusammenzutragen, sondern entsprechend einer klaren politischen Zielsetzung zu werten"; es sei ihm zu empfehlen, „keine neuen Kontakte anzuknüpfen und bisher bestehende nicht durch Eigeninitiative zu forcieren".[92]

2. Im Jahre 1981 befand dann die LAG Sachsenhausen „übereinstimmend", daß Roland Richter „auf Grund seiner Versetzung als Lehrer nach Neuhausen/Erzgeb. – auf dem Gebiet der Forschung über das Lager in Lieberose nicht weiter mitarbeiten kann", obwohl er nie den Wunsch geäußert hatte, seine langjährige Arbeit an dem Thema nun urplötzlich abzubrechen.

Als er dann 1982 den ehemaligen Häftling Gunther R. Lys auf dessen Einladung in Haifa/Israel besuchen und in Israel Vorträge über das Lager „Lieberose" halten wollte, notierte Otto Funke vom Antifakomitee auf den Rand des Anschreibens des Ministeriums des Innern wegen „Meinungsäußerung" in der Sache: „ein Genosse fährt nicht in das zionistische, barbarischen Krieg führende Israel"; „von uns hat und erhält niemand den Auftrag, Reden u. Vorträge in Israel zu halten".[93]

NACH DER WENDE

Bis 1989/90 wurden Museum und Mahnmal von der Schule Lieberose inhaltlich und durch Führungen betreut. Danach übernahm ein Verein die Verantwortung. Die Unterhaltungs- und Pflegekosten trägt die Stadt Lieberose.

92 BLHA-Bornim, Rep. 731, SED-Kreisleitung Beeskow, Nr. 1019, Aktennotizen vom 27. 1. und 26. 4. 1976, unpag.

93 Vgl. Archiv der Gedenkstätte Sachsenhausen, KAW, K. 25, M 1, Drehbuchentwurf des Direktors der NMG Sachsenhausen Hans Biereigel, Bl. 35. Der Schriftwechsel war dem Drehbuch für das Museum in Lieberose beigeheftet.

Erst nach 1990 sind mehr und mehr Kontakte zu jüdischen Überlebenden hergestellt worden. Das Museum nahm durch den Leiter des Mahnmal-Vereins Peter Kotzan inhaltliche Veränderungen und Ergänzungen vor und erarbeitete Sonderausstellungen u. a. zu den jüdischen ungarischen Häftlingen und zu einer besonderen jüdischen Häftlingsgruppe, der sogenannten Maurerschule.

Eine neue Gesamtausstellung zum jüdischen „Arbeitslager Lieberose" in Jamlitz ist, zunächst als Wanderausstellung, unter dem Titel „Die Juden sollen zittern" vom Autor dieses Beitrages fertiggestellt worden; sie soll in Jamlitz als dem historischen Ort in Zusammenhang mit einer Dokumentations- und Bildungsstätte, die dann auch das sowjetische Speziallager Nr. 6 Jamlitz thematisieren wird, dauerhaft eingerichtet werden.

Noch ist die Frage unbeantwortet, warum Antifa-Komitee und SED den authentischen Ort Jamlitz wie ein heißes Eisen behandelt haben.

Das Nebenlager „Lieberose" galt im Hauptlager als berüchtigt. Für einige politische Häftlinge war es auch ein Ort, sich 1944 vor der Gestapo-Sonderkommission in Sicherheit zu bringen. Insgesamt bedeutete es v. a. für die deutschen politischen Häftlinge eine moralische Niederlage, denn sie konnten den jüdischen Häftlingen im Grunde nicht helfen. Als Blockälteste und sogenannte Kapos waren auch sie den weitaus schlechter gestellten jüdischen Häftlingen in unterschiedlichen Positionen vorgesetzt und standen somit zwischen deren Interessen und denen der SS. Eine komplizierte und nicht von jedem politischen Häftlingsfunktionär wahrgenommene Gratwanderung. So ist z. B. der politische Blockälteste Fritz Müller 1950 in Chemnitz wegen Häftlingsmißhandlung verurteilt worden.[94]

Das Bewußtsein einer Niederlage in Jamlitz bestand für die Häftlinge ja auch darin, nicht wie etwa im Hauptlager konspirieren und Verbünde schaffen zu können. Das Lager in Jamlitz paßte in seinem wirklichen Charakter nicht in das von den KZ gezeichnete Bild und war schlicht und einfach nicht von der LAG repräsentierbar, denn nur etwa 10 % der Insassen waren politische Häftlinge bzw. ehemalige Kriegsgefangene.[95]

94 BStU, AOP 127/55 und 561/48 F.

95 Erst seit 1996 besteht in Israel eine Häftlingsorganisation der ehemaligen jüdischen Häftlinge im KZ Sachsenhausen. Erst jetzt, mit ihrer Aufnahme in das Internationale Sachsenhausen-Komitee, besitzen auch die jüdischen Überlebenden von Jamlitz eine Stimme unter den Überlebenden des KZ Sachsenhausen.

Ein weiteres Problem der SED-Verantwortlichen betraf die nachfolgende Existenz des sowjetischen Speziallagers auf demselben Gelände in den Jahren 1945–47 und die ihm zuzuordnenden Massengräber in den Wäldern um Jamlitz.

In Hinweisen des MfS zu einem Bericht des Antifakomitees über die Erkenntnisse zum Lager „Lieberose" heißt es: „Beachtet werden muß, daß sich auf dem Gelände des ehemaligen KZ-Außenlagers ab Herbst 1945 ein Internierungslager, welches von sowjetischen Organen eingerichtet wurde, befand. [...] Auf Grund einer in diesem Lager aufgetretenen Epidemie gab es auch Todesfälle. Die Toten wurden ebenfalls in dem Waldgelände, in welchem das Massengrab gefunden wurde, vergraben."[96]

Als die DEFA 1974 für den 30. Jahrestag der DDR einen Dokumentarfilm über Jamlitz drehen wollte und neben der Darstellung des KZ-Außenlagers „auch einen jetzt in der DDR als Schuldirektor tätigen Genossen zu interviewen" beabsichtigte, „der *nach* 1945 im sowjetischen Internierungslager in Lieberose war und dort von sowjetischen Genossen entsprechend erzogen wurde", meldeten sofort das Antifakomitee und die Staatsanwaltschaft starke Bedenken an. Aus dem Film wurde natürlich nichts.[97] Selbst offizielle Lügen über die Internierungslager waren in der DDR tabu.

Der beileibe nicht einfache Umgang mit der zweifachen Geschichte eines KZ-Lagergeländes, wie später auch in Sachsenhausen und Buchenwald, hat offenbar intern für Jamlitz schon 1971 begonnen, nachdem das erste Massengrab in der Staakower Kiesgrube gefunden worden war. Bis dahin war relativ ungestört von politischen Erwägungen und Ängsten am historischen Ort der Opfer des jüdischen „Arbeitslagers Lieberose" gedacht worden – auch ohne Mahnmal und ohne Museum.

96 BArch, DP 3, 213-227/71, Bl. 44 f.
97 BArch, DP 3, V 45/68, Bl. 181 ff.

April 1965: Überlebende des Todesmarsches und Mitglieder der DDR-Jugendorganisation FDJ vor dem Gedenkstein in der Nähe von Below. (Ihdo)

Annette Leo

GEBROCHENE BIOGRAPHIEN

Lebenswege deutscher Antifaschisten in der DDR

Als ich Ewald Kaiser und seine Frau Sophie im Januar 1989 zum ersten Mal in ihrem Zimmer in einem Altersheim für ehemalige SED-Funktionäre besuchte, fragte er mich ohne jede Vorrede, woher ich seinen Namen wüßte und wer mir gesagt habe, daß er in diesem Heim wohne. Er war ein Mann von 84 Jahren, geistig sehr klar, aber fast blind und gehbehindert, auf die Hilfe seiner Frau angewiesen. Als ich ihm erzählte, daß ich im Auftrag des DEFA-Dokumentarfilmstudios Interviews mit ehemaligen Häftlingen des KZ Sachsenhausen führte, daß mir das Komitee der Antifaschistischen Widerstandskämpfer eine Liste mit Namen und Adressen gegeben habe, wurde er noch mißtrauischer. Er sei zwar in Sachsenhausen inhaftiert gewesen, aber niemals würde das Komitee seinen Namen auf eine solche Liste setzen, da sei er sich ganz sicher. Ewald Kaiser hatte recht und ich mußte mich beeilen, ihm die Umstände meines Besuchs zu erklären, sonst hätte er mich gleich wieder hinausgeworfen.

Ich führte damals mit ehemaligen Häftlingen von Sachsenhausen Interviews, die der Vorbereitung eines Dokumentarfilms über das Konzentrationslager Sachsenhausen dienen sollten. Es handelte sich um einen Auftrag des Komitees der Antifaschistischen Widerstandskämpfer der DDR an das DEFA-Dokumentarfilmstudio. Zusammen mit dem Auftrag war dem Regisseur des Films auch eine Liste mit Namen überreicht worden. Es waren fast ausschließlich die Namen verdienter alter Kommunisten,[1] die als Häftlinge eine Rolle in der illegalen Parteiorganisation gespielt und die in ihrem späteren Berufsleben in der DDR wichtige Funktionen bekleidet hatten. Die Auftraggeber im Antifa-Komitee stellten sich vor, daß die ehemaligen Häftlinge, neben einer kurzen Darstellung ihres Lebensweges, etwa 20 Minuten lang über ihre Funktion im Konzentrationslager, z. B. in der Kleiderkammer, in der Küche oder im Schuhkommando, und über ihre illegale Arbeit berichten sollten. Diese Filme sollten dann den Besuchern der Gedenkstätte während ihres Rundgangs gezeigt werden.[2]

Auf der Liste hatte der Name Kaiser nicht gestanden. Seine Biographie hatte nämlich an einer entscheidenden Stelle einen anderen Verlauf genommen als die der meisten anderen Interviewpartner. Anfang der fünfziger Jahre war ihm schweres Unrecht zugefügt worden, aufgrund von falschen Anschuldigungen war er in der DDR zu mehreren Jahren Zuchthaus verurteilt worden. Auch nach seiner vorzeitigen Freilassung blieb er diskriminiert, ausgegrenzt, wurde später stillschweigend wieder in die SED aufgenommen und erhielt kleine Funktionen. Aber niemals wurde er gebeten, vor einer Schulklasse oder Jugendweihegruppe über seine Jahre in der Arbeiterbewegung vor 1933 und über den Widerstand zu erzählen, wie es seine Kameraden seit

1 Einer von ihnen war bis 1933 Mitglied der SPD und ein anderer Mitglied der Kommunistischen Partei Opposition gewesen. Siehe zu diesem Thema auch den Beitrag „Die Namenlosen" von Regina Scheer in diesem Band.

2 Die bis 1989 hergestellten mehrstündigen Videos gingen schließlich weit über die ursprünglichen Intentionen der Auftraggeber hinaus und umfaßten die gesamte Lebensgeschichte der Befragten. Der größte Teil der Filme ist heute im Archiv der Gedenkstätte Sachsenhausen aufbewahrt.

Jahren taten, mit denen er zusammen im NS-Zuchthaus und im Lager gelitten hatte. Sosehr hatte Ewald Kaiser die Ausgrenzung und Bestrafung verinnerlicht, daß er mir sofort mit Abwehr und Mißtrauen begegnete, denn ganz offensichtlich war ich nicht im Auftrag der Partei gekommen, jener Instanz, die ihn fallengelassen und verurteilt hatte, deren kaltherzigem Urteil er sich jedoch unterworfen hatte. Erst als ich ihm sagte, daß mir sein Kamerad und Freund Willy Perk, den ich zuvor interviewt hatte, seinen Namen und Adresse gegeben hatte, beruhigte er sich, wurde ein wenig zugänglicher und erklärte sich zu einem Gespräch bereit. Aber das Vertrauensverhältnis zwischen uns blieb dünn und brüchig. Mein Interesse an den widerspruchsvollen Seiten seines Lebens fand er verdächtig. Immer wieder vergewisserte er sich zwischendurch, ob die im Komitee denn auch nichts dagegen gehabt hätten. Meine diesbezüglichen Versicherungen wirkten auf ihn wenig überzeugend.

In Wahrheit hatte ich mit niemandem, außer dem Regisseur des Films, über diesen Besuch gesprochen. Ich war aus eigenem Antrieb gekommen, weil ich statt der exemplarischen glatten Heldengeschichten etwas über die wirkliche, widerspruchsvolle Geschichte erfahren wollte. Für mich als Angehörige der nachgeborenen Generation gehörte deshalb Ewald Kaisers Schicksal, von dem mir Willy Perk freimütig erzählt hatte, unbedingt in die Reihe der Biographien kommunistischer Sachsenhausenhäftlinge. Allerdings hatte ich mir nicht vorstellen können, was meine Fragen bei meinem Gesprächspartner anrichten würden. Ich hatte nicht bedacht, wie schmerzvoll gegenwärtig die Vergangenheit für ihn war, gerade weil sie nie besprochen, nie bearbeitet worden war. Ich hatte mir auch nicht vorstellen können, wie sehr er diesen Bruch in seinem Leben verinnerlicht hatte.

Einerseits wollte Ewald Kaiser gern sprechen, es war ihm wichtig, daß auch seine Erinnerungen festgehalten wurden, und manche seiner Sätze klangen wie Verlautbarungen an die Nachwelt, die er mir mit abgemessenen Worten zu Gehör gab. Wahrscheinlich hatte er zum ersten Mal so ausführlich jemandem über seine Widerstandsarbeit, über Zuchthaus und KZ erzählt. Aber von Anfang an gab es eine Grenze, die er deutlich benannte: Über seine Jahre im DDR-Zuchthaus werde ich kein Wort von ihm erfahren, sagte er sehr bestimmt und schaute mich an, als ob ich mit meinen Fragen eine feindliche Absicht verfolgte, der er sich entgegenstellen müsse. Er wollte und konnte mit mir über den tiefsten Punkt in seinem Leben nicht reden. Die Verbrechen der Stalinzeit waren auch in der späten DDR kein Gegenstand der öffentlichen Auseinandersetzung. Solche Geschichten waren tabu, es gab keine Erzählweise, die öffentlich sanktioniert war, mit deren Hilfe er diese Erfahrung irgendwie in sein Leben hätte integrieren können.

Ewald Kaiser wurde 1905 in Dessau geboren, sein Vater war Buchbinder, Sozialdemokrat, der 1913 nach England emigrierte, um einem Verfahren wegen Majestätsverbrechen zu entgehen, und der nach seiner Rückkehr nach Deutschland 1918 an TBC starb. Ewald bezeichnete seinen Vater als klugen Mann, als Sozialdemokraten, der aber viel zu kleinbürgerlich gewesen sei, um je Kommunist zu werden. Die Mutter war streng katholisch und erzog den Jungen in diesem Sinne. Er weigerte sich jedoch, gefirmt zu werden. Die Kaisers lebten sehr arm, Mutter mußte während der Abwesenheit des Vaters arbeiten, um den Unterhalt der Familie zu sichern. Nach der Rückkehr des Vaters konnte sie nicht mehr arbeiten, sondern mußte ihn pflegen. Ewald trug schon als Junge Brötchen aus, um ein wenig zum Lebensunterhalt beizutragen. Er war ein guter Schüler, nach dem Abschluß der 8. Klasse lernte er den Beruf des Schriftsetzers, den er aber nie ausübte, weil er gleich nach der Lehre arbeitslos wurde und nur als Hilfsarbeiter, Bote, Bürohilfe usw. Anstellungen fand. Als Lehrling in Dessau war er schon Mitglied des Kommunistischen Jugendverbandes geworden. Ein Freund hatte ihn geworben. 1924 ging er auf die Walze, wie man damals sagte, durch Deutschland. Auf der Suche nach einer Jugendherberge sprach er in Herne zwei Mädchen an, die das Abzeichen des Kommunistischen Jugendverbandes trugen. „Heil Moskau" lautete ihr Gruß, mit dem sie sich als Gleichgesinnte erkannten. Eine Jugendherberge gab es in Herne zwar nicht, dafür nahm ihn eines der beiden Mädchen mit zu den Eltern. Ewald Kaiser blieb in Herne und bei dem Mädchen Sophie. Sie wurde 1929 seine Frau.

In der Stadt arbeitete er erst als Bergmann, dann als Straßenkehrer und Müllkutscher. Er wurde zum Betriebsrat im städtischen Fuhrpark in Herne gewählt. Außerdem war er, wie er mir sagte „Berufsrevolutionär", aber ohne Bezahlung – er hatte nacheinander verschiedene Funktionen im Unterbezirk und in der Bezirksleitung Ruhrgebiet des Kommunistischen Jugendverbandes, zuletzt war er 1. Sekretär des Bezirksverbandes. Im April 1932 wurde Ewald Kaiser Abgeordneter der KPD im Preußischen Landtag, seine Diäten lieferte er auf Heller und Pfennig bei der KPD ab und bekam dafür ein geringes Entgelt. Außerdem wurde er, von dem Augenblick an, wo er Abgeordneter war, Parteiinstrukteur der KPD, weil er einen Freifahrtschein hatte und so in ganz Preußen umherfahren konnte, um auf Versammlungen zu sprechen. Privatleben gab es eigentlich nicht, sein Leben war völlig von der politischen Arbeit für die Kommunistische Partei bestimmt, über seinen jeweiligen Einsatz wurde in der Leitung der Partei entschieden. Selten kam es vor, daß die Eheleute einen Abend miteinander verbringen konnten. Auch seine Frau Sophie war politisch engagiert. Beide bezeichneten ihr Leben als anstrengend und erfüllt zugleich. Gemessen an den Jahren, die folgen sollten, mag diese Zeit ihnen im Rückblick unbeschwert erschienen sein.

DER GEFANGENE

Schon Wochen vor dem 30. Januar 1933 mußten sie getrennt voneinander leben. Ewald Kaiser war bereits in einer benachbarten Stadt untergetaucht. Nach dem Reichstagsbrand kamen SA und Polizei viele Male in die Wohnung und suchten nach ihm. Seit April organisierte Ewald in Berlin die illegale Arbeit des Jugendverbandes. Anfang Februar 1934 sollten er und seine Frau mit falschen Pässen nach Paris zum Antikriegskongreß fahren, doch dazu kam es nicht mehr. Sophie wurde vor der Abreise verhaftet, und er fuhr allein. Am 17. Februar 1934 wurde auch er in Berlin verhaftet. Ein Mitglied der Gruppe, eine junge, hochschwangere Frau, hatte nach schweren Mißhandlungen seinen Namen und den Treff mit ihm preisgegeben. Sein Prozeß fand im Mai 1935 statt. Ewald Kaiser wurde zu zehn Jahren Zuchthaus, Sophie in einem anderen Prozeß zu sieben Jahren verurteilt. Auch ihre Mutter war inhaftiert worden. Von Zuchthaus zu Zuchthaus schrieben Ewald und Sophie sich über Jahre Briefe. Im März 1944, am Tag, als Ewald Kaisers Haftzeit abgelaufen war, wartete seine Frau vor dem Tor des Zuchthauses auf ihn. Sie konnte jedoch nur sehen, wie er in ein Auto der Gestapo steigen mußte, das ihn in das KZ Sachsenhausen brachte.

Wenn ich ihn an solch einem Punkt fragte, was er empfunden habe: so kurz vor der Freiheit, die Frau nicht einmal umarmen zu können und wieder weggeschafft zu werden, gab er keine Antwort. Zu sehr hatte er wohl schon in seinem Leben die Gefühle beiseite geschoben, hintangestellt, als daß er sie jetzt noch benennen konnte. Aber er kam an anderer Stelle auf meine Frage zurück. Die Erlebnisse im KZ Sachsenhausen seien so grausam gewesen, daß er monatelang nach seiner Befreiung keine Träne habe weinen konnte, er sei so verroht, so abgestumpft gewesen, daß ihn nicht einmal der Tod seines Nebenmannes noch bewegt habe. Dabei hatte er „Glück", daß er nur noch ein Jahr im KZ verbringen mußte, er meinte, eine längere Zeit hätte er nicht überlebt. Dank seiner Beziehungen zu Genossen im Lager bekam er eine Funktion im Büro des Arbeitskräfteeinsatzes. Im April 1945 machte er den Todesmarsch mit und wurde in der Nähe von Schwerin befreit.

Nach seiner Rückkehr nach Herne im Juni 1945 habe er sofort versucht, die schmerzhaften Erinnerungen durch Arbeit zu überdekken, er baute die Kommunistische Partei in seiner Region wieder auf. Auch Sophie arbeitete für die Organisation. Wieder gab es kaum Zeit für Privatleben. Aber diesmal wollte sich die Frau damit nicht abfinden. Weil sie nach den Leiden der Nazizeit keine Kinder mehr bekommen konnten, adoptierten die Kaisers 1947 einen kleinen Jungen.

Ewald Kaiser wurde rasch ein führender Funktionär in der KPD Westdeutschlands. Von Anfang an war er Mitglied der Landesleitung von Nordrhein-Westfalen, seit 1948 Abgeordneter des Landtages, bis er in die Mühlen der stalinistischen Säuberung geriet. Als ich ihn nach den Ereignissen 1949/50 in der Landesleitung fragte, die letztlich zu seiner Absetzung und Verhaftung führten, mußte ich das Tonbandgerät ausschalten, ehe er weitersprach. Nach dem Bruch zwischen Tito und Stalin habe er, sagte er mir, die schroffe Verurteilung der Jugoslawischen KP seitens der Sowjetunion kritisiert. Daraufhin wurde eine Verleumdungskampagne gegen ihn in der Parteipresse entfesselt, er wurde des Titoismus beschuldigt und konnte sich nicht einmal mehr rechtfertigen, denn plötzlich sei keine Diskussion, kein Meinungsaustausch innerhalb der Partei mehr möglich gewesen, das Klima hatte sich entscheidend verändert. Ewald Kaiser wurde seiner Funktionen enthoben und zum Verantwortlichen für Schulungsarbeit in der KPD-Landesleitung degradiert. Kurze Zeit darauf rief ihn das Zentralkomitee zusammen mit einem anderen Genossen zur Berichterstattung nach Ost-Berlin.

An dieser Stelle brach er seine Erzählung ab. Daß er bald nach seiner Ankunft in Berlin verhaftet worden sein muß, konnte ich mir zusammenreimen. Seine Frau übernahm das Gespräch und erzählte mir, wie sie in Düsseldorf 20 Monate lang auf seine Rückkehr oder auf ein Zeichen von ihm gewartet hatte. Niemand sagte ihr, was mit ihm geschehen war. Ewald saß wie erstarrt dabei, als sie davon sprach, wie die Genossen im Parteivorstand ihren Fragen ausgewichen waren, wie sie sich unter vielen Mühen eine Reise mit einer Kindergruppe in die DDR verschafft habe, wie sie schließlich im Zentralkomitee bis zu Herrmann Matern vorgedrungen sei. Der war damals Vorsitzender der Zentralen Parteikontrollkommission der SED und unmittelbar verantwortlich für die Auslieferung von in Ungnade gefallenen Parteimitgliedern an die Organe der Staatssicherheit. Matern habe ihr nur zynisch geantwortet, sie müsse doch wissen, was ihr Mann getan habe, seine Verbindungen seien ihr doch gewiß bekannt. Das einzige Zugeständnis, das sie erwirken konnte, war die Erlaubnis, mit ihrer Mutter und ihrem Sohn in die DDR überzusiedeln. In Leipzig bekam sie eine Wohnung und Arbeitsstelle. Sie erzählte auch, daß in Düsseldorf ihre Lage inzwischen unerträglich geworden sei. Niemand von den KPD-Genossen sprach noch mit ihr, ja sogar auf der Straße wichen sie ihr aus und grüßten nicht mehr. Für Menschen wie Sophie und Ewald Kaiser, deren ganze Welt die Partei war, bedeutete das die absolute Isolation.

An dieser Stelle brach auch ihre Erzählung ab. Fast weinend gebot Ewald Kaiser seiner Frau zu schweigen. Wieder hatte ich, wie schon bei meiner Ankunft, das Gefühl, etwas Ungehöriges zu tun, wofür ich mich entschuldigen müßte. Schließlich bat ich ihn, dieses Kapitel einfach auszusparen und mit seiner Erzählung „danach“ fortzufahren. Aber wann begann das „Danach“? Für ihn offenbar erst 1955, als „die Partei“ ihn wieder nach Berlin rief. „Bin dann 1955 unter schwierigen Umständen nach Berlin gekommen." Das war sein Satz, mit dem er von der Düsseldorfer Zeit zur DDR-Zeit überleiten wollte, um doch noch irgendwie eine Kontinuität in der Biographie herzustellen. Aber wann war er aus der Haft entlassen worden? Zu wie vielen Jahren war er verurteilt worden?[3] Erst nach Rückfragen erfuhr ich, daß ihm nach seiner Haftentlassung zunächst eine Tätigkeit als Hilfsarbeiter in einem Konfektionsbetrieb zugewiesen worden war, wie einem begnadigten Straftäter. Aber auch an diesem Platz bemühte er sich, durch Fleiß und großes Engagement das verlorengegangene Vertrauen wieder zu erwerben, er wollte sich „bewähren", als ob er tatsächlich eine Schuld auf sich geladen hätte. So unterbreitete er einen Neuerungsvorschlag, der dem Betrieb viel Nutzen brachte, er wurde ausgezeichnet, befördert und schließlich – 1955 – von einem Genossen, den er noch aus der Illegalität kannte, nach Berlin zum Rundfunk geholt. Dort konnte Ewald Kaiser endlich wieder an seine Parteikarriere anknüpfen. Er produzierte Sendungen der inzwischen verbotenen KPD für die Bürger der Bundesrepublik.

DER „KOMMISSAR"

Im Jahre 1968 wurde Kaiser zum Prager Rundfunk gesandt, um von dort die deutschsprachigen Sendungen in die Bundesrepublik zu leiten, und geriet mitten in den Prager Frühling. Dort habe er versucht, wie er mir erklärte, „den internationalen Kurs des Kommunismus gegen die Konterrevolution" durchzusetzen. Er habe in Prag „der Kommissar" geheißen, sagte er nicht ohne Stolz. Zu Beginn des Jahres 1969, nach dem Einmarsch der Armeen des Warschauer Paktes in Prag, sei er noch einmal zum Prager Rundfunk geschickt worden, um im Auftrag der tschechischen KP Tausende von deutschsprachigen Briefen an die Rundfunkredaktion durchzusehen. Darunter waren Briefe aus

3 Im Juni 1951 war Ewald Kaiser in Berlin verhaftet worden, 1952 vom Landgericht Greifswald zu fünf Jahren Haft wegen Verstoßes gegen das Kontrollratsgesetz 10, Direktive 38, verurteilt worden. 1954 wurde er „wegen guten Verhaltens" entlassen. 1956 stellte die Zentrale Parteikontrollkommission in einem Beschluß seine Parteimitgliedschaft wieder her. Seine Haftstrafe wurde aus dem Register getilgt. Angaben aus: SAPMO BArch, DY 30/IV 2/4/461.

der DDR, in denen offen Sympathie für den Prager Frühling bekundet wurde und u. a. geschrieben stand, „der Spitzbart“ müsse weg. Die Ergebnisse seiner Auswertung seien dann den Sicherheitsorganen übergeben worden.

Als ich meiner Verwunderung darüber Ausdruck gab, daß er gar kein Verständnis für die Reformer um Alexander Dubček aufgebracht habe, schließlich hätten doch gerade sie die Verbrechen der Stalinzeit aufdecken wollen, unterbrach er mich brüsk mit der Bemerkung, das sei doch nur das Lockmittel gewesen, „der Wurm an der Angel der Konterrevolution“. Noch 1989 hielt er fest an seiner Überzeugung, daß der Einmarsch richtig gewesen war, und er betonte, wie froh er sei, einen kleinen Teil zur Entlarvung feindlicher Elemente, wie er sagte, beigetragen zu haben.

Doch vielleicht war es kein Zufall, daß die berufliche Laufbahn Ewald Kaisers schon bald nach diesem Auftrag, auf den er so stolz schien, zu Ende ging. Damals begannen die Augen und das Rückgrat ihm den Dienst zu versagen, er konnte ohne Stützkorsett nicht mehr aufrecht gehen. Das waren Gebrechen, die, so scheint es mir, buchstäblich seine innere Verfassung widerspiegelten. Kleinere Funktionen übernahm er noch im Wohngebiet, denn, wie er sagte, ganz ohne Funktionen gehe es nicht. Zum Zeitpunkt unseres Gesprächs lebte er schon seit einigen Jahren in diesem gut ausgestatteten Parteiveteranen-Heim, materiell gesichert, umsorgt, gewiß auch überwacht, aber eben doch anders als die anderen Veteranen. Es fehlten die öffentlichen Ehrungen, die würdigenden Artikel zu jedem runden Geburtstag im *Neuen Deutschland*, die Festveranstaltungen, zu denen er gern eingeladen worden wäre.

Kurz bevor ich ging, fragte ich Ewald Kaiser, ob er je öffentlich rehabilitiert worden sei. Aufgebracht verneinte er und fügte hinzu, so etwas hätte er niemals gewollt oder gefordert. Aber, wandte ich ein, das sei doch das mindeste, was er verlangen könnte, daß seine Ehre wiederhergestellt werde. Er schwieg lange, dann sagte er leise, er habe sich immer etwas anderes vorgestellt. Wenn ein Kassierer zu Unrecht beschuldigt worden sei, Geld aus der Kasse genommen zu haben, sei es die beste Rehabilitierung, wenn man ihm die Kasse wieder anvertraue. Darauf habe er stets gewartet, aber er habe die Kasse niemals wiederbekommen.

Ewald Kaiser ist 1993 gestorben. Er wäre nicht damit einverstanden gewesen, daß ich in dieser Weise über ihn schreibe. Während unserer Begegnung war ich stets angezogen und abgestoßen zugleich von seiner Persönlichkeit. Respekt vor seinem klugen und nüchternen Urteil, seinem mutigen und selbstlosen Einsatz während der Nazizeit wechselten mit Unverständnis gegenüber seiner starren, parteigläubigen Haltung, an der er bis zur Selbstverleugnung festhielt. Ewald Kaiser war ein gebrochener Mensch. Er hatte sich der Instanz, die ihn verurteilt und gequält hatte, in einem Maße innerlich ausgeliefert, daß er keinen Widerstand dagegen mehr aufbringen konnte. Als ich von ihm fortging, meinte ich, daß er offenbar nur so hatte weiterleben können. Die Haft in der DDR, die Verhöre, Mißhandlungen, Demütigungen blieben unerzählbar, sonst wäre sein ganzes Überzeugungsgebäude eingestürzt.

Damals im Januar 1989 konnte ich mir nicht vorstellen, daß es auch noch andere Gründe für sein Schweigen gab, daß die Vergangenheit einfach noch nicht vergangen war. Erst im Herbst des gleichen Jahres bekam ich das bei Rowohlt erschienene Buch von Walter Janka[4] in die Hand, in dem dieser seine Verhaftung, die Verhöre und den Prozeß von 1956 schilderte. Der Spanienkämpfer und Kommunist Janka hatte nach jahrelangem Schweigen einen anderen Umgang mit seinen Erinnerungen gewählt als Ewald Kaiser. Doch als ich die Schilderung seines ersten Verhörs in der Zentrale der Staatssicherheit las, konnte ich auf einmal Ewald Kaiser besser verstehen. Janka schreibt von einem „mächtigen Mann", dessen Namen er nicht nennt, den er nur den „alten Bekannten" nennt und den er schon „seit Spanien nicht mehr als seinen Genossen" betrachtete.[5] Ohne Zweifel handelte es sich bei dem „alten Bekannten" um Erich Mielke, der Janka damals im Verhör gequält und bedroht hatte und der mehr als 30 Jahre später, zum Zeitpunkt des Erscheinens des Textes, Minister für Staatssicherheit der DDR war. Gewiß hatte auch Ewald Kaiser solche „alten Bekannten", die ihn gepeinigt und gedemütigt hatten und vor deren ungebrochener Macht er damals immer noch Grund hatte sich zu fürchten.

4 Walter Janka, Schwierigkeiten mit der Wahrheit, Hamburg 1989.
5 Ebenda, S. 71 ff.

Vom Schicksal der zehn ehemaligen Häftlinge des KZ Sachsenhausen, mit denen ich Gespräche führte, war das von Ewald Kaiser offenkundig am widersprüchlichsten und tragischsten. Aber auch die Lebensgeschichten der anderen, die vor allem seit 1945 von Erfolg, Aufstieg und Anerkennung handelten, wiesen im Grunde ähnliche Züge auf: ein seltsamer Mangel an Individualität, die Abwesenheit von Gefühlen und das Ausgeliefertsein gegenüber der Partei als einer Machtinstanz, die die Betreffenden gleichzeitig selbst verkörperten.

Die meisten von ihnen wurden zu Beginn dieses Jahrhunderts in armen Arbeiterfamilien geboren. Sie mußten für die zahlreichen Geschwister sorgen oder wuchsen im Waisenhaus auf. Frühzeitig trugen sie zum Unterhalt der Familie bei, erhielten wenig Schulbildung. Wenn ihnen überhaupt eine Berufsausbildung zuteil wurde, so waren sie spätestens nach Beendigung der Lehre arbeitslos. Die Verhältnisse selbst gestanden ihnen wenig Individualität zu. Ohne Arbeit, ohne Geld hatten sie in den Krisenzeiten der zwanziger Jahre kaum eine andere Perspektive, als sich mit einer Bewegung zu verbünden, die für eine radikale Änderung der Verhältnisse eintrat. So zwangsläufig und alternativlos schilderten sie mir meist ihren Weg zur Kommunistischen Partei oder zum Kommunistischen Jugendverband. Die Partei ersetzte ihnen die fehlende Geborgenheit, das Zuhause, die Familie, sie war deshalb selbst so unersetzlich. Wohl kaum eine Generation vorher und nachher hat sich so bedingungslos mit einer politischen Bewegung identifiziert, hat sich mit soviel gläubigem Vertrauen und Disziplin einer Idee verbunden, die für sie die Lösung aller Menschheitsprobleme bedeutete. Mit dieser Treue und Unbeirrbarkeit vollzogen sie, ohne aufzubegehren, jede noch so absurde Kursänderung der Partei mit. Seit 1933 nahmen sie beinahe selbstverständlich alle Gefahren und Entbehrungen des illegalen Widerstandskampfes auf sich, während die Mehrheit ihrer Landsleute später behaupten sollte, man habe nichts gegen den Nationalsozialismus tun können. Sie wurden verhaftet, mißhandelt, wieder freigelassen, lebten illegal, wurden erneut verhaftet, verurteilt, nach Jahren der Zuchthaushaft ins Konzentrationslager gesperrt. Hunger, Todesangst, Schwerstarbeit, Demütigungen, Folterungen, überstanden sie unbeirrt, von dem Sieg ihrer Sache überzeugt. In all diesen Situationen garantierte allein die Zugehörigkeit zur Organisation das Überleben – physisch wie psychisch.

Nach der Befreiung aus Zuchthaus und Konzentrationslager gab es kein Ausruhen, kein Nachdenken, die traumatischen Erfahrungen wurden mit rastloser Arbeit im Dienste der Partei, im Dienste des Aufbaus überdeckt. Meine Gesprächspartner gehörten zu den Gründervätern der DDR, die Bürgermeister, Polizeipräsidenten, Betriebsdirektoren, Partei- oder Gewerkschaftsfunktionäre, später Offiziere, Minister, Abgeordnete, Diplomaten wurden. Durch ihre Teilnahme am Widerstand und durch ihre Zugehörigkeit zur kommunistischen Bewegung fühlten sie sich zu dieser Machtübernahme berufen, und viele Jahrzehnte lang waren sie die Zeugen, sozusagen der lebende Beweis für den antifaschistischen Charakter der Ordnung, die in der sowjetischen Besatzungszone und späteren DDR aufgebaut wurde. Entsprechend dem Selbstverständnis der DDR-Gesellschaft genoß die Gruppe der kommunistischen Widerstandskämpfer ein hohes moralisches Ansehen. Ihre Vertreter standen bei Gedenkveranstaltungen auf der Tribüne, sie erhielten Orden und Auszeichnungen. Ausstellungen, Filme und Bücher handelten von ihrem Engagement. Sie waren die Helden, die, auf einen Sockel gestellt, für die nachfolgenden Generationen als Vorbilder dienen sollten.

Im Laufe unserer Gespräche, wenn sie ein wenig Vertrauen zu mir gefaßt hatten, teilten mir meine Interviewpartner jedoch mit, daß auch sie fast alle in der Stalinzeit Opfer von Verdächtigungen und Maßregelungen geworden waren. Sie verloren ihre Funktionen, bekamen Parteistrafen, wurden sogar zeitweilig – mit unverständlichen und unerwarteten Begründungen – aus der Partei ausgeschlossen. Andere wiederum saßen in Kommissionen, die über Ausschlüsse und Maßregelungen entschieden. Es war offenbar Zufall, ob sie damals zu Richtern oder Angeklagten, zu Opfern oder Tätern wurden – sie fügten sich in beide Rollen mit großer Disziplin.

Zweifellos verliefen ihre Wege glatter als der von Ewald Kaiser, dem es nicht gelungen war, den tiefen Bruch in seinem Leben zu überdecken. Und doch gab es im Leben eines jeden von ihnen Brüche und Risse, an die sie nicht gern erinnert werden wollten. Sie markierten Ereignisse, Momente der Entscheidung, an denen die Betreffenden – vielleicht unmerklich – begannen, sich von ihren Idealen zu entfernen, an denen sie gegen die eigene Überzeugung handelten und sich selbst verleugneten.

Wann hatte es bei Willy Perk solche Momente gegeben? 1948, als die Partei ihn gegen seinen Willen von Westdeutschland nach Berlin beorderte? 1953, als er es schweigend hinnahm, daß die Vereinigung der Verfolgten des Naziregimes in der DDR aufgelöst wurde und die Geschichte des Widerstandes nur noch zur Verherrlichung der führenden Parteifunktionäre diente? Er hatte sich der Situation gebeugt, hatte seitdem seinen Lebensbericht entsprechend den ausgesprochenen und unausgesprochenen Vorgaben stilisiert. Zu Beginn unseres Interviews erklärte er mir gleich, an seine Kindheit erinnere er sich kaum noch, das sei alles „verschüttet". Die einzige Episode, die er sofort und ausführlich erzählte, handelte von seiner Begegnung mit einem russischen Kriegsgefangenen während des Ersten Weltkrieges, der von Lenin und der Oktoberrevolution sprach. Übergangslos berichtete er dann von einer sowjetischen Solidaritätslieferung Mehl für die deutschen Arbeiter während der Novemberrevolution. Später, so fuhr er fort, als Häftling hätten ihm die sowjetischen Soldaten zum zweiten Mal das Leben geschenkt, indem sie ihn während des Todesmarsches befreiten. Dies waren offenbar die Eckpunkte, an denen er gewöhnlich seine Lebenserzählung orientierte, wahrscheinlich unter dem Titel „Unverbrüchliche Freundschaft mit der Sowjetunion". Es irritierte ihn jedoch nicht, als ich auf diese Einleitung gar nicht einging und statt dessen begann, nach der elterlichen Wohnung, dem Schulunterricht, den Geschwistern zu fragen. So kamen wir allmählich ins Gespräch, in dessen Verlauf Willy Perk manche der verschütteten Erinnerungen wiederfand – nicht nur an seine Kindheit, auch an seine erste Liebe, an Gefahren, Ängste und Niederlagen. Im übrigen stellte sich heraus, daß er während des Todesmarsches von Sachsenhausen gar nicht von Sowjetsoldaten, sondern von der US-Armee befreit worden war. Aber das fiel mir erst auf, als ich das abgeschriebene Tonbandprotokoll zu Hause durchlas.

Willy Perk hatte eine ähnliche Jugend durchlebt wie sein Freund Ewald Kaiser. Im gleichen Jahr geboren wie jener, wuchs Perk in einer kinderreichen, streng katholischen Arbeiterfamilie in Essen auf. Der Vater war Feuerarbeiter bei Krupp. Die Mutter bemühte sich, die acht Kinder jeden Tag satt zu bekommen. Der schwarze Ruß der

Hochöfen lag über der ganzen Wohngegend. Über die Gewerkschaftsarbeit kam Willy Perk als Lehrling zum Kommunistischen Jugendverband (KJVD). Als sein Vater davon erfuhr, warf er ihn aus dem Haus. Zum gleichen Zeitpunkt verlor er auch seine Arbeitsstelle bei Krupp. Der Zusammenhalt mit den Jugendgenossen ersetzte ihm, was er verloren hatte: Familie, Arbeit, Wohnung. Willy wurde ein unbezahlter Funktionär der KJVD, sehr links, sehr radikal. Er fand nie wieder Arbeit in seinem Beruf, später wurde er bezahlter Funktionär der KPD. Für einige Zeit arbeitete er sogar in Moskau im westeuropäischen Büro der Komintern. Aber sein sehnlichster Wunsch, eine Parteischule zu besuchen, erfüllte sich nicht. Zum Zeitpunkt der nationalsozialistischen Machtübernahme war er Gewerkschaftsredakteur bei der KPD-Zeitung im Ruhrgebiet und verantwortlich für den Roten Frontkämpferbund in dieser Region. Die führenden Funktionäre dieser paramilitärischen Organisation wurden von der SA besonders grausam verfolgt und mißhandelt. Aus der Zeit der Saalschlachten und wechselseitigen Überfälle waren noch alte Rechnungen zu begleichen. Kaum ein Reichsleiter oder Landesleiter des Roten Frontkämpferbundes überlebte die ersten Tage nach seiner Festnahme. Das Verhaftungskarussell drehte sich so schnell, daß die Auslandsleitung kaum Zeit fand, die illegalen Organisationen neu zu formieren. Im März 1934 bekam Willy Perk den Auftrag, nach Berlin zu fahren und die übriggebliebenen Mitglieder des Roten Frontkämpferbundes in die illegale KPD-Organisation zu integrieren. Er konnte die Aufgabe nicht mehr erfüllen, weil er Ende 1934 selbst verhaftet wurde. Kurz zuvor hatte er sich in die Tochter seiner Quartierleute verliebt.

Willy Perk wurde in der Gestapo-Zentrale Prinz-Albrecht-Straße Tag und Nacht vernommen und schwer mißhandelt. Diese Folterungen waren ihm noch Jahrzehnte später gegenwärtig, als er nach einem Nervenzusammenbruch im Krankenhaus das Telefonklingeln im Schwesternzimmer nicht ertragen konnte. Das Telefon hatte damals für ihn das Signal bedeutet, daß er wieder zur Vernehmung geholt werden würde. Es gelang ihm, sagte er, seine Rolle im Roten Frontkämpferbund zu verschweigen, sonst wäre er wahrscheinlich totgeschlagen worden wie all die anderen vor ihm. Wegen Vorbereitung zum Hochverrat wurde er zu acht Jahren Zuchthaus verurteilt. Anfang 1943, nach Verbüßung der Haft, kam er ins Konzentrationslager Sachsenhausen. Das Mädchen Hanni hatte inzwischen einen anderen Mann geheiratet und mit ihm ein Kind bekommen. Sie blieb jedoch all die Jahre mit Willy in Verbindung. Im Lager knüpfte er schnell Kontakt zur illegalen kommunistischen Organisation, die ihm eine Überlebensarbeit im Kommando Schuhfabrik verschaffte. Im April 1945 wurde er auf dem Todesmarsch bei Crivitz befreit.

DER VERGESSENE HOCHZEITSTERMIN

Zurückgekehrt nach Berlin, fand er seine Freundin Hanni wieder, deren Mann im Krieg gefallen war. Sie zogen zusammen in die große Wohnung eines geflohenen Nationalsozialisten. Ein kleines privates Glück schien nun möglich. Sosehr war Willy jedoch Berufsfunktionär, daß er während einer Klausurtagung der KPD seinen Hochzeitstermin am 1. September 1945 einfach vergaß. Am 4. September konnte das Paar die Eheschließung zwar nachholen, doch am nächsten Tag fuhr Willy Perk bereits mit Max Reimann im Parteiauftrag in seine alte Heimat, um dort die KPD wiederaufzubauen.

Im Ruhrgebiet wurde er Chefredakteur einer regionalen Parteizeitung, Abgeordneter im Landtag und Mitglied der Bezirksleitung der KPD. Willy Perk war es gewohnt, seine persönlichen Belange nicht wichtig zu nehmen, stets dorthin zu gehen, wohin die Partei ihn schickte. Trotzdem, erzählte er mir, habe es ihn große Überwindung gekostet, 1948 dem Auftrag zu folgen, der ihn wieder nach Berlin rief. Er sollte dort die Westausgabe des *Neuen Deutschland* leiten. Viel lieber wäre er in seiner Heimat geblieben, wo er die Leute kannte und sich sicherer fühlte. Aber eine Weigerung schien ihm unmöglich. Schon kurze Zeit später wurde das *Neue Deutschland* in allen drei westlichen Besatzungszonen verboten, sein Auftrag war also hinfällig. Trotzdem gab es für ihn kein Zurück mehr. Willy Perk bekam den Auftrag, den Deutschlandsender mit aufzubauen, dessen erster Intendant er dann wurde.

Er erlebte 1953 die Auflösung der Vereinigung der Verfolgten des Naziregimes in der DDR, die mit der Vernachlässigung jeglicher Forschung über den Widerstand einherging. Auch mußte er erfahren, daß viele seiner Kameraden aus dem Widerstand und aus der Haft[6] gesellschaftlich in den Hintergrund gedrängt wurden, zugunsten der Moskauer Emigranten und der in der Sowjetunion antifaschistisch umgeschulten Kriegsgefangenen. In dieser Zeit wurde die Erinnerung an Widerstand und Verfolgung auf eine starre offizielle Version reduziert. Willy Perk und viele seiner Kameraden litten unter dieser Reglementierung, die sie faktisch eines Teils ihrer Geschichte beraubte, doch fügten sie sich diszipliniert den Vorgaben. Sie unterwarfen sich der Instanz, die diese Selbstverleugnung von ihnen verlangte, und sie selbst verkörperten gleichzeitig die Instanz, die diese Haltung anderen abverlangte.

Mitte/Ende der sechziger Jahre zog sich Willy Perk resigniert aus dem Berufsleben zurück. Er hatte einen Nervenzusammenbruch erlitten, nachdem er von seiner Position im Deutschlandsender plötzlich ohne Angabe von Gründen abberufen und in den Vorstand des FDGB versetzt worden war. Er schöpfte jedoch neue Hoffnung, als unter Erich Honecker seit 1970 das starre Antifaschismus-Bild der DDR ein wenig aufgelockert wurde. Noch einmal engagierte er sich im Komitee der Antifaschistischen Widerstandskämpfer. Endlich, sagte er, konnte der antifaschistische Widerstand in jeder Stadt, in jeder Gemeinde erforscht werden. Daß er dabei nur den Widerstand der Kommunisten meinte, war ihm offenbar kaum bewußt. Andere Strömungen der Opposition gegen den Nationalsozialismus blieben weiterhin aus dem Kanon der offiziellen Erinnerung ausgespart. Auch das Schicksal der Juden, der Sinti und Roma, der Homosexuellen in den Konzentrationslagern war kein Thema oder wurde nur am Rande erwähnt. Willy Perk und mit ihm viele seiner Genossen aus dem Zuchthaus und dem Konzentrationslager übermittelten diese Geschichtsversion in ihren Führungen durch die Gedenkstätten, in ihren eigenen Erinnerungsberichten, und sie waren beseelt von der Idee, den Jugendlichen ihre Lehren zu übermitteln, die doch nur aus halben Wahrheiten bestanden. Aus vielen Gründen, die in den äußeren und inneren Umständen ihres Werdegangs begründet lagen, fehlte es vielen treuen kommunistischen Parteisoldaten an Individualität, an Au-

6 Zwischen 1948 und 1953 wurden in der DDR und auch den anderen Ostblockländern Spanienkämpfer, Juden, Rückkehrer aus der Westemigration als Agenten verdächtigt, ihrer Posten enthoben, aus der SED ausgeschlossen oder sogar verhaftet und verurteilt.

tonomie, an Handlungsspielraum. Und in dem Staat, den sie selbst aufgebaut hatten, verwehrten sie auch den nachfolgenden Generationen gerade dies.

Wenige Jahre vor dem Ende der DDR und am Ende seines eigenen Lebens überdachte Willy Perk seine Handlungen und die Politik der KPD/SED, für die er sich stets bedingungslos eingesetzt hatte. „Wir waren zu diszipliniert", sagte er, als ich das Tonband ausgeschaltet hatte. „Wir haben gemeint, die Genossen im Zentralkomitee werden sich schon was dabei gedacht haben. Aber das war falsch, das sehe ich heute ein, man darf nicht aufhören selber zu denken."

Seine späte Erkenntnis konnte und wollte er selbst nicht mehr umsetzen. Hätte er denn, weil es ihm in der DDR nicht gefiel, aus eigenem Entschluß auf die andere Seite des „eisernen Vorhangs" gehen können, ohne alle Brücken hinter sich abzubrechen? Sein aktives Leben war von Dafür oder Dagegen, Gut oder Böse, Freund oder Verräter beherrscht. Sich der Parteidisziplin unterwerfen oder ausgeschlossen werden. Und der Parteiausschluß war beinahe gleichzusetzen mit dem Ausschluß aus dem Leben. Wäre Ewald Kaiser nach seiner Entlassung aus dem DDR-Zuchthaus in den Westen gegangen, hätte er ein ganz neues Leben beginnen müssen, ohne Existenzmöglichkeit, ohne Freundeskreis, ohne politische Heimat. In der Bundesrepublik der fünfziger Jahre zudem als Kommunist verschrien, wäre ihm wahrscheinlich nichts anderes übriggeblieben, als sich öffentlich von seinen Genossen zu distanzieren, um Aufnahme bei den politischen Kräften zu finden, die er bisher als seine Gegner angesehen hatte. Gab es in dem zerrissenen Deutschland einen Ort, an dem diese Generation mit ihren Erfahrungen, mit ihrer Geschichte wirklich hätte angenommen werden können? Ihre Weltsicht, die in Gut und Böse, in Freund und Feind zerfiel, war nur der Spiegel der sie umgebenden Wirklichkeit: zwei Machtblöcke, denen sich der einzelne zuordnen und anpassen mußte, wenn er nicht dazwischen zerrieben werden wollte.

Auch die Lebenswege der Brüder Werner und Hans Rosenberg waren geprägt von ihrem bedingungslosen Gebundensein an die Partei. Werner Rosenberg, der jüngere der beiden, gab mir im Verlauf unseres Gesprächs zu verstehen, sein eigentliches Leben habe erst mit dem Parteieintritt begonnen, erst dann sei er „sehend" geworden, und er meinte noch im Jahr 1987, sich dafür rechtfertigen zu müssen, daß er erst „so spät" (im Alter von 21 Jahren) zur Partei gefunden hat. Weil Werner Rosenberg immer wieder auf diesen Punkt zurückkam, verstand ich allmählich, daß er sich im Verlaufe der Überprüfungs- und Rechtfertigungsrituale der fünfziger Jahre wohl sehr oft hatte dafür verantworten müssen, daß er nicht aus einer Arbeiterfamilie stammte, daß er in einem Berliner jüdischen Waisenhaus eine bürgerlich-nationale Erziehung bekommen hatte.

Der kleine alte Mann mit dem merkwürdig schiefen, verletzlich scheinenden Gesicht war uns[7] zu Beginn des Gesprächs mit Mißtrauen begegnet. Natürlich wollte er sich nicht verweigern, schließlich hatte uns das Antifakomitee, mit anderen Worten die Partei, geschickt. Er meinte jedoch, all das könne man schon in Büchern nachlesen. Und wen interessiere das denn überhaupt? Erst im Verlauf unseres mehrstündigen Frage- und Antwortspiels wurde er offen und lebhaft und vergaß seine zurechtgelegten Wendungen. Wir erfuhren von ihm Geschichten, die er, wie er sagte, so noch niemandem erzählt hatte, nicht seiner Frau und nicht seinen Kindern.

Sein Bruder Hans dagegen, den ich einige Wochen später traf, blieb verschlossen bis zum Ende unserer Begegnung. Auch er hielt unser Vorhaben für überflüssig und seinen Beitrag dazu nutzlos. Hans Rosenberg war eine erstaunliche Erscheinung. Für einen Mann von 81 Jahren sah er geradezu jung aus. Sein feingeschnittenes, sehr ebenmäßiges Gesicht wies kaum Falten auf, sein volles Haar war nur wenig ergraut. Doch seine schmalen, grauen Augen blickten irgendwie leer, unsere Blicke trafen sich nur selten. Die Biographie, die er mir mit fast unbewegtem Gesicht erzählte, dürfte etwa dem Lebenslauf in seiner Kaderakte entsprochen haben. Nur einmal gelang es mir, ihn ein we-

7 Dieses Gespräch führte ich zusammen mit Regina Scheer.

nig aus der Reserve zu locken: als er davon sprach, daß er am liebsten Rennfahrer geworden wäre. Ein unerfüllbarer Wunsch für einen arbeitslosen jungen Mann aus armer Familie. Doch sofort besann er sich wieder, setzte sich aufrecht und sagte, das gehöre wohl nicht hierher.

Um Hans Rosenberg gab es ein Geheimnis. Er war der einzige Gesprächspartner, der zu mir gekommen war, weil er nicht wollte, daß ich ihn zu Hause aufsuchte. Mir hatte er erzählt, er sei Rentner, arbeite aber noch stundenweise im Landwirtschaftsministerium. Einige unserer Interviewpartner teilten uns jedoch mit, er sei trotz seines Alters immer noch berufstätig, er gelte als die „rechte Hand“ von Erich Mielke. Vielleicht übertrieben sie dabei ein bißchen. Unbestritten war jedoch, daß Hans beim Staatssicherheitsdienst etwas zu sagen hatte. Zu einigen meiner Gesprächspartner war er vor Jahren gekommen, um ihre erwachsenen Söhne zu rekrutieren. Auch Werner Rosenberg wußte nur wenig von seinem Bruder, der in seinem Leben die Rolle einer grauen Eminenz spielte. Manchmal sagte er mit sonderbarer Betonung, wir sollten Hans danach fragen, vielleicht würde er es uns erzählen.

Die beiden Brüder konnten verschiedener nicht sein. Doch war ihr Leben zumindest bis 1945 eng verbunden gewesen.

Hans Rosenberg wurde im November 1906 in Berlin geboren, sein Bruder Werner im Januar 1911. Ihr Vater, ein Bankangestellter, starb im Oktober 1912, als Werner noch keine zwei Jahre alt war. Die Mutter verdingte sich als Wirtschaftsleiterin und Köchin, um den Lebensunterhalt für sich und die Söhne zu verdienen. Während des Krieges mußte sie in einem Rüstungsbetrieb arbeiten. Auf Anraten von Freunden gab sie die Söhne in das jüdische Waisenhaus in der Schönhauser Allee in Berlin. Die Mutter war Christin, ihr verstorbener Mann jüdischer Herkunft. Hans Rosenberg hatte offenbar die Jahre im Waisenhaus in schlechter Erinnerung. Er wolle sich dazu lieber nicht äußern, sagte er steif und sah an mir vorbei, während seine Hände die Sessellehne bearbeiteten. Werner jedoch verteidigte den Entschluß der Mutter: Er habe dort eine materiell gesicherte Kindheit verlebt und die Schule sogar bis zur Obersekunda besuchen können. Nur daß eben die Erziehung im Kinderheim seinen Weg zur Partei erschwert habe.

1920, im Alter von 14 Jahren, verließ Hans Rosenberg das Waisenhaus, er absolvierte eine Ausbildung als Landwirt, arbeitete als Hilfsschlosser in einer Autoreparaturwerkstatt, als Packer in einem großen

Versandhaus, bis er arbeitslos wurde. 1927, im Alter von 16 Jahren, wurde auch Werner Rosenberg aus dem Waisenhaus entlassen und begann eine dreijährige Lehre bei einem Drogisten. Wenige Monate nach Beendigung der Lehre entließ ihn sein Meister. Es war das Jahr 1930, die Weltwirtschaftskrise strebte ihrem Höhepunkt zu. Werner und Hans versuchten es mit den verschiedensten Gelegenheitsarbeiten als Händler, Zeitungsfahrer, Gewerbetreibende. Sie wohnten in schäbigen Kammern und Schlafstellen, manchmal sogar im Obdachlosenasyl. Die Konfrontation mit dem sozialen Elend und das Gefühl der völligen Perspektivlosigkeit dieser Gesellschaft bewogen die Brüder schließlich, sich 1931 als Mitglieder der Kommunistischen Partei einzuschreiben. Von Anfang an übernahmen sie kleine Funktionen, als Literaturverantwortliche, Straßenzellenleiter, Instrukteure.

FOLTER IM KZ WASSERTURM

Nach dem 30. Januar 1933 setzten sie ihre Arbeit für die Partei in der Illegalität fort. Werner Rosenberg wurde zum ersten Mal Ende April 1933 wegen eines Flugblattes verhaftet. SA-Leute schleppten ihn zum Wasserturm im Prenzlauer Berg, der in diesen Monaten als Folterstätte diente. Er wurde dort zusammengeschlagen und war schlimmen Demütigungen ausgesetzt. Die groben Scherze, die sich die SA-Leute mit ihm und anderen erlaubten, sagte er, seien fast noch grausamer gewesen als die Schläge. Darüber könne er bis heute nicht sprechen, auch habe er Angst, daß Jugendliche darüber lachen würden. Nach vier Tagen Mißhandlungen im Wasserturm mußte Werner Rosenberg ins Krankenhaus Friedrichshain gebracht werden. Er hatte Glück. Kurz nachdem die Ärzte ihn entlassen hatten, kamen die SA-Leute, um ihn wieder zu holen. Werner tauchte unter, wohnte mal bei Freunden, mal bei seinem Bruder.

Vom August 1933 bis November 1935 leisteten Werner und Hans Kurierdienste für die Berliner Bezirksleitung der KPD. Als ich von ihnen Näheres über diese Tätigkeit wissen wollte – wie die Bezirksleitung gearbeitet und ob das illegale Netz nach den vielen Verhaftungen überhaupt noch funktioniert habe, reagierten die Brüder, unabhängig voneinander, unwillig und abweisend. Darüber hätten sie nichts gewußt, und es hätte sie auch gar nicht interessiert. Für sie seien nur der Vordermann und der Treff wichtig gewesen. Auch später, nach 1945, hatten sie sich nicht einmal nach den Namen der Menschen erkundigt, in deren Auftrag sie ihre gefährliche Arbeit geleistet hatten – als ob die Geheimnisse der Illegalität für immer Geheimnisse bleiben mußten oder weil es ihnen eben genügte, als einfache Parteisoldaten ihre Pflicht getan zu haben, ohne die Zusammenhänge zu kennen.

Nach der Verhaftung der Bezirksleitung, der sie glücklicherweise entgangen waren, gelang es den Brüdern Rosenberg, eine Verbindung nach Pankow zu knüpfen. Die wichtigen Absprachen traf Hans, Werner machte mit. Sie bekamen die Aufgabe, in einer Wohnung in der Brunnenstraße Flugblätter und illegale Zeitungen herzustellen. Aufgrund der Denunziation eines Wohnungsnachbarn wurden die Brüder im März 1936 von der Gestapo verhaftet. Das Urteil wegen Vorbereitung zum Hochverrat lautete für Hans dreieinhalb Jahre Zuchthaus, für Werner drei Jahre. Beide kamen in das Zuchthaus Brandenburg/Görden und wurden von dort in das Lager Dessau/Rosslau geschickt.

IM JÜDISCHEN BLOCK VON SACHSENHAUSEN

Im Mai 1939 hatte Werner seine Haft verbüßt. Er wurde jedoch nicht freigelassen, sondern kam in das Polizeipräsidium am Alexanderplatz und von dort in das Konzentrationslager Sachsenhausen. Wegen der Herkunft seines Vaters wurde Werner im Lager als Jude registriert und in den jüdischen Block gebracht, dessen Insassen von den übrigen Häftlingen isoliert und der grausamsten Willkür der SS-Leute ausgeliefert waren. Dort traf er viele ehemalige Zöglinge des Waisenhauses wieder. In den ersten Monaten arbeitete er im berüchtigten Kommando Klinkerwerk, in dem vor allem jüdische und homosexuelle Häftlinge systematisch zu Tode gequält wurden. Werner war der einzige unserer Interviewpartner, der ausführlich vom Leben im jüdischen Block erzählte, vom Zusammensein mit Menschen, die nicht aus dem Widerstand kamen, von denen viele ganz unpolitisch waren. Er erinnerte sich an seine Tage im sogenannten Stehkommando, wo er zusammen mit anderen Häftlingen, die zu schwach zum Arbeiten waren, dichtgedrängt den ganzen Tag bewegungslos stehen mußte. Um sich die Zeit zu vertreiben, erzählten sie sich gegenseitig Geschichten, rezitierten Gedichte, die Gebildeten unter ihnen hielten Vorträge oder erzählten von fremden Ländern. Werner sprach auch von seinem Freund Adi Balsam, den er vom Waisenhaus her kannte und der 1942 zusammen mit 300 jüdischen Häftlingen in Sachsenhausen erschossen wurde. Er erinnerte sich an 16/17jährige Jungen, denen er später hatte helfen können zu überleben. Im Januar 1940 aber hatte Werner selbst Hilfe nötig. Er wog nur noch 38 Kilo und wurde von einem Mithäftling ins Krankenrevier getragen, wo er langsam wieder zu Kräften kam. Er sprach davon, wie ihn an diesem tiefsten Punkt nur die marxistisch-leninistische Weltanschauung am Leben gehalten habe. Eigentlich habe ihn nichts erschüttern können, sagte er, weil er wußte, wofür er das alles erleide. Einen ähnlichen Halt hätten nur die streng religiösen Mithäftlinge besessen. Aber ihr Glaube, so meinte er, habe nicht so „geholfen wie eben unsere Weltanschauung".

Inzwischen hatte auch sein Bruder Hans die Zuchthausstrafe abgesessen und war in Sachsenhausen eingetroffen. Aus irgendeinem Grund, den Werner Rosenberg nicht kannte und über den sein Bruder schwieg, wurde Hans im Lager nicht als Jude registriert. Als politischer Häftling kam er in den Genuß der Gruppensolidarität der Kommunisten. Sie verschafften ihm den Posten des Sanitäters im Krankenrevier, von wo aus er seinem Bruder hin und wieder Hilfe zukommen lassen konnte. Das ging so bis zum Oktober 1942, als Werner Rosenberg zusammen mit den anderen jüdischen Häftlingen des Lagers nach Auschwitz deportiert wurde. Er kam nach Monowitz zum Aufbau des IG-Farben-Werkes. Etwa 1943, genau konnte sich Werner nicht erinnern, kam eine Weisung vom Reichssicherheitshauptamt, die sogenannten Halbjuden im Lager zu „arisieren". Auf diese Weise wurde Werner Rosenberg wieder zum „Reichsdeutschen" erklärt und konnte als Kapo in der Küche arbeiten, was ihm das Überleben ermöglichte.

Sein Bruder Hans war inzwischen in die Apotheke des Lagers Sachsenhausen versetzt worden. Er gehörte zur kommunistischen Untergrundorganisation im Lager, deren Mitglieder sich in der Apotheke treffen konnten. Seine gute Beziehung zum SS-Apotheker Siggelkow versuchte er auch für seinen Bruder zu nutzen. Werner bekam im Dezember 1944 zu seinem großen Erstaunen einen Transportbefehl nach Sachsenhausen. Er mußte einen SS-Offizier begleiten und dessen Koffer tragen. Darüber spreche er sonst eigentlich nicht, sagte er zu uns, weil man daraus falsche Schlußfolgerungen ziehen könnte. Die letzten Monate bis zur Befreiung des Lagers verbrachten die Brüder Rosenberg in der Apotheke. Als das Lager evakuiert wurde, versteckten sie sich. Am 22. April 1945 erreichte die erste Abteilung der Sowjetarmee das Lager. Während die meisten Häftlinge in den folgenden Tagen und Wochen das Lager verließen – auch Hans machte sich auf den Weg nach Berlin –, mußte Werner Rosenberg zusammen mit einigen anderen Kameraden noch für etwa sechs Wochen dort bleiben, um die sowjetische Justizkommission unter Oberstleutnant Scharit bei der Untersuchung und Dokumentation der Verbrechen zu unterstützen. Die „Freunde", wie er die sowjetischen Offiziere nannte, verboten ihm, für die Dauer der Untersuchung das Lager zu verlassen, und der gerade erst befreite Häftling hielt sich daran, weil er ihnen nicht mißfallen wollte. Nur ein- oder zweimal kletterte er abends heimlich durch ein Loch im Zaun und fuhr mit dem Fahrrad in die Stadt zu seinem Bruder.

Ende Juni schließlich konnte Werner Rosenberg nach Berlin zurückkehren. Sein Bruder hatte schon für ihn vorgesorgt. Er bekam eine Wohnung im Wedding. Bei Genossen lernte er bald darauf eine junge Frau kennen, deren Mann im Krieg gefallen war. 1946 heirateten sie. 1949 wurde ihre Tochter geboren. Seinen ersten Posten bei der Kriminalpolizei Charlottenburg verlor Werner Rosenberg sehr schnell wieder. Die Engländer duldeten keine Kommunisten im Sicherheitsbereich ihrer Besatzungszone. Die Partei schickte Werner Rosenberg danach als Referenten in die Kulturabteilung der Berliner Bezirksleitung der SED. Dort traf er Heinz Brandt wieder, dem er in Sachsenhausen und auch in Auschwitz begegnet war. Heinz Brandt sei dann leider später zum Verräter geworden, sagte Werner Rosenberg, und habe in Westberlin eine üble Rolle gespielt.[8] Was dieser

8 Heinz Brandt, Mitglied der KPD und später der SED, floh 1958 nach Westberlin. Offenbar stand er in Kontakt zum Ost-Büro der SPD. In der Bundesrepublik war er in der Gewerkschaft tätig und hielt sich von jeglicher Anti-DDR-Propaganda fern. 1960 wurde er von einem Staatssicherheits-Kommando aus Westberlin in den Osten entführt und dort als feindlicher Agent zu einer hohen Zuchthausstrafe verurteilt. Erst aufgrund von internationalen Protesten ließ die DDR ihn 1964 frei. Brandt schrieb seine Erinnerungen später in einem Buch nieder: Heinz Brandt: Ein Traum, der nicht entführbar ist, München 1967.

Heinz Brandt eigentlich verbrochen hatte, konnte er uns nicht sagen, er habe es auch nicht so genau wissen wollen. Im Lager sei Heinz zwar ein guter Kamerad gewesen, aber wenn die Partei ihn als Verräter bezeichnete, dann war das für Werner Rosenberg bindend. Rasch ging er zu einem anderen Thema über, und ich stellte mir vor, daß er sich damals in Versammlungen und Aussprachen von seinem Kameraden hatte distanzieren müssen, um nicht selbst in ein schiefes Licht zu geraten. Mit der Zeit war es für ihn wahrscheinlich so selbstverständlich geworden, Heinz Brandt zu verurteilen, daß seine eigenen guten Erfahrungen mit ihm in den Hintergrund rückten.

Werner Rosenberg blieb nicht lange in der Berliner Bezirksleitung der SED. Offenbar brachte er für die Kulturarbeit doch zu wenig Voraussetzungen mit. Ein neuer Auftrag machte ihn 1948 zum Schulungsleiter des Verbandes der Berliner Konsumgenossenschaften. Der bisherige Leiter, ein gewisser Karl Launer, erklärte er uns, sei ein alter Sozialdemokrat gewesen. Er wolle ja nichts gegen Sozialdemokraten sagen, aber der Launer habe die „Kurve bei uns nicht mitgekriegt", und deshalb seien die Genossen der Meinung gewesen, da müsse ein anderer hin.

1948 begann die Phase der Stalinisierung der SED sowie des gesamten gesellschaftlichen Lebens in der DDR. Ursprünglich unabhängige Organisationen wie die Konsumgenossenschaft gerieten damals unter die Oberhoheit der Partei. Viele Sozialdemokraten, die zwar die Parteivereinigung mitgemacht hatten, das sowjetische Gesellschaftsmodell jedoch nicht als das allein gültige anerkennen wollten, verloren ihre Funktionen oder wurden sogar als Agenten verleumdet und verhaftet. Werner Rosenberg verfügte gewiß nicht über den Bildungsstand und die Erfahrungen eines Schulungsleiters – im Zuchthaus und im Konzentrationslager hatte er andere Dinge lernen müssen –, aber zweifellos kannte er die politische Linie und er war bereit, sie bedingungslos zu vertreten.

Der weitere Weg seines Bruders Hans Rosenberg seit 1945 bleibt weitgehend im dunkeln. Er selbst sagte mir, er habe „Westarbeit" im Zentralkomitee gemacht und dürfe darüber nicht sprechen. Werner erwähnte, daß sein Bruder im Zentralkomitee in einer Abteilung „bei Stahlmann" gearbeitet habe. Offenbar war es eine konspirative Arbeit, ein Verbindungsnetz, das sich in den Westen erstreckte, vielleicht ein Vorläufer der Abteilung „Aufklärung" im späteren Ministerium für Staatssicherheit.

1950 griff Hans erneut in das Leben seines Bruders ein. Werner wurde, so erzählte er, in die Kaderabteilung des Zentralkomitees gerufen; dort eröffnet man ihm, daß er zur Volkspolizei abgeordnet werde. So ging das damals vor sich. Der Betreffende wurde meist nicht einmal gefragt. Er vermutete, daß sein Bruder dahinter steckte, aber er fragte nicht. Am 1. März 1950 trat er seinen Dienst als Polizeirat bei der Volkspolizeibereitschaft Treptow an, später ging er zur Kasernierten Volkspolizei und dann als Politoffizier zur Nationalen Volksarmee. Sein letzter Dienstgrad, als er 1971 in Rente ging, war Oberst. Über die 20 Jahre Polizei- und Armeezeit mochte Werner Rosenberg kaum sprechen. Als Politoffizier habe er die Offiziere und Soldaten politisch geschult, da gebe es nichts zu erzählen, sagte er. Vielleicht hatte er sich wirklich wohlgefühlt in dieser Welt, in der es nur Befehl und Gehorsam gab. Natürlich dürfe man bei der Armee nicht aufhören zu denken, meinte er auf meine diesbezügliche Frage. Man müsse darüber nachdenken, wie man die Befehle am besten ausführen könne. Er zeigte uns auch Fotos, auf denen er in Uniform zu sehen war, bei einem Fahnenappell oder einer Kranzniederlegung. Ich hätte ihn darauf nicht erkannt, in seinem Gesicht war nichts von der Verletzlichkeit und Offenheit wiederzufinden, die ihn zum Zeitpunkt unseres Gesprächs auszeichnete. Den Mann auf dem Foto hätte ich nicht als Vorgesetzten haben mögen.

FÜHRUNGEN DURCH DIE GEDENKSTÄTTE

Nachdem er mit 60 Jahren Rentner geworden war, erfüllte Werner Rosenberg weiterhin politische Funktionen, in der SED, in der Nationalen Front und vor allem im Komitee der Antifaschistischen Widerstandskämpfer, wo er in der Lagerarbeitsgemeinschaft Sachsenhausen engagiert war. Er sprach vor Soldaten, Brigaden und Schulklassen. Einmal begleitete ich ihn, als er eine Jugendweihegruppe von 14 bis 15jährigen durch die Gedenkstätte Sachsenhausen führte. Einige der Jungen und Mädchen schienen aufgeschlossen und erwartungsvoll.

Aber Werner Rosenberg konnte darauf nicht reagieren. Ständig ermahnte er sie zu Disziplin und Ruhe. Er war mißtrauisch und verschlossen und erzählte zu meinem großen Erstaunen nichts von seiner bewegenden Lebensgeschichte. Statt dessen sprach er vom Elend der Menschen im Kapitalismus, von dem Glück, das die Jugendlichen hätten, im Sozialismus leben zu können und jeden Tag genug zu essen zu bekommen. Im Museum erläuterte er ihnen die Struktur des Lagers bis zur letzten Baracke und sprach von den ermordeten Helden. Allmählich wurden seine Zuhörer unruhig, auch die Aufgeschlossenen fingen an zu schwatzen und zu kichern und konnten von der Lehrerin nur mit Mühe zur Ruhe gebracht werden. Als die Veranstaltung zu Ende war, sagte Werner Rosenberg mürrisch, man könne den Jugendlichen eben nichts erzählen, sie würden kein Verständnis für die Geschichte aufbringen. Ich wandte ein, er habe doch von seinen Erlebnissen kaum etwas erzählt, vielleicht hätten sie dabei viel aufmerksamer zugehört. Aber davon mochte er nichts wissen. Seine persönliche Geschichte sei nicht interessant, es gehe doch mehr um die allgemeinen Lehren. Ich wunderte mich schließlich über mich selbst, wie ich hatte annehmen können, daß er sich gegenüber den Jugendlichen ebenso öffnen würde wie während unseres mehrstündigen Gesprächs. Wir sprachen an diesem Tag auch über neonazistische Äußerungen unter den Jugendlichen der DDR. Er hatte von solchen Tendenzen gehört und war beunruhigt.

Hans Rosenberg sah ich zum letzten Mal Anfang 1989, als er zu mir kam, um sich das Protokoll seines Interviews abzuholen. Er hatte sich entschieden, an unserem Projekt nicht mehr mitzuwirken, und empfahl mir, alles zu vergessen. Aber beim Abschied vor der Tür blieb er noch lange stehen, ich glaube, wir sprachen mindestens eine halbe Stunde miteinander. Hauptsächlich ging es um Israel. Ich war einige Monate vorher zum ersten Mal in Israel gewesen, das war wohl der Anknüpfungspunkt. Hans Rosenberg äußerte sich ablehnend, ja geradezu haßerfüllt, über den israelischen Staat, den er als einen der Hauptfeinde der sozialistischen Welt ansah. Meine Einwände wollte er nicht zur Kenntnis nehmen, aber er beendete das Gespräch auch nicht, obwohl wir uns schon voneinander verabschiedet hatten. Das Thema und auch mein Widerspruch hielten ihn irgendwie im Bann. Ich erinnerte ihn daran, daß die Gründer des Staates Israel schließlich die Überlebenden des Völkermordes gewesen seien, ihm als ehemaligen Häftling brauchte ich das doch nicht zu sagen. Aber auch für die verfolgten Juden äußerte Hans Rosenberg keine Sympathien. Für ihn seien die Juden Großkapitalisten, Ausbeuter, alles andere sei nur Gerede und lenke von der Klassenfrage ab. Ich war entsetzt über seinen kaum verhüllten Antisemitismus – oder war es eher Selbsthaß? –, der den bis dahin verschlossenen Mann plötzlich lebhaft werden ließ. Aber nach ein paar Sätzen hielt er inne, zögerte. Sein Bruder sehe das anders, räumte er ein. Vielleicht liege es daran, daß Werner im jüdischen Block und in Auschwitz auch mit armen Juden zusammengelebt habe, da habe er eben auch andere Erfahrungen gemacht. Er verabschiedete sich zum dritten oder vierten Mal und ging zur Tür hinaus auf die Straße. Vom Fenster aus sah ich, wie er dort meinem Mann begegnete, der gerade den Briefkasten leerte. Die beiden redeten miteinander. Nach zehn Minuten, nach einer Viertelstunde, nach zwanzig Minuten wurde ich nervös. Ich hatte meinem Mann nicht erzählt, daß Hans Rosenberg sehr wahrscheinlich ein einflußreicher Mitarbeiter der Staatssicherheit war, und fürchtete nun, daß er irgendwelche unvorsichtigen Äußerungen ihm gegenüber machen würde. Schließlich, nach einer halben Stunde, stieg Hans Rosenberg in sein Auto und fuhr mit aufheulendem Motor davon. Ich fragte meinen Mann besorgt, was sie denn so lange besprochen hätten. Ach, meinte der, er habe ihm gesagt, daß hier alles zu Ende gehe, daß der Sozialismus nicht mehr lange dauern würde, wenn sich nicht entscheidende Dinge änderten. Hans Rosenberg habe immer nur geantwortet, das sei ja sehr interessant, und habe von ihm immer neue Argumente hören wollen. Ein wenig bestürzt wartete ich auf irgendeine Wirkung dieses Gesprächs. Sei es, daß das Projekt gestoppt werden würde, sei es, daß ich nicht mehr daran weiterarbeiten dürfte. Aber nichts geschah. Hans Rosenberg, dem diese Äußerungen bestimmt nicht gefallen hatten, der aber wohl besser als andere wußte, daß sie der Wahrheit entsprachen, verriet uns nicht. Nach der Wende hörte ich von anderen, er habe sich in seiner Wohnung eingeschlossen, weine nur noch und wolle mit niemandem mehr reden.

Mit seinem Bruder Werner sprach ich bis zum Herbst 1989 noch einige Male. In dieser Zeit schien er zunehmend nachdenklich und beunruhigt über Zeichen der Erstarrung und des Verfalls des Sozialismus in der DDR. Im November 1989, wenige Tage nach der Maueröffnung, führten Regina Scheer und ich noch ein Gespräch mit Werner Rosenberg. Zu dieser Zeit waren das Politbüro unter Egon Krenz und die DDR-Regierung noch im Amt. Werner Rosenberg sprach davon, daß die führenden Genossen, von denen er persönlich sehr enttäuscht sei und von denen er sich betrogen fühlte, ausgewechselt werden sollten. Die führende Rolle der Partei in der Gesellschaft müsse jedoch unbedingt erhalten werden. Die Partei müsse das Vertrauen der Bevölkerung wiedergewinnen, dafür müßten jetzt alle kämpfen. Aber mir schien, als habe er seine Unbeirrbarkeit verloren, die ihm bisher soviel Kraft gegeben hatte. Etwas in ihm war zerbrochen, auch wenn er es in Worten weiter zu beschwören versuchte. Das Verschwinden der sozialistischen Gesellschaft, für die er gelebt hatte, kam für ihn unerwartet und traf ihn tief. Im März 1991 starb er.

Antifaschistische Kundgebung in Mexiko,
v. l. n. r. Paul Merker, Waldemar Altner, Paul Elle, Ludwig Renn, Erich Jungmann.
(Aus: Wolfgang Kießling, Brücken nach Mexiko, Berlin 1989)

Wolfgang Kießling

LEO KATZ – EIN KOMMUNIST IM ZWIESPALT

Der Historiker und Journalist Dr. Leo Katz, geboren 1892 in der später zu Rumänien gehörenden Bukowina, Mitglied der KPÖ seit ihrer Gründung, verließ 1930 Österreich. Er lebte in Berlin, Paris, New York und Mexiko, bis er 1949 mit Frau Bronia und Sohn Friedrich nach Wien zurückkehrte. Im Ausland hatte er zwei Romane geschrieben und beabsichtigte, weiterhin als Schriftsteller tätig zu sein. Er wurde Autor spannender und erfolgreicher Bücher für Erwachsene und Kinder. Bekannt ist auch, daß Leo Katz während des Spanischen Bürgerkrieges dem republikanischen Munitionsminister Otero als Waffeneinkäufer diente. Es war sein Beitrag im Kampf gegen Hitler und Mussolini. Er tat dies reinen Gewissens als jüdischer Humanist und österreichischer Antifaschist. Vermittelt hatte ihm diesen Auftrag die Kommunistische Internationale. Seit 1919 schrieb er für deren Presse und für sowjetische Zeitungen. In Berlin arbeitete er bis 1933 als Redakteur der KPD-Zeitung *Rote Fahne* und zeichnete seine Beiträge mit dem Pseudonym Leo Weiss.

Publizistisch widmete sich Leo Katz vor allem den Existenzfragen europäischer Juden. Die Geschichte der Juden und ihr Anteil an der Kultur der Menschheit, ihr Dasein von der biblischen Zeit bis in die Gegenwart waren sein großes Thema.[1] In der russischen Oktoberrevolution sah er die Voraussetzung zum Aufbruch der osteuropäischen Juden in die Emanzipation. In Berlin engagierte er sich in der Gesellschaft zur Förderung des jüdischen Siedlungswerkes in der UdSSR. Am 6. Februar 1931, so war in Ossietzkys *Weltbühne* angekündigt,[2] sprachen er und der Sozialpsychologe Erich Fromm im Café Adler am Dönhoffplatz zur Frage „Palästina oder Birobidjan?" Für Leo Katz hatte ein jüdisches Terrain in der Sowjetunion die größere Perspektive. Darauf baute er auch dann noch, als sich unter Stalin eine andere Entwicklung abzeichnete. Es war die Tragik im Leben von Leo Katz, daß er im treuen Glauben an seinen Erwartungen festhielt, als die Tatsachen längst dagegen sprachen und er selbst in seinen letzten Lebensjahren, als der Kalte Krieg zwischen Ost und West sein erstes Hochstadium erreichte, in die Rankünen stalinistischer Judenpolitik geriet.

Leo Katz war nicht erst seit dem Spanienkrieg zum Mitarbeiter der partiell verdeckt arbeitenden Komintern geworden. Ein Mann des sowjetischen Geheimdienstes war er nicht. In der Zeit des Hitler-Stalin-Paktes geriet er in dessen Visier und blieb es, solange er lebte. Der Grund: Trotz aller sowjetfreundlicher Bekundungen, vorgebracht aus Überzeugung, zeigte er sich eigenwillig im Denken und in praktischen Unternehmungen. Die Kollision mit angeblich Gleichgesinnten, die sich von ihm dadurch unterschieden, daß für sie Weisungen aus Moskau oder von dort gesteuerte Richtungsänderungen absolutes Gebot waren, blieb nicht aus. Leo Katz sah sich durch Stalins Verständigungspolitik mit Hitler nicht veranlaßt, die Prioritäten anders zu setzen. Für ihn blieb auch zwischen 1939 und 1941 der Hauptfeind das großdeutsche Naziregime. In Mexiko sah er sich deswegen veranlaßt, Sowjetagenten Paroli zu bieten, eine Handlungsweise, die ihm nie verziehen wurde. Als er 1949 nach Wien heimkehrte, bekam er hier den langen Arm des KGB und die Denunziationen von dessen Zuträgern zu spüren.

1 Vgl. Benedikt Mörl, Leo Katz – sein Leben und seine Sicht des Judentums, Wien 1996 (Diplomarbeit an der Universität Wien).

2 Die Weltbühne, 3. Februar 1931, S. 191.

Am 30. September 1950 schrieb in Turin der ehemalige Mexikoemigrant Mario Montagnana, Mitglied des ZK der KP Italiens, für den KGB, für das Ministerium der Staatssicherheit (MfS) der DDR und offiziell an das Zentralkomitee der SED in einem Belastungspapier gegen Paul Merker auch über Leo Katz in Mexiko: „Obwohl er Rumäne war, gehörte er auch zur deutschen kommunistischen Gruppe. Er war sogar während einer gewissen Zeit Mitglied ihres Sekretariats zusammen mit Otto Katz (André Simone) und Rudi Feistmann. Abgesehen von seiner vollständigen ununterbrochenen Solidarität mit der Leitung der deutschen Gruppe erinnere ich mich an eine Tatsache, die mir auffiel. Das erste Mal, daß ich Gelegenheit hatte, mit ihm zu sprechen (Juni 1941), erzählte er mir unter anderem, daß er zweimal als Kommunist von der rumänischen Siguranza verhaftet worden war und daß er beide Male nach wenigen Tagen freigelassen wurde, weil er Beamte bestochen hatte. Es erscheint mir notwendig, diese Dinge hervorzuheben, die mir von ihm selbst erzählt wurden und von denen ich nicht einmal heute Kenntnis haben würde, wenn sie mir nicht von ihm selbst mitgeteilt worden wären. Immerhin gab mir damals seine Erzählung Stoff zum Nachdenken, da ich wohl wußte, was die Siguranza und ihre Methoden waren und ebenso, daß für eine derartige Sache die kommunistische Partei gegen den Betreffenden den schlimmsten Verdacht gehegt hätte."[3]

Mußte der nach Wien heimgekehrte Leo Katz aufgrund solcher Verdächtigungen um sein Leben fürchten? Was brachte ihn dazu, schließlich selbst falsches Zeugnis zu reden gegen seine Mitstreiter im mexikanischen Exil? Die vollständige Antwort steht aus, solange Moskauer Archive keine Auskunft geben. Hätte es wie in Budapest (1949) und Prag (1952) auch in Wien eine Chance für die Sowjets gegeben, einen kommunistischen Schauprozeß gegen Kommunisten zu inszenieren, wäre Leo Katz wahrscheinlich einer der Angeklagten gewesen. Man hätte in seinem Fall partiell die gleichen Gründe für ein Todesurteil anführen können, die seinen Exilgefährten André Simone, den deutschsprachigen Juden aus Böhmen, an den Galgen brachten. Am 22. November 1952 sagte Simone vor dem Prager Gericht aus, er habe in Mexiko die Zeitschrift *Tribuna Israelita* geleitet, „die der Propagierung

3 Sammlung Archiv der Parteien und Massenorganisationen der DDR im Bundesarchiv, Berlin (SAPMO BArch), DY 30/IV 2/4/117.

des jüdischen Nationalismus und der Verbreitung feindlicher Ideologien gegen die Arbeiterbewegung, den Sozialismus und den Fortschritt diente".[4] Leo Katz war in den ersten beiden Jahrgängen dieser Zeitschrift, in der auch die zionistischen Führer Nahum Goldmann und Stephen Wise publizierten, der Autor mit den meisten Beiträgen. Und Bronia Katz, die Ehefrau, saß im Redaktionsbüro der *Tribuna Israelita*.

Leo Katz war der Umstand hold, österreichischer Staatsbürger zu sein und folglich kein Angeklagter zu werden. Ein Rollenspiel vor Gericht war ihm dennoch zugedacht. Er sollte in Berlin als Belastungszeuge gegen den 1950 aus der SED ausgeschlossenen Parteiführer Paul Merker fungieren. Vorarbeiten dazu leistete der KGB offensichtlich seit 1950 in Wien. Schließlich nötigte er Leo Katz unter dem Datum 13. März 1953 zu einem aus Wahrheit und Lüge gemischten „Bericht über Paul Merker und seine Tätigkeit in Mexico". Absurd waren Angaben wie diese: Merker habe während des Krieges die Gruppe deutscher und österreichischer Kommunisten in Mexiko „von der prosowjetischen Arbeit" ferngehalten. „Paul Merker vertrat in der deutschen Gruppe die Ansicht, daß ein Moment kommen könne, wo die deutsche Bevölkerung in einen Gegensatz zur sowjetischen Okkupationsmacht gerate, daß ein solcher Moment eigentlich unvermeidlich sei. Denn – so sagte er wörtlich – wir haben die deutschen Interessen im Gegensatz zu den russischen zu vertreten. Paul Merker vertrat auch die Ansicht, daß die deutsche Arbeiterklasse nicht durch Widerstand oder gar durch einen Aufstand gegen das Hitlerregime die deutschen Kader gefährden dürfe. Er sagte folgendes: Sollte sogar die deutsche Arbeiterklasse die Absicht haben, sich gegen Hitler zu erheben, so müßte man sie davor warnen."[5]

Dieses Denunziationspapier gelangte auf zwei Wegen in die DDR. Zuerst ging ein Exemplar vom KGB an das Ministerium für Staatssicherheit (MfS), ein anderes wurde am 13. April 1953 vom ZK der KPÖ mit einem Begleitbrief von Friedl Fürnberg an das ZK der SED geschickt. Ein Jahr später zeigte sich Merker nach wie vor hartnäckig und widerspenstig in der Akzeptanz von Unterstellungen, so daß der

4 Prozeß gegen die Leitung des staatsfeindlichen Verschwörerzentrums mit Rudolf Slánsky an der Spitze, Prag 1953, S. 254 f.

5 SAPMO BArch, DY 30/IV 2/4/117.

Prozeß gegen ihn noch nicht stattfand. Am 12. Mai 1954 wurde Leo Katz in Berlin von einem Leutnant des MfS vernommen, der ein Protokoll zur Verwendung vor Gericht anfertigte. Dem „Zeugen Katz, Leo, geb. 22. Januar 1892 in Untersyssantz, Beruf: Schriftsteller; wohnhaft: Wien 2, Böcklinstr. 8, z. Zt. Berlin, Hotel Adria“ legte das MfS in den Mund, worauf die Anklage gegen Paul Merker basieren sollte: „Merker unterhielt enge Beziehungen zu einer Gruppe reicher Juden [...]. Da Merker ihnen versprach, daß sie im befreiten Deutschland ihr kapitalistisches Vermögen wiederbekommen würden, verehrten sie ihn sehr. Er stellte sich auch gern als den führenden Mann im zukünftigen Deutschland heraus. [...] Merker vertrat auch zionistische Auffassungen. Er war der Meinung, daß die Juden, die nicht nach Deutschland zurückkehren wollten, nach Palästina (Israel) gehen sollten. Auch diese Juden würden ihr gesamtes von den Faschisten abgenommenes Vermögen zurückerhalten. Die nach Deutschland gehenden Juden müßten als nationale Minderheit anerkannt werden. Diese Auffassungen vertrat Merker, obwohl sie vollkommen den marxistisch-leninistischen Begriffen von der Nation widersprechen. Diese zionistische Linie wurde bekanntlich vom State Department der USA ins Leben gerufen. Sehr gute Beziehungen hatte Merker zu dem Agenten André Simone (Otto Katz).“[6]

Unerwähnt blieb in diesem Zusammenhang, weil es der Absicht entgegenstand, Merkers Verhältnis zu Leo Katz. Gemeinsam waren sie in Mexiko wiederholt in Veranstaltungen jüdischer Emigranten aufgetreten. Und es war Merker gewesen, der damals ranghöchste KPD-Funktionär in der westlichen Hemisphäre, der 1942, unmittelbar nach seinem Eintreffen in Mexiko, die von „supertreuen“ Kommunisten ausgestreuten Verleumdungen gegen Leo Katz und André Simone, sie würden im Dienste sowjetfeindlicher Mächte stehen und ihre Existenzmittel aus dunklen Kanälen beziehen, überprüft und deren Haltlosigkeit bewiesen hatte.

Die Verwendung seiner „Zeugenaussage“ gegen Paul Merker erlebte Leo Katz nicht mehr. Drei Monate nach seiner Vernehmung in Berlin war er am 9. August 1954 in Wien an seinem Herzleiden, so

6 Der Bundesbeauftragte für die Unterlagen des Staatssicherheitsdientes der ehemaligen DDR (BStU), UA 192/56.

hieß es, gestorben. Von einem gebrochenen Herzen war nicht die Rede. Der Prozeß gegen Merker fand Ende März 1955 statt. Das Urteil lautete acht Jahre Zuchthaus.

Die Geschichte, wie der österreichische Altkommunist Leo Katz in die sowjetischen Machenschaften gegen die eigenen Leute geriet, ist noch nicht geschrieben. Angefangen hat sie, wenn nicht früher, in der Zeit des Hitler-Stalin-Paktes. Leo Katz befand sich, wegen seiner Waffengeschäfte für Spanien aus Frankreich ausgewiesen, seit 1938 mit Besuchervisum in New York. Die Tage seines USA-Aufenthaltes waren 1940 gezählt. Mexiko blieb der einzige Ausweg. Doch auch dieser schien plötzlich verschlossen. Leo Trotzki war in Mexiko ermordet worden. Dem Attentat vom August 1940 war im Mai ein mißglückter Versuch vorausgegangen, ferngesteuert aus Moskau, inszeniert und durchgeführt vor Ort von der Organisation der mexikanischen Spanienkämpfer „Xavier Mina". An der Spitze dieses Kriegervereins stand der Italiener Vittorio Vidali, der sich Carlos Contreras nannte. Seine Männer wurden nach dem bewaffneten Überfall auf Trotzkis Haus identifiziert und verfolgt. Contreras selbst konnte eine direkte Beteiligung an der Aktion gegen Trotzki nicht nachgewiesen werden.

Als einziger Staat der Welt hatte sich Mexiko 1939 unter seinem Präsidenten Lázaro Cárdenas zur Asylgewährung für alle Spanienkämpfer entschlossen. Angesichts der Terroranschläge im Lande sahen sich nunmehr die mexikanischen Behörden zu einem Einreisestop gezwungen. Das Spanish Aid Committee in New York schickte Mildred Rackley in die mexikanische Hauptstadt. Sie sollte bei der Regierung Ausnahmen erwirken. Am 12. Oktober 1940 bekam sie Post von Felix Kusman, ihrem Chef. Er schrieb, ein dringender Fall sei „Dr. Leo Katz, Journalist, seine Frau und sein Sohn (Bronja und Friedel). Sie … sind in Gefahr, nach Europa zurückgebracht zu werden, wenn nicht die Visa eintreffen. Sie haben Geld. Diese Leute hatten wichtige Verbindungen mit der Regierung der Spanischen Republik. Unternimm alles mögliche, um für sie schnellstens Visa zu bekommen."[7] Am 8. November war es endlich soweit. Innenminister Garcia Téllez hatte sein Plazet gegeben.

7 Ebenda.

Leo Katz kam Ende November 1940 nach Mexiko. Es war für ihn selbstverständlich, sich nun mit dem bereits hier lebenden deutschen Schriftsteller Bodo Uhse und der noch in Mexiko-Stadt weilenden Mildred Rackley um die Beschaffung weiterer Visa für deutsche und österreichische Spanienkämpfer und andere Antifaschisten zu kümmern. Doch Contreras, der Sekretär von „Xavier Mina", machte Schwierigkeiten. Leo Katz erinnerte sich:

„Mildred Rackley befand sich in einem schweren Konflikt mit Carlos Contreras, der kategorisch erklärte, ‚daß in Mexiko keine Visa mehr zu erhalten wären'. Einige Tage nach meiner Ankunft in Mexiko brachte mich Bodo Uhse in Verbindung mit Miguel Velasco als Vertreter der KP Mexikos. Ich schilderte ihm die Schwierigkeiten bei der Visabeschaffung. [...] Ich schlug vor, daß wir in Mexiko ein Komitee gründen, das die mexikanische Öffentlichkeit zur Visabeschaffung und zur Hilfe für die Neuankommenden anregen könnte. Miguel Velasco gab seine Zustimmung, aber nach einigen Tagen zog er sie mit der Begründung zurück, Carlos Contreras wäre dabei, eine internationale Hilfeorganisation zu gründen. Wir dürften deshalb nichts unternehmen, um dessen Arbeit zu behindern. Ich habe nie wieder etwas von einer solchen Organisation gehört. [...] Im Frühjahr 1941 verbreitete Contreras das Gerücht, wir würden Parteifeinde in die Visalisten aufnehmen. Ich bat Miguel Velasco, er möge auf Carlos einwirken, unsere Arbeit nicht zu stören.

Einige Tage später aber wurde Bodo Uhse aufgefordert, an Carlos Contreras, der sich als Vertreter der MOPR (Internationale Rote Hilfe) ausgab, alle Namen und Personalangaben unserer Freunde auszuliefern, denen entweder bereits die Visa erteilt worden waren oder um deren Visa wir uns bemühten. Ich hatte Bedenken, Contreras die Listen auszuliefern. Noch ehe die Frage entschieden werden konnte, wurde Contreras im Zusammenhang mit dem Überfall auf das Haus Trotzkis verhaftet. Nachdem Contreras wieder freigelassen worden war, wirkte er auf Bodo Uhse ein, nunmehr die Listen auszuliefern. Er behauptete, ohne es zu beweisen, ‚daß er von Moskau aus für die Visabeschaffung eingesetzt worden wäre und wir die Pflicht hätten, ihm die Listen auszuliefern'. Ich beriet mich mit Bodo Uhse und Otto Katz. Wir kamen zu dem Schluß, das Verlangen von Contreras abzulehnen."[8]

8 SAPMO BArch, DY 30/IV 2/4/112.

Im Frühjahr 1941 traf, aus Frankreich kommend, Mario Montagnana, schon damals ZK-Mitglied der italienischen KP, in Mexiko ein. Der deutsche Emigrant Rudolf Feistmann brachte Leo Katz mit ihm zusammen. Katz erinnerte sich:

„Rudi meinte, Montagnana könne Contreras beeinflussen, von der Forderung nach den Listen Abstand zu nehmen. Als ich mit Montagnana darüber sprach, erklärte er:

‚1. Ich garantiere hundertprozentig für Carlos Contreras. 2. Ich glaube nicht, daß noch jemand aus Frankreich kommen wird. Ich selbst bin an dem weiteren Kommen von Emigranten nicht interessiert. Die Aushändigung der Listen kann deshalb niemand gefährden.' Montagnanas Antwort beeindruckte mich so, daß ich ihm seit jener Zeit bewußt auswich und nie mehr mit ihm zusammenkam. Nach dem Gespräch mit Montagnana sind noch Tausende Emigranten, Spanienkämpfer, Österreicher, Franzosen, Ungarn, Juden etc. aus Frankreich nach Mexiko gekommen."[9]

Das eigentliche „Verbrechen" von Leo Katz bestand darin, daß er verlangte und es schließlich durchsetzte, die deutschen und österreichischen Kommunisten in einer eigenständigen Gruppe zusammenzuführen. Nach der Regel der Komintern, wonach es in einem Land nur eine Organisation der Partei geben dürfe, hätten alle in Mexiko lebenden Kommunisten der mexikanischen Partei bzw. deren Ausländerzelle beitreten müssen. Damit wären sie automatisch in die mexikanische Innenpolitik einbezogen worden. Doch für Leo Katz kam dies nicht in Frage. Auch Lohn- und Streikkämpfe sollten die Mexikaner selbst ausfechten. Der Hauptfeind der Menschheit war Hitler. Ihn zu bekämpfen war für Deutsche und Österreicher auch im Exilland vorrangige Aufgabe. Und die Regel der Komintern? Sie war in Mexiko bereits von anderen durchbrochen worden. Die Exilspanier in ihrer großen Zahl hatten das Recht erwirkt, eine eigene KP-Organisation zu bilden. In der Ausländerzelle der mexikanischen KP gab Carlos Contreras den Ton an, unterstützt von dem Schweizer Architekten Hannes Meyer, einem früheren Direktor des Bauhauses in Dessau. Bis Herbst 1939 hatte die Ausländerzelle einen energischen Kampf gegen die auch in Mexiko agierenden deutschen Nationalsozialisten

9 Ebenda.

geführt. Davon war nach dem Abschluß des deutsch-sowjetischen Paktes nichts mehr zu spüren. Trotzki und die Trotzkisten, wie alle tituliert wurden, die nicht vorbehaltlos Stalins Politik akzeptierten, waren für Contreras und Meyer zum Feind Nummer eins geworden. Beide suchten im Frühjahr 1941 jeden kommunistischen Neuankömmling für sich zu gewinnen.

Leo Katz gab nicht auf. An seiner Seite standen André Simone, Egon Erwin Kisch, Bodo Uhse, Ludwig Renn, Rudolf Feistmann und andere. Auch er nahm Einfluß auf die Neuankömmlinge: „Ich machte die Genossen darauf aufmerksam, daß sich Hannes Meyer vom ersten Tage unserer Ankunft an gegen die Gründung einer deutschen Parteigruppe in Mexiko ausgesprochen habe und die Lebensberechtigung derselben bestreitet; daß er uns am 9. Februar 1941 in seiner Wohnung in Gegenwart des mexikanischen Parteivorsitzenden Encina als eine Gruppe von Intellektuellen bezeichnete, die keinen Boden unter den Füßen habe, aber von einer deutschen Parteigruppe träume, die jedoch unter keinen Umständen auf mexikanischem Boden gegründet werden dürfe. Deshalb erklärte ich den Neuangekommenen, es sei ihre persönliche Angelegenheit, ob sie mit Hannes Meyer verkehren wollen oder nicht, aber niemand habe das Recht, mit ihm Angelegenheiten der Gruppe zu besprechen.“[10]

Der Zusammenschluß deutscher und österreichischer Kommunisten erfolgte nach monatelangen Bemühungen. Politischer Leiter bis Anfang 1942 war Leo Katz. Die Bildung der Parteigruppe billigte Blas Roca, der Vertreter der Komintern für die Karibik und Mittelamerika, während eines Besuches in Mexiko. Roca, zugleich Chef der kubanischen Kommunisten, traf seine Entscheidung möglicherweise ohne Konsultation mit Moskau, zumal unmittelbar nach dem deutschen Überfall auf die Sowjetunion dort kaum solche Fragen hätten geklärt werden können. Zustimmung gaben auch Dionisio Encina, der Generalsekretär der KP Mexikos, und die Führung der spanischen KP. Die Feindschaft zwischen Carlos Contreras und Leo Katz blieb bestehen. Sie heizte sich auf, als Contreras hinterbracht worden war, daß Katz seinen Genossen nahegelegt hatte, sich keinesfalls mit dem in die Trotzki-Affäre verwickelten Italiener in der Öffentlichkeit sehen zu lassen.

10 Ebenda.

Die von der KP Mexikos unabhängig arbeitende KPD-Gruppe war die Basis dafür, daß Mexiko zum Zentrum des deutschsprachigen Exils auf dem amerikanischen Kontinent wurde. Hier konnten sich die Hitlergegner, weil von der Regierung anerkannt, frei entfalten. Mit André Simone als Sekretär entstand die Bewegung Freies Deutschland, der weltweit erste Zusammenschluß dieses Namens. Österreichische Antinazis bildeten die Acción Austriaca de Mexico (ARAM). Herausgegeben wurde die Zeitschrift „Freies Deutschland" mit Bruno Frei als Chefredakteur in der Gründungsphase, gefolgt von Alexander Abusch. Österreicher und Deutsche schufen eine gemeinsame Kulturorganisation, den Heinrich Heine-Klub. Es gab das Mitteilungsblatt „Austria Libre", die von Rudolf Feistmann redigierte Zeitung „Demokratische Post", den von Walter Janka geleiteten Buchverlag El Libro Libre und anderes mehr.

Aus der Sicht der Nachkriegszeit wird deutlich, daß dies alles nicht im Interesse Moskaus war. In Mexiko und in anderen westlichen Ländern waren kommunistische Kader herangereift, denen das Stalinsche Erziehungssystem zur Deformierung der Persönlichkeit, im Sinne von Brechung des eigenen Willens, fremd geblieben war. Heimgekehrt in die nunmehr zur sowjetischen Einfluß- und Beherrschungssphäre zählenden Länder waren diese Kommunisten einem permanenten Mißtrauen, oft genug einer breiten Palette von Repressalien und nicht selten physischer Vernichtung ausgesetzt.

Während des Krieges war das Ausmaß dieser Entwicklung nicht zu erkennen. Leo Katz verkehrte freundschaftlich mit dem sowjetischen Botschafter, der selbst einer jüdischen Familie entstammte. Gern diskutierte Konstantin Umanski mit dem gebildeten und kenntnisreichen Österreicher jüdische Themen. Für beide, für alle Juden in Mexiko und für die gesamte demokratische Öffentlichkeit des Landes war es ein Erlebnis, als im August 1943 zwei Repräsentanten des Komitees der Juden in der UdSSR während ihrer Werbereise für Solidaritätsspenden in den USA und Kanada auf Umanskis Initiative einen Abstecher nach Mexiko machten. Enthusiastisch bejubelte Leo Katz den Präsidenten des Komitees, Solomon Michoels, und den jiddisch schreibenden Lyriker Itzik Feffer: „Das Jüdische Kammertheater in Moskau, dessen Direktor Solomon Michoels ist, gehört zu den bedeutendsten Kunststätten der Welt. In Millionen Exemplaren werden die Werke der alten und neuen jüdischen Dichter [...] gedruckt. Anknüpfend an die heroischen Traditionen der Makkabäer, der Verteidiger Jerusalems, Bar-Kochbas, kämpfen die Juden der Sowjetunion als Soldaten und Offiziere, als Partisanen und in der illegalen Bewegung der zeitweilig besetzten Gebiete gegen die Nazibarbarei. Die beiden Vertreter des Jüdischen Antifaschistischen Komitees sind nach dem amerikanischen Kontinent gekommen, um in diesen schicksalsschweren Stunden die Verbindung zwischen dem Sowjetjudentum und den Juden dieses Kontinents herzustellen. Wir begrüßen in ihnen die Millionen Juden der Sowjetunion, des Landes der Völkerfreiheit und der nationalen Gleichberechtigung."[11]

Die Begegnung mit Michoels und Feffer war für Leo Katz der erste und letzte Kontakt zum Komitee der russischen Juden. 1948 erfuhr er aus der Presse, Michoels sei in der Nähe des während des Krieges zerstörten Minsker Bahnhofs von einem Lastwagen überfahren worden. Im April 1949 kam die Nachricht von der Schließung des Moskauer Jüdischen Theaters. Am 13. Januar 1953, es war Michoels' fünfter Todestag, las Katz in Wien die Meldung der *Prawda* über die Entlarvung einer terroristischen Ärztegruppe in der Sowjetunion. Einer der Ärzte, der jüdische Professor Wowssi habe über „den bekannten jüdischen bürgerlichen Nationalisten Michoels die Anweisung ‚zur Beseitigung führender Persönlichkeiten der UdSSR' erhalten".[12] Nach Stalins Tod entnahm Leo Katz einem Leitartikel der *Prawda*, man habe festgestellt, daß „der Volkskünstler der UdSSR, Michoels, diese ehrenhafte Persönlichkeit des öffentlichen Lebens, verleumdet wurde".[13] Verleumdet? Noch immer wurde seine Ermordung verschwiegen. In Mexiko war zwischen Leo Katz und seinem Freund Konstantin Umanski ein Thema auffallend unberührt geblieben. Umanski unternahm nichts, die Differenzen zwischen dem auch in der Botschaft verkehrenden Carlos Contreras und Leo Katz beilegen zu helfen. Heute weiß man, daß dies nicht in seiner Macht lag. Der Schutzengel für Contreras war Lew Tarasow, der Erste Sekretär der Botschaft, der sich bis zu seinem Eintreffen in Mexiko, im Mai 1943, als Diplomat in Kanada und in den USA aufgehalten hatte. Die wahre Identi-

11 Leo Katz, Zwei Ehrengäste, in: Demokratische Post, Mexiko, 15. August 1943.
12 Neues Deutschland, Berlin, 15. Januar 1953.
13 Ebenda, Ausgabe Vorwärts, 6. April 1953.

tät Lew Tarasows wurde erst 1994 durch seinen einstigen Vorgesetzten preisgegeben.[14] Lew Tarasow war der Deckname für Lew Wasilewskij. Als Hauptmann der Staatssicherheit hielt er sich während des Bürgerkrieges in Spanien auf. Ende April 1939 wurde er als neuer Residenturchef des NKWD für Frankreich berufen. Offiziell fungierte er als sowjetischer Generalkonsul in Paris. Den für das Mordkomplott gegen Trotzki in Mexiko eingesetzten NKWD-Offizier Eitingon stattete Lew Wasilewskij in Paris mit falschen Pässen aus. Die Funksprüche der Sowjetagenten in Mexiko gingen über ein sowjetisches Schiff und über Wasilewskij nach Moskau. Dieser frühere NKWD-Stützpunktleiter in Paris führte ab Frühjahr 1943 das sowjetische Agentennetz, das von Mexiko-Stadt aus operierte.

Eine der Begegnungsstätten mit den sowjetischen Diplomaten war die von Leo Katz initiierte Liga Israelita pro Ayuda a la Unión Soviética (LIPAUS), eine jüdische Organisation zur Hilfe für die Sowjetunion. Am 17. Oktober 1944 sprachen, wie in der *Demokratischen Post* zu lesen, anläßlich eines Abends der Liga im Teatro de las Artes „Lew Tarasow, Erster Sekretär der Sowjetbotschaft in Mexiko, und Dr. Leo Katz, Verfasser des Romans ‚Totenjäger' über ‚Ilja Ehrenburg als Schriftsteller, Jude und Kämpfer'."[15] Am 21. Januar 1945 weihten Botschafter Umanski und Leo Katz ein neues Versammlungslokal der LIPAUS ein. Anwesend waren jüdische Gäste aus New York, Vertreter der Organización Sionista Unida en México, der sozialistisch-zionistischen Arbeiterpartei Poale Zion und Moises Glitkowski, der Sekretär des Mexiko-Büros des Jüdischen Weltkongresses. Vier Tage später wollte Umanski mit Begleitung, darunter der neue Erste Sekretär der Botschaft – Lew Tarasow hatte Mexiko kurz zuvor verlassen –, mit dem Flugzeug nach Costa Rica fliegen. Als die Maschine gestartet war und vom Boden abhob, explodierte sie und wurde in tausend Stücke zerrissen. Bis auf eine Frau waren alle Insassen des Flugzeuges auf der Stelle tot. Wer waren die Urheber des Attentats? Sie wurden nie ermittelt. Kam Leo Katz in den Sinn, daß dies ein Omen für kommende Zeiten war?

Als Katz im September 1949 nach Wien heimkehrte, war der Kalte Krieg bereits in vollem Gange, doch für ihn schien die kommunisti-

14 Vgl. P. A. Sudoplatow, Der Handlanger der Macht. Enthüllungen eines KGB-Generals, Düsseldorf/Wien/New York/Moskau 1994.

15 Demokratische Post, 15. Oktober 1944.

sche Welt weitgehend in Ordnung zu sein. Im November 1949 fuhr er zu Verlagsgesprächen nach Berlin. Er hatte mehrere Buchprojekte im Visier, die er für den gesamten deutschsprachigen Markt als geeignet erachtete. Es traf sich und kam ihm wegen der Erstattung aller Reisekosten entgegen, daß er offiziell zum II. Kongreß des Kulturbundes zur demokratischen Erneuerung Deutschlands eingeladen wurde. Alexander Abusch, der Vizepräsident der Kulturorganisation, hatte dies so arrangiert. Bei seiner Ankunft in Berlin begrüßte die SED-Zeitung *Neues Deutschland* ausdrücklich „Dr. Leo Katz, der erst vor einem Monat aus der Emigration nach Wien zurückkehrte und seine österreichische Heimat beim Kongreß des Kulturbundes vertritt“.[16]

Die meisten seiner einstigen deutschen Mitemigranten in Mexiko waren in Ostdeutschland in hohe Ämter berufen worden. Paul Merker gehörte dem Zentralkomitee und dem Politbüro der SED an und war kürzlich, bei der Gründung der DDR, außerdem Staatssekretär im Ministerium für Land- und Forstwirtschaft geworden. Den Juristen Dr. Leo Zuckermann, mit dem Leo Katz in Mexiko am engsten verbunden war, hatte die Bildung des zweiten deutschen Staates zum Staatssekretär und Chef der Präsidialkanzlei von Präsident Wilhelm Pieck werden lassen. Ludwig Renn, in Mexiko Präsident der Bewegung Freies Deutschland, leitete den Kulturbund in Sachsen und war Professor an dem eigens für ihn geschaffenen Kulturwissenschaftlichen Institut der Technischen Hochschule Dresden. Rudolf Feistmann, der Anfang 1946 nach der Abreise von André Simone aus Mexiko Chefredakteur der *Tribuna Israelita* geworden war, gehörte jetzt zum Kollegium des *Neuen Deutschland* und leitete das Ressort Außenpolitik. Als Leo Katz in Berlin mit dem Kinderbuchverlag verhandelte, erfuhr er, daß Walter Janka, der 1944 bei El Libro Libre in Mexiko Katz' ersten Roman herausgebracht hatte, demnächst Geschäftsführer des Aufbau Verlages werden würde.

Die zweite Berlinreise von Leo Katz in der Nachkriegszeit stand unter einem ganz anderen Stern. Der aus Moskau kommende Verdacht, die nach Mexiko geflohenen deutschen Kommunisten seien dort höchstwahrscheinlich zu Agenten des amerikanischen Imperialismus geworden, zeigte Folgen. Als Leo Katz im Sommer 1951 in

16 Neues Deutschland, 24. November 1949.

der DDR-Hauptstadt weilte, erreichte er Abusch nur am Telefon. Eine persönliche Begegnung kam nicht mehr zustande. Der vom Vizepräsidenten zu einem der Sekretäre des Kulturbundes degradierte Abusch hatte bei der Zentralen Parteikontrollkommission der SED (ZPKK) auf Nachfrage, wie er sich gegenüber dem Besucher aus Wien verhalten solle, den Rat bekommen, „nicht mit ihm zu sprechen".[17]

Inzwischen lagen dort der Denunziationsbericht von Mario Montagnana aus Italien und andere Materialien vor, bei denen der nach seiner Rückkehr aus Mexiko zum Generalsekretär der KP des Freistaates Triest avancierte Carlos Contreras, der sich nun wieder Vittorio Vidali nannte, Pate gestanden hatte. Paul Merker war 1950 aus der SED ausgeschlossen, aller Ämter enthoben und nach Luckenwalde verbannt worden. Ludwig Renn, gemaßregelt, hatte Dresden verlassen müssen und lebte nach einem geheim gehaltenen Selbstmordversuch nahezu mittellos in Berlin. Aus der Presse hatte Leo Katz bereits 1950 entnommen, daß Rudolf Feistmann an einer Fleischvergiftung gestorben war. Diese Lüge verdeckte, daß er sich vor einem Verhör durch die ZPKK das Leben genommen hatte. Nur Walter Janka, 1951 stellvertretender Leiter des Aufbau Verlages, scheint Leo Katz offiziell empfangen zu haben. In dem mit dem Aufbau Verlag in Personalunion verbundenen Editionshaus Rütten & Loening erschien 1954 „Die Welt des Columbus", ein Schlüsselbuch zum Verständnis der Gedanken seines Autors während der 1952/1953 von Stalin inszenierten antijüdischen Kampagne.

Privat traf sich Leo Katz 1951 mit Leo Zuckermann und dessen Familie. Der Jurist war nicht mehr Kanzleichef bei Pieck und hatte seine Funktion als Staatssekretär verloren. Doch er wohnte noch in dem ihm überlassenen Haus in der Pankower Wahnschaffestraße und arbeitete als Reden- und Gesetzentwurfschreiber für den SED-Generalsekretär Walter Ulbricht, der ihm sogar eine Professur an der Verwaltungsakademie „Walter Ulbricht" in Potsdam-Babelsberg in Aussicht gestellt hatte. Er machte sich und seinem Schlafgast aus Wien etwas vor, wenn er glaubte, der Kelch direkter Verfolgung würde an ihm vorübergehen. Tatsächlich war er bereits vom KGB gegenüber dem MfS „als zweifelhafte und schwankende Person" charakterisiert

17 BStU, AIM 5059/56.

worden, worauf man ihn „einer Agententätigkeit [für] verdächtigt" hielt und die Telefon- und Postüberwachung anordnete.[18] Als Leo Katz am 10. Oktober 1951 an Lydia, Leo Zuckermanns Frau und Gastgeberin vom Sommer, aus Wien schrieb, las die Geheimpolizei den Brief mit: „Liebe Lydia! Ich habe von meinem Freund aus New York die Nachricht erhalten, daß er am 30. September an Deine Adresse einen Prestotopf geschickt hat. Ich wäre Dir sehr dankbar, wenn Du mir schreiben wolltest, ob er angekommen ist. Das Erscheinen meines Buches hat eine Verspätung erfahren. Es kommt erst am 15. Oktober heraus. Ihr dürftet gleichzeitig mit diesem Brief oder zwei Tage später direkt vom Verlag ein Exemplar erhalten. Ich habe schon lange von Euch nichts gehört. Könnte nicht einer von Euch, für Dich wäre es wohl leichter, einen Besuch hierher machen? Wir haben jetzt noch ein Zimmer dazu bekommen, und es wäre daher sehr bequem, bei uns zu wohnen. Es würde uns sehr freuen. Ich bin in den nächsten Tagen mit der Korrektur und dem Umschreiben des neuen Kinderbuches fertig. Wenn die Sache soweit ist, daß es diskutiert werden soll, komme ich nach Berlin. Ich nehme an, es wird im Dezember."[19]

Bei seinem letzten Aufenthalt in Berlin 1954 traf Katz seinen Freund Leo Zuckermann nicht mehr an. Zuckermann war Ende 1952, kurz nach der Vollstreckung der Todesurteile im Prager Slánsky-Prozeß und der Verhaftung Merkers in Berlin, mit seiner Familie den Verfolgern nur knapp entkommen und nach Westberlin und von dort über Frankreich nach Mexiko geflüchtet.

„Es gibt jetzt so viele, die der Ketzerei verdächtigt werden, daß man ein übermenschliches Gedächtnis haben müßte, wenn man sich alle Namen merken wollte, die [...] als ausgelöscht aus dem Buche des Lebens verkündet werden",[20] schrieb Leo Katz in dem wenige Wochen nach seinem Tode erschienenen Roman „Die Welt des Columbus". Was von der Sowjetunion unter Stalin ausging, erinnerte ihn an die Inquisition, deren Träger selbst „vor der hohen Geistlichkeit nicht halt" machten. „Diese Menschen kennen keine Rücksichten. Ihnen ist alles, was mit Gemütsbewegung zusammenhängt, un-

18 Ebenda, AOP 24/53.

19 Ebenda.

20 Dieses und die folgenden Zitate aus Leo Katz, Die Welt des Columbus, Berlin 1954, in der Seitenfolge 6, 8, 24, 51, 49, 362, 191, 27.

begreiflich." Den Inquisitor von Sevilla läßt er sagen: „Wir werden nicht ruhen und rasten, [...] bis der Feind in unseren eigenen Reihen gefaßt ist." „Wozu machen wir Autodafés?", fragt der Generalinquisitor und antwortet: „Zur Stärkung der Wankelmütigen." Die Botschaft, die Leo Katz den Lesern mitgab, entging der Zensur nur dadurch, daß er sie mit der fernen Vergangenheit Spaniens verfremdete. „Eine Epoche aufleben zu lassen, die die einen als Alpdruck empfinden, die anderen als romantisch bezeichnen – das war die Absicht meines Romans", heißt es im Nachwort. „Die Inquisition stellte keinen Angeklagten einem Zeugen gegenüber. Sie sagte ihm auch niemals, wessen er beschuldigt wurde." Das geschah immer erst später. Leo Katz hatte verstanden, in welche Bedrängnis er selbst geraten war: „Aber bei der Inquisition brauchte ja ein Zeuge nicht öffentlich und nicht in Gegenwart des Beschuldigten auszusagen. Der Beschuldigte erfuhr ja nie oder nur selten, wer sein Beschuldiger war." Den Pater Pedro läßt er sagen: „Ich kann Ihnen verraten, daß es bei diesen Autodafés keinen einzigen starrköpfigen Ketzer geben wird ... glücklich die Generation, die das miterlebt!"

Gräberfeld,
Mahn- und Gedenkstätte Gardelegen
(Foto: Diana Gring)

Diana Gring

„... IMMER ZWISCHEN ZWEI FEUERN"
Der kommunistische Funktionshäftling Karl Semmler

„Es muß uns klar sein, daß die Hauptschuld das System, die eigentliche Struktur des totalitären Staates trifft; die Mitschuld der einzelnen großen und kleinen Kollaborateure [...] ist immer schwer zu bewerten. Wir wollen das Urteil ausschließlich denen überlassen, die sich in ähnlichen Umständen befunden haben und Gelegenheit hatten, an sich selbst festzustellen, was es bedeutet, unter Zwang zu handeln. [...] Der Umstand, daß einer ein Leidtragender ist, schließt seine Schuld nicht aus, und oftmals ist sie objektiv schwerwiegend, aber ich kenne kein menschliches Tribunal, dem man die Aufgabe der Bemessung der Schuld zuweisen könnte."[1]

Spätestens seit der von Lutz Niethammer im Jahr 1994 herausgegebenen Dokumentation[2] über die „roten Kapos von Buchenwald"

1 Primo Levi, Die Untergegangenen und die Geretteten, München 1995 (Erstaufl. 1986), S. 41 f.
2 Lutz Niethammer (Hrsg.), Der „gesäuberte" Antifaschismus. Die SED und die roten Kapos von Buchenwald, Berlin 1994.

ist bekannt, welche ambivalente Rolle kommunistische Funktionshäftlinge im Konzentrationslagersystem innehatten und in welcher Weise die DDR diese Personen nach dem Krieg für ihre politischen Bedürfnisse instrumentalisierte.

Sensationell neu waren die Erkenntnisse nicht, hatte es doch auch schon in früheren Publikationen und Erinnerungsberichten Hinweise darauf gegeben.[3] Allerdings eröffnete der Zugang zu Archiven der ehemaligen DDR und ihrem umfangreichen Quellenmaterial nach der Vereinigung eine faszinierende Möglichkeit zu neuen methodischen und interpretativen Aufarbeitungen: der DDR-Historiographie zum Nationalsozialismus im allgemeinen und der Widerstandsrezeption im besonderen. Analog zu anderen Themengebieten werden auch hierbei die Problematiken der neu erschlossenen Quellenvielfalt deutlich, die Entflechtung des häufig irritierend widersprüchlichen Materials, die kritische Einordnung in den politischen Kontext und die Frage nach dem besonderen Umgang und der Bewertung von Quellen des ehemaligen Ministeriums für Staatssicherheit.

Wer heute die Legendenbildung um kommunistische Widerstandskämpfer und Funktionshäftlinge hinterfragt, gerät in der Öffentlichkeit fast zwangsläufig in eine Position der Rechtfertigung. Er muß immer wieder darauf hinweisen, daß es hierbei nicht um die Demontage von Personen, um die Verwischung der Opfer-Täter-Zuordnung oder gar um eine Diskreditierung des kommunistischen Widerstandes gegen das NS-Regime geht. Fakt ist vielmehr, daß das „antifaschistische“ Selbstverständnis der DDR nach dem Heldenbild des KZ-Häftlings als Widerstandskämpfer verlangte, dessen moralische und politische Integrität und Opferbereitschaft unangetastet bleiben sollten. Eine Annäherung an die Verstrickung in das Täter-Opfer-Dilemma von kommunistischen Funktionshäftlingen im Konzentrationslager paßte in diesen Präsentations- und Legitimationskontext nicht hinein. Was unter den politischen Zwängen als kollektive Version getragen wurde, erleichterte auch den einzelnen betroffenen Personen nach 1945 die Etablierung einer entsprechenden Lebenslüge. Aber

3 Siehe u. a.: Eugen Kogon, Der SS-Staat. Das System der deutschen Konzentrationslager, München 1991 (Erstaufl. 1946); Jorge Semprun, Was für ein schöner Sonntag!, Frankfurt a. M. 1984 (Erstaufl. 1980); Hermann Langbein, ...nicht wie die Schafe zur Schlachtbank. Widerstand in den nationalsozialistischen Konzentrationslagern 1938–1945, Frankfurt a. M. 1980; Harry Naujoks, Mein Leben im KZ Sachsenhausen 1936–1942, Köln 1987.

diese Version der Geschichte verhinderte – sowohl im gesellschaftlichen wie vermutlich auch im individuellen Kontext – eine Auseinandersetzung mit Motiven und Motivationen und den Grenzen zwischen Anpassung und Kollaboration zugunsten einer „geschönten" Biographie.

Im folgenden soll der Versuch einer Annäherung an eine Biographie mit ihren Brüchen und Kontinuitäten unter verschiedenen Systemen unternommen werden, die Bemühung, die Erlebnissituation eines Funktionshäftlings durch Selbstzeugnisse und kontrapunktierende Quellen nachzuzeichnen und die enthistorisierenden und instrumentali-sierenden Eingriffe der DDR aufzuzeigen.

LEBENSLAUF

Karl Paul Semmler wurde 1904 als Kind einer Arbeiterfamilie im schlesischen Hindenburg geboren. Nach dem Besuch der Grundschule kam er nach Lugau, eine Ortschaft im sächsischen Erzgebirge, und war als Bauarbeiter und Bergmann im Oelsnitz-Lugauer Steinkohlerevier tätig. Von kurzen Unterbrechungen abgesehen, war er ab 1929 arbeitslos und bezog Wohlfahrtsunterstützung.

1923 trat Semmler dem Kommunistischen Jugendverband (KJVD) und 1927 der KPD bei. Er engagierte sich in der Roten Hilfe, dem Roten Frontkämpferbund und war Ortsgruppenleiter der Internationalen Arbeiterhilfe in Lugau.[4]

Im August 1933 wurde Karl Semmler das erste Mal unter dem „Verdacht kommunistischer Betätigung" verhaftet und einen Monat später wegen „Vorrätighaltung von verbotenen Druckschriften" zu sechs Monaten Haft verurteilt, die er im Gefängnis Bautzen verbrachte. Nach der regulären Strafverbüßung wurde er durch einen gegen ihn erlassenen Schutzhaftbefehl bis zum August 1934 in das Konzentrationslager Burg Hohnstein verbracht.[5] Nach seiner Entlassung ver-

4 Vgl. Mahn- und Gedenkstätte Gardelegen (MGS GL), Akte 455: Materialsammlung Semmler; Archiv der Gedenkstätte Buchenwald (BWA), Sign. 52 11-368: Mitgliedskarte Parteiaktiv und Personen-Fragebogen von 1965, o. S.; Landratsamt Stollberg/Kreisarchiv, Best. Lugau, Sign. Nr. 32 (vor 1945) und Nr. 2171 (nach 1945).

5 Vgl. Sächsisches Hauptstaatsarchiv (HStA Sachsen), Best. Landesstrafanstalt Zwickau, Sign. 13264, Haftakte Karl Semmler (nicht foliiert): Auszug aus dem Strafregister.

suchte er, die Strukturen der nahezu zerschlagenen und in der Illegalität operierenden KPD-Ortsgruppe wieder aufzubauen, hielt Kontakt zu den noch nicht verhafteten Parteimitgliedern, verteilte Druckschriften und kassierte Beiträge. Im Mai 1935 wurde er erneut festgenommen. Ein Jahr später, Mitte Mai 1936, fand vor dem Oberlandesgericht Dresden gegen Semmler und neunzehn andere Kommunisten aus der Oelsnitz-Lugauer Region ein Prozeß wegen „Vorbereitung zum Hochverrat" statt. Semmler wurde zu zwei Jahren und zehn Monaten Haft verurteilt und in die Landesstrafanstalt Zwickau überstellt.[6]

Am Tag des Strafablaufes – nach Anrechnung der Untersuchungshaft am 14. März 1938 – waren die Entlassungsscheine für Semmler im Gefängnis bereits vorbereitet, als ein Fernschreiben der Gestapo Zwickau eintraf, wonach gegen ihn die „polizeiliche Verwahrungshaft" verhängt wurde. Das Gestapa Berlin bestätigte einige Tage später den Schutzhaftbefehl, daß „der Bauarbeiter Semmler in das Schutzhaftlager Buchenwald zu überführen" sei.[7]

Semmler kam Anfang April 1938 als sogenannter politisch Rückfälliger in das KZ Buchenwald. Nach eigener Aussage war er in verschiedenen Arbeitskommandos und in einer SS-Siedlung als Maurer eingesetzt und gehörte der illegalen Widerstandsgruppe um Albert Kuntz und Otto Heckert an. Sein Spitzname sei „Knochenkarl" gewesen.[8]

6 Vgl. ebenda: Personalbogen, Prozeßunterlagen und Urteilsverkündung des OLG Dresden vom 14. 5. 1936; Stiftung der Parteien und Massenorganisationen der DDR im Bundesarchiv (SAPMO BArch), Best. VVN-Materialsammlung, DY 55/V 287/407, Bl.1; HStA Sachsen, Außenstelle Chemnitz (HStA Sachsen/Chemnitz), Best. Rat des Bezirkes Karl-Marx-Stadt, Sign. 05611, Abt. Gesundheits- und Sozialwesen/VdN-Betreuungsstelle (nicht foliiert): Unterlagen und Bericht zur Anerkennung als VdN von Karl Semmler.

7 Vgl. Haftakte Semmler: Entlassungspapiere, Schriftverkehr der Geheimen Staatspolizei Zwickau vom 14., 21., 29. März 1938.

8 Vgl. BWA; HStA Sachsen, Außenstelle Chemnitz: Fragebogen zur Anerkennung als OdF von 1947, o. S. Auf die besondere Stellung der deutschen Kommunisten in der sogenannten Selbstverwaltung des KZ Buchenwald und Aspekte der kommunistischen Widerstandsorganisation im Lager kann an dieser Stelle nicht eingegangen werden. Siehe dazu z. B. Niethammer, Der „gesäuberte" Antifaschismus, und Karin Hartewig, Wolf unter Wölfen? Die kommunistischen Kapos im Konzentrationslager Buchenwald, in: Robert Streibel/Hans Schafranek (Hrsg.), Strategie des Überlebens. Häftlingsgesellschaft in KZ und Gulag, Wien 1996, S. 124–144. Die genannten Personen Albert Kuntz und Otto Heckert gelten als beherrschende Figuren des illegalen Parteiaktivs und des Internationalen Lagerkomitees im KZ Buchenwald. Vgl. Niethammer, Der „gesäuberte" Antifaschismus, S. 503, 508. Zur konkreten Stellung und der Widerstandstätigkeit von Semmler im KZ Buchenwald konnten bisher weder in der Gedenkstätte Buchenwald noch im SAPMO-BArch Quellen eruiert werden.

Ende März 1943 überstellte man Semmler in das Außenlager Wernigerode im Harz, und er übernahm einen der beiden Kapo-Posten im Lager am Veckenstedter Weg. Aus noch ungeklärten Gründen wurde er im Dezember 1944 in das Außenlager Rottleberode des KZ-Komplexes Mittelbau-Dora strafversetzt.[9] Durch seinen Kontakt zum Lagerkommandanten, den er bereits aus Buchenwald und Wernigerode kannte, erhielt Semmler als Kapo ein Kommando mit über 800 Häftlingen und vier Vorarbeitern zugeteilt.[10]

Anfang April 1945 wurde das Außenlager Rottleberode evakuiert. Semmler übernahm einen der Marschzüge mit mehreren hundert Häftlingen, die zunächst zum Bahnhof Niedersachswerfen marschierten und dort zu einem Transport zusammengestellt wurden.[11] Gemeinsam mit anderen Evakuierungszügen aus Außenlagern von Mittelbau-Dora und aus dem Neuengammer Nebenlager Hannover-Stöcken strandete der Transport aufgrund der militärischen Topographie im Kreis Gardelegen in der Altmark.[12] Im Verlauf der Todesmärsche, bei denen es zu Einzelerschießungen und Massenexekutionen von Häftlingen kam, wurden jene, die die tagelangen Strapazen des Transportes überlebt hatten, in die Stadt Gardelegen gebracht und in einer verlassenen Kavallerieschule versammelt. Da sich ein Großteil der SS-Bewachungsmannschaft bereits abgesetzt hatte, wurden „reichs- und volksdeutsche“ Häftlinge ausgewählt, die sich mit dem Versprechen auf ihre Freiheit, Whisky und Zigaretten als Kapos zur Verfügung stellten. Sie erhielten Wehrmachtsuniformen und Waffen.[13] Zu ihnen gehörte auch Karl Semmler, der bereits die Evakuierung, den Transport und die Todesmärsche als Kapo begleitet hatte.[14]

9 Vgl. MGS GL, Akte 493: Kreisgericht Meissen, Zeugenaussage von Karl Semmler vom 16. 3. 1961, S. 1.

10 Vgl. MGS GL, Akte 493: Häftlingsbericht Semmler, o. J. (1959/60), S. 2 f.

11 Vgl. ebenda, S. 6 ff.

12 Siehe detailliert zu den Geschehnissen im Kreis Gardelegen: Diana Gring, Die Todesmärsche und das Massaker von Gardelegen (= Schriftenreihe des Stadtmuseums Gardelegen, Heft 1), Hannover 1993; dies., NS-Verbrechen in der Endphase des Zweiten Weltkrieges: Die Todesmärsche und das Massaker von Gardelegen. Magisterarbeit am Historischen Institut der Universität Hannover, Hannover 1996.

13 Vgl. Rijksinstituut voor Oorlogsdocumentatie, Amsterdam, o. Sign.: Statement of Lt. Col. E. Cruise, Investigating Officer, Ninth United States Army, 24. 5. 1945, S. 3 f.

14 Vgl. ebenda, S. 4; Häftlingsbericht Semmler, S. 6 ff., 15 ff., 29 ff.

Am 13. April 1945 ließ man die Häftlinge zu einer Feldscheune außerhalb der Stadt Gardelegen marschieren, trieb sie hinein, setzte das mit Benzin getränkte Stroh im Inneren der Scheune in Brand und schoß mit Maschinenpistolen auf die Flüchtenden. 1016 Menschen starben bei diesem Massaker. Nur wenige, nach Schätzungen zwischen 10 und 28 Personen, konnten dem Inferno entkommen.[15] Zu der Tätergruppe, die sich aus SS-Leuten, Luftwaffensoldaten, Fallschirmjägern, Volkssturmmitgliedern und Arbeitsdienstangehörigen zusammensetzte, gehörten auch Kapos.[16]

Nach Kriegsende heiratete Karl Semmler seine Verlobte Ida, die er schon aus der Zeit vor seiner Inhaftierung aus Lugau kannte. Die Ehe blieb kinderlos. Semmler arbeitete zunächst als Angestellter bei der Stadtverwaltung Lugau und wechselte im Frühjahr 1947 zur Kriminalpolizei nach Weimar, wo man ihn auch für einige Zeit als Bewacher in einem „Haftlager" einsetzte.[17] Aufgrund einer aus der Konzentrationslagerhaft resultierenden Lungenerkrankung mußte sich Semmler ab 1951 einigen mehrmonatigen Kuraufenthalten unterziehen. Nach seiner Pensionierung zog er zurück nach Lugau. Als OdF (Opfer des Faschismus) und VdN (Verfolgter des Naziregimes) erhielt er eine kleine Rente, für die ihm 132 Monate Gesamthaft angerechnet wurden – er hatte 11 Jahre in nationalsozialistischen Haftanstalten und Konzentrationslagern verbracht.[18]

Karl Semmler schloß sich nach Kriegsende wieder der KPD/SED an und engagierte sich politisch als Funktionär und Stadtabgeordneter der Ortsgruppe Lugau, im FDGB und in der Volkssolidarität. Bis zu seiner Erkrankung war er Vorsitzender der VVN in Lugau gewesen.[19]

1959 besuchte er das erste Mal nach Kriegsende die Stadt Gardelegen; fortan wurde er zum Kronzeugen der offiziellen DDR-Geschichtsschreibung über die NS-Verbrechen in Gardelegen und zur zentralen Figur der entsprechenden Gedenkstättenarbeit. Darstellungen in Publikationen und die Anfang der 60er Jahre einsetzenden staatsanwalt-

15 Vgl. Gring, NS-Verbrechen, S. 33 ff.

16 Vgl. Statement of Lt. Col. E. Cruise, S. 4 f.

17 Vgl. HStA Sachsen, Außenstelle Chemnitz: Fragebogen, Unterlagen und Bericht zur Anerkennung als OdF von 1947.

18 Vgl. ebenda; Landratsamt Stollberg/Kreisarchiv, Best. Lugau, Sign. Nr. 2171 (nach 1945).

19 Vgl. BWA; HStA Sachsen, Außenstelle Chemnitz: Fragebogen, Unterlagen und Bericht zur Anerkennung als OdF von 1947.

schaftlichen Ermittlungen wurden fast ausnahmslos auf der Grundlage seiner Angaben rekonstruiert. Semmler sprach vor Schulklassen und FDJ-Gruppen, überreichte „OdF"-Pokale bei Sportfesten, nahm Straßenbenennungen vor und wurde auf den jährlichen Gedenkfeiern in Gardelegen geehrt.[20] Anfang der sechziger Jahre kam es auch zu Auftritten in Rundfunk und Fernsehen.[21] Seine Biographie und sein Erinnerungsbericht wurden in zahlreichen Publikationen und Zeitungsberichten, auch unabhängig vom Gardelegener Kontext, erwähnt und zitiert.[22] Semmler erhielt hohe staatliche Auszeichnungen der DDR, so z. B. den Vaterländischen Verdienstorden in Silber im Jahre 1964, die Medaille „Kämpfer gegen den Faschismus" und die Arthur-Becker-Medaille in Silber für erfolgreiche Arbeit in der FDJ.[23]

1962 wurde er als IM für das Ministerium für Staatssicherheit angeworben. In erster Linie stellte er seine Wohnung als sogenanntes Treffquartier zur Verfügung und gab Informationen über Nachbarn und Geschehnisse im Ort weiter.[24] Semmlers letzte Lebensjahre waren geprägt von seiner Erkrankung, langen Aufenthalten in Sanatorien, finanziellen Engpässen. Nach und nach zog er sich von allen politischen Funktionen und gesellschaftlichen Aktivitäten zurück.[25] Karl Semmler starb im Frühjahr 1969 in Lugau im Alter von 63 Jahren.

20 Vgl. Lies Wolf, Niemals Verjährung von Kriegsverbrechen! Gardelegen, 13. April 1945. Hrsg. Bezirksleitung Magdeburg der SED, Kommission zur Erforschung der Geschichte der örtlichen Arbeiterbewegung, Bezirksleitung des Deutschen Kulturbundes, Magdeburg 1965; MGS GL, Akte 455: Materialsammlung Semmler.

21 So in folgenden Sendungen: „Aktuelle Kamera", Deutscher Fernsehfunk, 12. 2. 1962; „Die Mauer", Sondersendung des Rundfunks der DDR, 1963.

22 Siehe z. B. Landratsamt Stolberg/Kreisarchiv, Sign. Bücher Nr. 395: „Unsere Fahne, die ist rot!" Heimatgeschichtliches Lesebuch. Teil 1, Stolberg o. J., Kapitel „So wurde Karl Semmler zum Schutzhäftling 2809", S. 48–54; Hans Albrecht u. a., Gewaltverbrechen des deutschen Imperialismus. Eine Dokumentation faschistischer Mord- und Terrorherrschaft der Jahre 1933–1945 im Bezirk Magdeburg, Magdeburg 1967, S. 25; Salzwedeler Museen, Inv. Nr. 9552 b: Aus der Geschichte der Salzwedeler Arbeiterbewegung (1917–1945). Teil II. Hrsg. Rat des Kreises Salzwedel, Abt. Volksbildung, Salzwedel 1967, S. 70 f.; Neues Deutschland vom 13. 9. 1970.

23 Vgl. BWA.

24 Vgl. Der Bundesbeauftragte für die Unterlagen des Staatssicherheitsdienstes der ehemaligen DDR (BStU), Außenstelle Chemnitz, Sign. OG 1733/70 (Personal- und Arbeitsakte).

25 Vgl. HStA Sachsen, Außenstelle Chemnitz: div. Schriftwechsel von Semmler mit der Kreisdienststelle VdN; BStU, Außenstelle Chemnitz, OG 1733/70 (Personalakte).

„Der Kapo steht im Lager immer zwischen zwei Feuern. Auf der einen Seite die SS, die vom Kapo Erfüllung ihrer Befehle verlangt, auf der anderen Seite seine Kameraden. Der Kapo ist in den Augen der SS nichts anderes als auch nur ein Häftling. Die Weigerung, Kapo zu machen, ist nichts anderes als der Tod. Aber die politischen Kapos, die Kommunisten, verstehen es, die Befehle der SS so zu umgehen, daß die SS es nicht merkt. Dadurch konnte den Häftlingen das Leben und die Arbeit etwas leichter gemacht werden, sie merkten, daß sie noch Menschen sind.“ [26]

Semmlers Erinnerungsbericht, aus dem dieses Zitat stammt, wurde für die offizielle Darstellung verfaßt. Ebenso wie in den Publikationen, die ihn später zitierten, wird seine Rolle als Funktionshäftling verschwiegen; [27] dennoch gibt die Quelle aufschlußreiche Informationen über das von seiten der zuständigen Kommissionen von Semmler erwartete Selbstverständnis und seine spezifische Erlebnissituation.

„Paul“ – wie sich Semmler in dem Bericht in dritter Person nennt – beschreibt sich in kleinen Episoden, die nahezu romanhaft anmuten, ausschließlich als heldenhaft handelnder, die Geschehnisse analysierender und allzeit opferbereiter Häftling und Kapo. Er habe als politischer Funktionshäftling „nie einen Kameraden zur Meldung gebracht“ und ließ sich „nie dazu hinreißen, einen Kameraden zu schlagen“. [28] Er habe Mithäftlinge nur bestraft, um sie vor Schlimmerem zu beschützen. Die sogenannten asozialen und kriminellen Kapos seien hingegen alle „Bestien und schlimmer als die SS gewesen“. [29] Während viele Häftlinge versucht hätten, von den wenig bewachten Evakuierungszügen und Todesmärschen zu fliehen, sei er gebunden gewesen an den Beschluß des deutschen illegalen Lagerkomitees, wonach kein führender KPD-Funktionär flüchten dürfe. „Aber Paul sagte [...],

26 Häftlingsbericht Semmler, S. 3.

27 Vgl. z. B. Wolf, Niemals Verjährung von Kriegsverbrechen!; Rudolf Becker u. a., Ihr Opfer bleibt unvergessen! Zur Geschichte des Mahn- und Gedenkweges Gardelegen. Hrsg. Kreisleitung Gardelegen der SED, Abt. Agitation und Propaganda, Kommission zur Erforschung der Geschichte der örtlichen Arbeiterbewegung, Kommission zur Wahrung und Weiterführung der revolutionären Traditionen der Arbeiterbewegung und des antifaschistischen Widerstandes, 2. Auflage., o. O. 1984.

28 Vgl. Häftlingsbericht Semmler, S. 4.

29 Vgl. ebenda, S. 1, 4 f., 10, hier S. 10.

entweder wir gehen alle oder keiner, ich gehe nicht, ich muß wissen, wohin es geht und was mit den Kameraden wird, auch wenn ich dabei zugrunde gehe."[30] Semmler berichtet, daß andere Häftlinge die wenigen Lebensmittel, die während des Evakuierungstransportes ausgeteilt wurden, sofort vor Hunger verschlungen hätten. Er hingegen habe sich die Rationen eingeteilt, sie abgegeben und anderen zukommen lassen.[31] Mehrfach beschreibt er die Solidarität mit den sowjetischen Häftlingen und seinen intensiven Kontakt zu ihnen: Sie hätten gemeinsam und im Gegensatz zu den anderen Häftlingen die Pläne der SS durchschaut und versucht, dagegen zu handeln.[32]

Weiter geht er darauf ein, daß er als Funktionshäftling einen der Marschzüge bei der Evakuierung übernommen hatte. Er war der „Appellmacher" und mußte sich u. a. darum kümmern, daß die Leichen der ermordeten und verstorbenen Mithäftlinge vergraben wurden.[33]

Seine Beschreibungen geben einen Eindruck von seiner privilegierten Stellung gegenüber den anderen Häftlingen: Ausführlich schildert er zum Beispiel, wie er – nach mehreren Beschwerden beim SS-Transportführer – die Erlaubnis erhielt, Wasser aus der Ortschaft zu besorgen und bei einem dieser Gänge mit dem ihn begleitenden SS-Mann in einer Gaststätte Bier trank.[34] Er beschreibt seinen Kontakt zu einigen SS-Leuten: Man unterhielt sich über das Geschehen und tauschte Informationen aus.[35] „Ich hatte während der ganzen Zeit deshalb einen besseren Überblick und bessere Kenntnisse der Situation, weil ich als Kapo tätig war."[36] Seine Angaben über Daten und Uhrzeiten, Wegstrecken und Ortschaften, Tätergruppen, Anzahl der Evakuierungswaggons, Größe der Marschgruppen und Todesfälle sind detailliert. Ein solcher Einblick blieb der Mehrzahl der Mithäftlinge verwehrt – was sich besonders bei einer vergleichenden Analyse mit anderen Häftlingsberichten erweist.

Karl Semmler war im Lagerjargon eine „alte Nummer". Als kommunistischer Häftling gehörte er zu denjenigen mit der längsten Lager-

30 Vgl. ebenda, S. 7, 11, hier: S. 7.
31 Vgl. ebenda, S. 6, 11, 30.
32 Vgl. ebenda, S. 10 f., 14, 16 f., 29, 31.
33 Vgl. ebenda, S. 6, 15, 22 ff.
34 Vgl. ebenda, S. 17 ff.
35 Vgl. ebenda, S. 17 f., 21 ff., 24 f.
36 Zeugenaussage Semmler, S. 2.

erfahrung. Von kurzen Unterbrechungen abgesehen, war er seit 1933 in Strafanstalten und frühen Konzentrationslagern gewesen, hatte, als er im Frühjahr 1938 in das KZ Buchenwald kam, noch am Aufbau des Lagers mitgearbeitet. Nach all den Jahren kannte er das Lagersystem mit seinen spezifischen Regeln und den sozialen und nationalen Hierarchien und Organisationsstrukturen.[37] Er konnte sowohl an den „politischen Klientelbeziehungen"[38] partizipieren als auch durch entsprechende Kontakte zur SS die begehrten und umkämpften Positionen in der sogenannten Häftlingsselbstverwaltung übernehmen: Semmler war zum Beispiel unter dem SS-Hauptscharführer Erhard Brauny, den er auch schon aus Buchenwald kannte, in den Außenlagern Wernigerode und Rottleberode als Kapo eingesetzt.[39]

Zur Rolle von Karl Semmler während des Massakers in der Feldscheune von Gardelegen am 13. April 1945 gibt es unterschiedliche Darstellungen. Nach eigenen Aussagen vor dem Kreisgericht Meißen im Jahr 1961 und in seinem Erinnerungsbericht war er noch bei dem Transport von Benzin zur Scheune, bei der Zusammenstellung der Häftlinge und dem Marsch zur Scheune als Kapo eingesetzt. Danach hingegen sei er mit der letzten Gruppe in die Scheune getrieben worden und habe überlebt, indem er sich unter Leichen verbarg.[40]

Dem entgegen stehen die Ergebnisse der Untersuchungen der US War Crimes Branch im Jahr 1945 und verschiedene Häftlingsberichte. Nur wenige Stunden nach dem Massaker hatten die ersten Truppen der US Ninth Army die Stadt Gardelegen erreicht und den Tatort entdeckt. Nach den umfangreichen Ermittlungen und Zeugenvernehmungen, die das War Crimes Investigating Team zum Tatgeschehen durchführte, gehörte Semmler zu den neun Kapos, die während des Massakers vor der Scheune als Wachposten eingesetzt waren.[41] Folgt man den amerikanischen Quellen, wurde Karl Semmler als tatbeteiligter Kapo festgenommen und verhört. Ein Memorandum der War Crimes

37 Siehe zu kommunistischen Häftlingen in Kapofunktionen: Hartewig, Wolf unter Wölfen?, Kapitel „Soziales Kapital und Organisationsmacht", S. 139 ff.

38 Vgl. ebenda, S. 138.

39 Vgl. Häftlingsbericht Semmler, S. 2 f.; Archiv der KZ-Gedenkstätte Mittelbau-Dora, Sign. NAW 50.10.15.9: United States Investigation and Trial Records of War Criminals: The Nordhausen War Crimes Case. National Archives Microfilm Publications, Microfilm M 1079, F 12/T 7, Vernehmung Erhard Brauny im Mai 1947, S. 29.

40 Vgl. Zeugenaussage Semmler, S. 3; Häftlingsbericht Semmler, S. 34 ff.

41 Vgl. Statement of Lt. Col. E. Cruise, S. 5.

Branch vom 2. August 1945 hielt fest: „In his sworn statement (Ex. 12), SEMMLER admits wearing a German Army uniform, going for gasoline and taking it to the barn, being placed on guard at the entrance to the barn [...]. He was identified as one of the guards at the barn armed with a rifle and wearing a German uniform."[42]

Nach dem Massaker hatten sich die als Wachposten an der Scheune eingesetzten Kapos zusammen mit anderen Häftlingen in einem Sammelquartier in einer Kaserne aufgehalten. Einer der Überlebenden des Massakers, Romuald Bak, beschreibt das Zusammentreffen mit dieser Gruppe, unter ihnen „Kapo ‚Karl' aus Rottleberode-Thyra-Werke, ein Deutscher aus Schlesien mit polnischen Sprachkenntnissen", und ihre Festnahme: „Am nächsten Tag begaben sich die Amerikaner [...] in die Kaserne, nahmen Karl, Franz, Kazek, Andrzejek u. a. fest und fuhren sie zur Kommandantur. [...] Sie sind auch gleich eingesperrt worden. Einige Tage später [...] war ich Augenzeuge, wie man sie unter strenger Bewachung herausgeführt und auf ein Fahrzeug geladen hat."[43]

Mit den festgenommenen ehemaligen Funktionshäftlingen verfuhren die Amerikaner auf unterschiedliche Weise: Nach den Vernehmungen wurden drei von ihnen, denen durch Zeugenaussagen eine aktive Tatbeteiligung („actively participated in the execution")[44] nachgewiesen werden konnte, in ein Internierungslager der Ninth Army bei Paderborn überstellt, die anderen sechs Personen, unter ihnen auch Karl Semmler, kamen in ein DP-Camp.[45]

Mehrere andere Aussagen von ehemaligen Häftlingen und Überlebenden des Massakers bestätigen die US-Quellen und deuten darauf hin, daß sich Semmler nach Kriegsende in der DDR – wie auch noch mindestens zwei andere Kapos – fälschlich als direkter Überlebender des Massakers ausgab.[46]

42 Rijksinstituut voor Oorlogsdocumentatie, Amsterdam, o. Sign.: Memorandum War Crimes Branch, 2. August 1945, S. 9

43 Dokumentationszentrum des Bundes jüdischer Verfolgter des Naziregimes (DZJV), Sign. 129–160: Zeugenvernehmung Romuald Bak, Braunschweig 1947, S. 25.

44 Statement of Lt. Col. E. Cruise, S. 5.

45 Vgl. Memorandum War Crimes Branch, S. 8 f.

46 Vgl. MGS GL, Akte 414: Häftlingsbericht Josef Pamula, Tonbandabschrift, Zawadski 1965; Memorandum War Crimes Branch, S. 8 f.; Statement of Lt. Col. E. Cruise, S. 4 f.; Interview mit Amaro Castellvi durch Diana Gring, Florensac 27. Mai 1997; Interview mit Lucien Colonel durch Diana Gring, Annecy 23. Mai 1997.

„Karl Semmler steht stellvertretend für all jene Genossen, welche als proletarische Internationalisten den Auftrag der Kommunistischen Partei Deutschlands erfüllten und, das eigene Leben nicht schonend, das Leben anderer schützten und in ihnen den Glauben und das Wissen um den Sieg über die Barbarei des Faschismus vertieften."[47]

Das Herzstück des „Antifaschismus" als Staatsdoktrin der DDR war die Rolle des kommunistischen Widerstandes gegen das NS-Regime und die entsprechende Widerstandsrezeption. Um ihn als unangreifbare Legitimation für Politik und Herrschaft in der SBZ/DDR zu funktionalisieren, wurde er aus seinem historischen Zusammenhang gelöst und verklärt. Die KPD und die ihr zugehörigen Personen erhielten die Monopolstellung in der Widerstandsrezeption und -präsentation. Ihre Rolle wurde überhöht und heroisiert, während andere Opfer- und Oppositionsgruppen an den Rand gedrängt oder ganz verschwiegen wurden.[48] Das Fehlen einer wirklichkeitsnahen und kritischen Auseinandersetzung mit dem kommunistischen Widerstand und den ihm zugerechneten Personen bedingte einerseits eine „unwissenschaftliche Hypertrophierung"[49] und Mythologisierung und andererseits eine Entpersonalisierung und Pauschalisierung:[50] „Die Ästhetik des Andenkens veränderte die Person und ihr tatsächliches Leben posthum bis zur Unkenntlichkeit. Aus alltäglichen Menschen wurden heroisch leidende, heroisch kämpfende und heroisch siegen-

47 Becker u. a., Ihr Opfer bleibt unvergessen!, S. 10.

48 Von den zahlreichen Beiträgen der letzten Jahre, die die Widerstandsrezeption und den „Mythos Antifaschismus" in der DDR thematisieren, seien an dieser Stelle genannt: Jürgen Danyel (Hrsg.), Die geteilte Vergangenheit. Zum Umgang mit Nationalsozialismus und Widerstand in beiden deutschen Staaten, Berlin 1995; Bernhard Moltmann u. a. (Hrsg.), Erinnerung. Zur Gegenwart des Holocaust in Deutschland-West und Deutschland-Ost, Frankfurt a. M. 1993; Bernd Faulenbach, Zur Funktion des Antifaschismus in der SBZ/DDR, in: Deutschland Archiv 26 (1993), S. 754–759; Klaus-Michael Mallmann, Kommunistischer Widerstand 1933–1945. Anmerkungen zu Forschungsstand und Forschungsdefiziten, in: Peter Steinbach/Johannes Tuchel (Hrsg.), Widerstand gegen den Nationalsozialismus, Bonn 1994, S. 113–126; Antonia Grunenberg, Antifaschismus – ein deutscher Mythos, Hamburg 1993.

49 Ines Reich, Das Bild vom deutschen Widerstand in der Öffentlichkeit und Wissenschaft der DDR, in: Steinbach/Tuchel, Widerstand gegen den Nationalsozialismus, S. 557–572, hier: S. 561.

50 Vgl. dazu: ebenda; Volkhard Knigge, Antifaschistischer Widerstand und Holocaust. Zur Geschichte der KZ-Gedenkstätten in der DDR, in: Moltmann u. a. (Hrsg.), Erinnerung, S. 67–77; Grunenberg, Antifaschismus – ein deutscher Mythos, S. 171–186.

de Helden und Heldinnen [...]. Nicht das reale Subjekt, ein Individuum erschien in der Abbildung, sondern ein Typus, eine Funktion im Gesamtzusammenhang."[51] Problematische Aspekte und widersprüchliche Wahrheiten über die gefeierten Widerstandskämpfer – wie die Übernahme von Kapofunktionen innerhalb des Konzentrationslagersystem – wurden geglättet oder ausgeblendet, um den Mythos der Märtyrer ungebrochen erscheinen zu lassen.

Folgerichtig gab es in den DDR-Publikationen und -Ausstellungen zu den NS-Verbrechen von Gardelegen definitiv keinen Hinweis auf die Kapofunktion des kommunistischen Häftlings Semmler.[52] Über seine ambivalente Stellung im Konzentrationslager, während der Evakuierungstransporte und auf den Todesmärschen, die mehr oder weniger aktive oder passive, freiwillige oder erzwungene Kollaboration, wurde Stillschweigen bewahrt.

In der Gardelegen-Broschüre aus dem Jahr 1965 gab es neben der Zentralperson Semmler keinen weiteren Häftling, dessen Aussagen im Darstellungsverlauf berücksichtigt oder zitiert wurden. Er blieb in der Präsentation entsprechend seinem Erinnerungsbericht der tapfere, aufopferungsvolle, überlegende, solidarische Häftling – biographische oder identitätsstiftende Angaben fehlten hingegen:

„Drei Monate noch mußte Karl Semmler in der Hölle Heimkehle arbeiten. Es war sehr schwer, den Widerstandskampf zu organisieren, da Handlanger der SS unter den Häftlingen waren. Kriminelle und asoziale Elemente warb die SS für ihre Verräterdienste. Trotzdem gelang es Karl, zu einigen sowjetischen Kameraden Kontakt aufzunehmen und gemeinsame Absprachen über den Widerstandskampf zu organisieren. Der proletarische Internationalismus lebte trotz brutalen Terrors in den KZ-Lagern fort. Die Solidarität der Widerstandskämpfer untereinander war groß, vielen Kameraden konnte das Leben gerettet werden."[53]

„Karl Semmler schonte sein eigenes Leben nicht, um das Leben anderer zu retten. Gemeinsam mit sowjetischen und polnischen Genossen ermöglichte er auf dem Todestransport Hunderten Häftlin-

51 Ebenda, S. 175 f.

52 Vgl. Wolf, Niemals Verjährung von Kriegsverbrechen!; Becker u. a., Ihr Opfer bleibt unvergessen!

53 Ebenda, S. 10.

gen die Flucht. Er ist der wichtigste Augenzeuge der faschistischen Verbrechen im Kreis Gardelegen im April 1945. Seine Erinnerungen sind ein Dokument kommunistischer Standhaftigkeit und des proletarischen Internationalismus unter unmenschlichen Bedingungen."[54]

Daß den für die offizielle Geschichtsschreibung zuständigen Stellen, in diesem Fall der SED-Bezirksleitung Magdeburg, die umstrittene Rolle von Semmler als Funktionshäftling durchaus bekannt war, läßt sich durch Quellen eindeutig belegen. Sein Erinnerungsbericht und seine Zeugenaussage vor dem Kreisgericht Meißen lagen schon zu einem relativ frühen Zeitpunkt, zu Beginn der Forschungsarbeit Anfang der 60er Jahre, vor und blieben für Jahre die nahezu einzige Quelle, mit der im Gardelegener Kontext gearbeitet wurde.[55] Spätestens seit 1963 war den zuständigen Behörden auch bekannt, daß sich Semmler in US-Gefangenschaft befunden hatte.[56] Mitte der 70er Jahre wurde amerikanisches Material von 1945 zum Gardelegener Massaker aus den National Archives gesichtet. Der Übersetzer merkte mehrfach an, daß es „starke Widersprüche" zwischen den US-Quellen und der offiziellen Darstellung gebe: So gehe zum Beispiel aus US-Zeitungsartikeln von 1945 hervor, daß deutsche Kapos tatbeteiligt gewesen seien. Zudem verwies er auf die Berichte eines französischen Überlebenden, der bereits vor Jahren bei einem Besuch in Gardelegen von der Auswahl und Mittäterschaft von Kapos gesprochen habe.[57]

Öffentlich wurde die Rolle des Funktionshäftlings Semmler niemals in Zweifel gezogen, seine Kapotätigkeit vollständig tabuisiert. Festzuhalten bleibt jedoch, daß es „auch in eingeweihten Kreisen der DDR [...] jenseits des offiziellen Antifaschismus ein Wissen um abgründige Verstrickungen der gefeierten Widerstandshelden" gab.[58] Semmler paßte in das gewünschte Bild des „antifaschistischen Widerstandskämpfers" und „Helden des Volkes": langjähriges politisches Engagement in der KPD und ihren Unterorganisationen vor 1933,

54 MGS GL, Akte 438: KZ, Mahn- und Gedenkstätte (Konzeptionspapiere), o. S.

55 Vgl. Landesarchiv Magdeburg (LA Magd.), Sign. SED-Bezirksleitung Magdeburg, V/3/06/112, Bl. 30 und 30 a.

56 Vgl. MGS GL, Akte 410: Brief der Staatsanwaltschaft Bezirk Magdeburg an die Kreisleitung der SED Gardelegen, Ideologische Abteilung, vom 30. 8. 1963.

57 Vgl. LA Magd.: Anmerkungen zur Übersetzung des amerikanischen Gardelegen-Materials, 1976, Bl. 49; ebenda: Sektor Agitation, Aktennotiz vom 21. 4. 1976, Bl. 25.

58 Niethammer, Der „gesäuberte" Antifaschismus, S. 11.

illegale Widerstandsarbeit in der NS-Zeit, KPD/SED-Zugehörigkeit nach 1945, Übernahme von Funktionärspositionen, Selbstverständnis und Stil in Selbstzeugnissen und die Rolle bei offiziellen Anlässen und Gedenkfeiern.

Sein Verhältnis zu Partei und Staat schien allerdings nicht ungetrübt gewesen zu sein. Anfang der 50er Jahre geriet er durch seine Erkrankung in Geldnöte und stellte einige Anträge auf finanzielle Beihilfen bei der zuständigen VdN-Betreuungsstelle. Als diese zunächst abgelehnt wurden, kam es zu einem erbitterten Briefwechsel, in dem Semmler „Abweisung, Ironie und Bürokratismus" der Behörden kritisierte. Ihr Verhalten sei unangemessen gegenüber „Kameraden, die in einer Zeit der dunkelsten Barbarei zusammen standen und kämpften".[59] Das Ministerium für Staatssicherheit registrierte „radikalistische, der Art nach trotzkistische Äußerungen" und stellte Semmler nach seiner Kritik an Walter Ulbricht als „alten, an der Oppositionsform vor 1933 hängenden KPD'ler" bloß. Außerdem, so hieß es, lehne er Orden, Ehrenzeichen und Uniformen ab und zeige ungenügende Kenntnisse der Lehren des Marxismus-Leninismus, da er als Stadtabgeordneter von Lugau 1953 einmal gegen einen Beschluß der SED-Fraktion gestimmt habe. Die Stasi mutmaßte, diese Anzeichen deuteten darauf hin, daß er „Verbindung zu parteifeindlichen Kreisen haben muß". Andererseits wurde er ihnen auch als „Radikalist geschildert, der jederzeit mit dem Knüppel in der Hand für die Partei eintreten würde, wenn es die Lage erfordert, oder auch mit der Waffe die Parteiheime und volkseigenen Betriebe schützen [würde]".[60]

REFLEXION

Die Legendenbildung um Karl Semmler wurde im Rahmen der ersten historischen Forschungen nach der deutschen Vereinigung zu den Gardelegener NS-Verbrechen aufgedeckt.[61] Die Geschichte erlangte

59 HStA Sachsen, Außenstelle Chemnitz: Schriftwechsel Karl Semmler mit der VdN-Kreisdienststelle Stolberg von 1952.

60 Vgl. BStU, Außenstelle Chemnitz, Sign. O. V. „W" Karl-Marx-Stadt, Allg. P. 350/59, Bl. 24, 33, 40 f.

61 Vgl. die erste Darstellung der Forschungsergebnisse von 1994, in: Gring: NS-Verbrechen, S. 54–61.

im regionalen Bereich politische Brisanz: Gibt es auf der einen Seite die Vorwürfe der Verleumdung und Diffamierung Karl Semmlers als „Mörder", werden andererseits, vor allem auch von seiten der Überlebenden, die Forderungen nach einer vollständigen Aufarbeitung und konkreten Darstellung seiner Rolle lauter.

In der polemischen Edition von Monika Zorn, die ihrerseits die kritische Annäherung an den DDR-Antifaschismus und an die Gedenkstättenarbeit in der DDR als gleichsam „neofaschistisch" verstanden wissen will, heißt es zum Beispiel: „Parallel dazu [...] fällt man jetzt über die letzten Zeitzeugen hemmungslos her. Beispielhaft hierfür steht die Verleumdung Karl Semmlers. Zwölf Jahre hatten ihn die Faschisten gefangengehalten. Im Auftrag seiner, der kommunistischen Partei, organisierte er den aktiven Widerstandskampf im KZ Rottleberode und trug so zur Rettung vieler Häftlinge bei. Er ist einer der wenigen Überlebenden. Heute wird dieser Zeitzeuge als Kapo denunziert. Nachdem die Faschisten fast alle Augenzeugen ermordeten, ist so ein Grund gefunden, diesen letzten Zeugen zu kriminalisieren, seinen – den letzten authentischen – Bericht als unglaubwürdig zu diffamieren und verschwinden zu lassen. Die Verleumdungen sind offensichtlich erlogen und widersprechen sich."[62]

Heute, da eine Aufarbeitung der Geschichte des kommunistischen Widerstands in den Konzentrationslagern und der Biographien ihrer Träger ohne ideologischen Klammergriff möglich und nötig ist, begleitet wiederum eine politisierte Diskussion das Thema. Die Bearbeitung der Kapo-Thematik darf nicht den Blick verstellen auf die strukturellen und hierarchischen Bedingungen im Konzentrationslager, die die Interaktionsmuster jedes Häftlings bestimmten. Die Forschungslage aber muß – insbesondere im Fall der kommunistischen Funktionshäftlinge – ergänzt, korrigiert und zu einer neuen Synthese zusammengeführt werden.[63]

Karl Semmler hat sich nach 1945 offenbar eine Lebenslüge geschaffen und eine Rolle übernommen, die, unterstützt durch die politischen Vorgaben und Bedürfnisse des Staates und der Gesellschaft,

62 Monika Zorn (Hrsg.), Hitlers zweimal getötete Opfer. Westdeutsche Endlösung des Antifaschismus auf dem Gebiet der DDR, Freiburg 1994, Kapitel I.50 – Gardelegen, S. 111–122, hier S. 119.

63 Vgl. Mallmann, Kommunistischer Widerstand 1933–1945, S. 118.

aus psychologischer Sicht erklärbar und verständlich ist. Sie war nicht nur dem Selbstschutz, der Angst vor moralischer und juristischer Verurteilung geschuldet, sondern unterlag auch einem politischen Druck. Darüber hinaus verdeckte diese Rolle wohl die Diskontinuitäten in seinem Selbstverständnis und half ihm bei der inneren Distanzierung von dem Erlebten.

Sicherlich kann man weder davon ausgehen, daß Semmler durchgängig im Sinne einer „gleichsam natürlichen Solidarität" zu seinen Mitgefangenen handelte, Widerstand organisierte und Menschenleben rettete, noch daß es durchgängig blinden Gehorsam und „Kumpanei mit der SS" gab.[64] Er war und bleibt in das „unauflösbare Dilemma der Mittäterschaft verstrickt"[65] und sicherte sich damit wahrscheinlich innerhalb des Lagersystems das Überleben und vermutlich auch in der konkreten Situation des Massakers in der Feldscheune von Gardelegen das Leben – im wahrsten Sinne des Worten „zwischen zwei Feuern".

64 Vgl. dazu: Wolfgang Sofsky, Die Ordnung des Terrors. Das Konzentrationslager. Frankfurt a. M. 1993, S. 159.

65 Ebenda, S. 320.

Foto von Walter Trautzsch
im Fahndungsblatt der Gestapo 1937.
(Bundesarchiv)

Annette Leo

KEIN PLATZ IM MUSEUM FÜR DEN HELDEN

Die Geschichte des Thälmann-Kuriers Walter Trautzsch

DIE TAFEL

Die Lehngasse Nummer 8 in Lengefeld ist eines von den ausladend und stabil gebauten Barockhäusern, die mit ihren schmucklosen Fassaden und spitzen Dächern überall entlang den Hügeln der erzgebirgischen Landschaft zu sehen sind. Mehr als zwei Jahrhunderte beherbergten solche Häuser bis zu drei Generationen einer Weberfamilie. Heute wohnt meist nur noch ein Rentnerpaar oder eine Kleinfamilie darin. Gewebt wird in Lengefeld nicht mehr, und auch alle anderen Industriebetriebe sind mittlerweile geschlossen.

Das Haus Nummer 8 sieht nicht verfallen aus, aber es ist auch nicht rundum saniert und renoviert worden wie die weiß und gelb leuchtenden Häuser rings um den Marktplatz. Unter der Hausnummer auf dem grauen Putz kann man die vier Löcher und das helle Viereck noch erkennen. Dort hing bis zum Beginn der neunziger Jahre eine Gedenktafel. Sie erinnerte daran, daß im Jahr 1903 in diesem Haus der Kommunist Walter Trautzsch geboren wurde, der von 1936 bis 1939 Thälmann-Kurier war.

Die schwere Steintafel liegt jetzt im Keller des Hauses gegenüber. Der Sohn von Walter Trautzsch, der dort wohnt, hat sie abgebaut. Beschmiert oder beschädigt worden sei sie nicht, sagt er. Aber darauf habe er es auch nicht ankommen lassen wollen. Jedenfalls sei ihm nahegelegt worden, die Tafel zu entfernen. Es ist ihm lieber, wenn sie in seinem Keller liegt, geschützt vor den Bedrohungen einer Zeit, in der alle früheren Gewißheiten umgestürzt wurden.

Ebenso wie die Tafel verwahrt Peter Trautzsch in einem Zimmer seines Hauses die Fotos und Schrifttafeln, Orden, vergilbten Zeitungsausschnitte und Briefe, aus denen die Ausstellung über seinen Vater bestanden hatte. Im Museum zur Geschichte der Arbeiterbewegung der nahen Kreisstadt Marienberg war dem Thälmann-Kurier ein ganzer Raum gewidmet worden. Nach der Auflösung des Museums im Frühjahr 1990 habe ihm der Leiter, Genosse Richter, alle seinen Vater betreffenden Unterlagen übergeben, wofür ihm der Sohn bis heute dankbar ist.

Peter Trautzsch ist fünfzig Jahre alt und lebt allein in dem Haus, das er in den siebziger Jahren mit viel Mühe für seine damals große Familie gebaut hat. Arbeit hat er keine, und er hat auch die Hoffnung aufgegeben, eine Stelle zu finden. Er versteht sich als Hüter der Geschichte seines Vaters, einer Geschichte, die heute anscheinend niemanden mehr interessiert und die auch der Sohn genau genommen nur aus den Ausstellungstexten und aus wenigen Broschüren kennt. Sein Vater selbst hat nie mit ihm darüber gesprochen, nicht über die Emigration, nicht über die Illegalität und erst recht nicht über den allergeheimsten seiner geheimen Aufträge, die Nachrichtenübermittlung zwischen dem inhaftierten Thälmann und der Emigrationsleitung der Partei. Als Walter Trautzsch 1971 allein und verbittert in Leipzig starb, hatte er den Kontakt zu seinem Sohn schon geraume Zeit nicht mehr gesucht. Vielleicht gab es keine Botschaft, die der Held des illegalen Kampfes seinen Nachkommen übermitteln wollte.

DER LEBENSLAUF

Eigenhändig geschriebene Lebensläufe von Walter Trautzsch finden sich in seinem persönlichen Nachlaß ebenso wie in den Unterlagen der SED. Er hat sie immer wieder verfassen müssen, zunächst als normale Pflichtübung, später zur Erklärung und Rechtfertigung vergangenen Handelns und ganz zum Schluß, als er schon nicht mehr darauf gehofft hatte, endlich auch zur Übermittlung seiner Erinnerungen an die Partei, an die Instanz, die in seinem Leben den wichtigsten Platz einnahm.

Walter Trautzsch wurde am 16. März 1903 als sechstes von sieben Kindern in einer Weberfamilie in Lengefeld geboren. Nach acht Jahren Volksschule nahm er 1917 eine Lehre als Metalldrücker in der Metallwarenfabrik Wittig & Schwabe auf. Der Name Wittig sollte ihn in den dreißiger Jahren zu seinem ersten illegalen Namen inspirieren. Und noch viel später, als dieser Betrieb schon lange nicht mehr Wittig, sondern VEB Leuchtenbau hieß, lernte sein Sohn Peter dort den Schlosserberuf und bemühte sich als FDJ- und Parteisekretär, den Erwartungen des Vaters wie des Staates zu entsprechen.

Bald nach Beendigung der Lehrzeit bei Wittig & Schwabe wurde Walter Trautzsch entlassen, nachdem er als Sprecher einer Lehrlingsaktion aufgefallen war. Im Herbst 1920, im Alter von siebzehn Jahren, verließ er seinen Heimatort und arbeitete in Meißen, Neumünster, Kiel und Bargteheide bei Hamburg. In Bargteheide trat er im Juni 1923 der KPD bei und nahm im Oktober desselben Jahres am Hamburger Aufstand teil. Wie er in seinem Erinnerungsbericht von 1965 schreibt, gehörte er zu einer Gruppe von etwa zwanzig ortsansässigen Kommunisten, die in der Nacht zum 22. Oktober das Gemeindegebäude des Hamburger Vorortes besetzten und die Waffengeschäfte am Marktplatz stürmten. Sie unterbrachen die Telefonleitung, rissen am Bahnhof die Gleise auf und legten meterdicke Straßenbäume, die sie zu diesem Zweck gefällt hatten, auf die Straße nach Hamburg. Aber schon am Abend des 23. Oktober war alles zu Ende. Sicherheitspolizei aus Lübeck besetzte Bargteheide. Walter Trautzsch wurde am nächsten Morgen an seinem Arbeitsplatz verhaftet, aber schon Anfang Dezember wieder freigelassen. Das war die gescheiterte Revolution, die nach seiner Meinung gesiegt hätte, wenn die damalige Parteiführung die Aufständischen nicht im Stich gelassen hätte.[1]

In der Folgezeit war Walter Trautzsch ständig auf Arbeitsuche. Er ging auf Wanderschaft, kehrte nach Lengefeld zurück und ging wieder fort, um ein halbes Jahr in der Schweiz zu arbeiten, wohin ihn das Emigrantenschicksal später noch einmal verschlagen sollte. Mitte 1926 schließlich fand er Arbeit in Chemnitz, und aus dieser Zeit datiert offenbar der Beginn einer engen Verbindung zur Kommunistischen Partei und zu ihrem Geheimapparat. Das Wort Geheimapparat kommt allerdings in keinem der Lebensläufe vor. Wie fast alle ehemaligen Mitarbeiter dieses mächtigen und weitverzweigten Apparates hielt sich auch Walter Trautzsch noch Jahrzehnte später an sein Schweigegebot und schilderte seine damaligen Aufträge (natürlich ein wenig modifiziert) als alltägliche Parteiarbeit, die in der Weimarer Republik ganz selbstverständlich auch konspirative Züge getragen habe. Ihm sei vorgeschlagen worden, so schreibt er, sich für eine „notwendige und wichtige Arbeit zur Verfügung zu stellen“. Er sollte die politischen Leitungen der Betriebszellen sowie Aufmärsche und Kundgebungen der Partei gegenüber Polizeispitzeln und Provokateuren sichern.[2] In dieser Zeit mag er sich sein Selbstverständnis als treuer „Parteisoldat“ erworben haben, der später in allen Situationen die ihm übertragenen Aufgaben unbeirrt erfüllte. Auch seine ersten Erfahrungen auf dem Gebiet der Konspiration sammelte er dort. In Chemnitz lernte er damals Paul Bertz kennen, der Reichstagsabgeordneter war und politische Schulungskurse leitete. Später in Paris wurde Bertz sein Verbindungsmann, und vielleicht war er es auch, der Trautzsch für die Aufgabe als Kurier vorschlug.

1 Den damaligen Parteivorsitzenden Heinrich Brandler und August Thalheimer wurde in der Folgezeit sowohl seitens der Komintern als auch der KPD Kapitulantentum vorgeworfen. Seit 1928 galten sie sogar als Verräter, wurden aus der KPD ausgeschlossen und bildeten zusammen mit gleichgesinnten Kommunisten die Kommunistische Partei (Opposition).

2 Walter Trautzsch, Lebenslauf – Erinnerungen, in: Erinnerungen des Thälmann-Kuriers Walter Trautzsch 1964–1965, SAPMO BArch, NY 4003/68, S. 4.

Nach einem Zwischenspiel als Betriebsratsvorsitzender bei Lambach & Bauer in Barmen, wo er außerdem eine Abteilung des Roten Frontkämpferbundes (RFB) leitete und Flugblätter in Polizeikasernen verteilte, kehrte Walter Trautzsch 1929 nach Lengefeld zurück. Er leitete dort den Erwerbslosenausschuß der Partei und seit 1931 den örtlichen Antifaschistischen Kampfbund, eine paramilitärische Organisation, die den verbotenen RFB ersetzen sollte. Im November 1932 wurde er als Spitzenkandidat der KPD in die Stadtverordnetenversammlung von Lengefeld gewählt.

Wie viele andere bekannte kommunistische Funktionäre wurde Walter Trautzsch Anfang März 1933 verhaftet und in das KZ Colditz bei Leipzig gebracht. Ein Jahr später kam er in das Lager Sachsenburg bei Frankenberg. In dieser extremen psychischen und physischen Belastungssituation, über die er in seinen Lebensberichten kaum etwas mitteilt, trat zum ersten Mal sein schweres Magenleiden auf, das ihn in den nächsten Jahrzehnten begleiten sollte. Im September 1934 wurde er, wahrscheinlich aufgrund dieser Krankheit, aus dem Lager entlassen. Nachdem er sich ein Vierteljahr lang regelmäßig bei der Polizei hatte melden müssen, nahm Trautzsch seine Kontakte zum illegalen KPD-Unterbezirk in Lengefeld wieder auf. Bis zum September 1935 organisierte er als politischer Leiter, wie er es nannte, vor allem den Transport von Informationsmaterialien über die tschechische Grenze und zurück.

Am 7. September 1935 verließ Walter Trautzsch Lengefeld, um an der Brüsseler Konferenz der KPD teilzunehmen. Die Konferenz, die in der Nähe von Moskau tagte, wurde aus Tarnungsgründen nach der Stadt Brüssel benannt. Unter diesem Namen ist sie dann aber in die Geschichte eingegangen.[3] Walter Trautzsch, der bei dieser Gelegenheit als Paul Wittig auftrat, berichtete in der Diskussion über die illegale Arbeit im Land. Als er auf der Rückfahrt in Prag Station machte, teilte ihm die dortige KPD-Leitung mit, daß eine legale Rückkehr nach Deutschland nicht mehr möglich sei, weil in seiner Heimatregion viele Genossen verhaftet worden seien und auch nach ihm ge-

3 Bemerkenswert ist die Konferenz insofern, als sich die KPD von ihrem bisherigen Kurs der Feindschaft zur Sozialdemokratie distanzierte und nach französischem Vorbild eine Einheits- und Volksfront gegen den Faschismus anstrebte. Alle engen Mitarbeiter und Gefährten von Ernst Thälmann wurden übrigens bei dieser Gelegenheit entmachtet.

sucht werde. Trautzsch bekam zunächst den Auftrag, die Lage vor Ort zu sondieren und danach wieder in die Tschechoslowakei zurückzukehren. Bald darauf reiste er zum zweiten Mal illegal nach Deutschland, um die KPD-Organisation in Burgstädt über die Ergebnisse der Brüsseler Konferenz zu informieren. Im Sommer 1936 schließlich bekam er einen neuen, ganz besonderen Auftrag.

In dem Bericht, den Walter Trautzsch Mitte der sechziger Jahre für das Institut für Marxismus-Leninismus niederschrieb, äußerte er sich zum ersten Mal zu diesem Auftrag. In seinen früheren Lebensläufen war er über diese Jahre stets hinweggegangen, hatte sie vage umschrieben oder direkt darauf hingewiesen, hierzu könne er erst nach Rücksprache mit Berlin Stellung nehmen. In den sechziger Jahren jedoch berichtete er, damals habe ihm Genosse Claus[4] gesagt, die Aufgabe, die ihm die Partei übertrage, gebe es in der illegalen Kommunistischen Partei nur einmal. Es handelte sich um die Betreuung des inhaftierten Ernst Thälmann.[5]

DER AUFTRAG

Zu diesem Zeitpunkt befand sich der Vorsitzende der KPD, Ernst Thälmann, schon seit drei Jahren in Haft. Im November 1935 waren die Voruntersuchungen der Staatsanwaltschaft gegen ihn endgültig eingestellt worden. Der ursprünglich geplante spektakuläre Prozeß gegen Thälmann und die Kommunistische Partei fand nicht statt. Der mit Abstand prominenteste Gefangene der Nazis geriet darauf als Schutzhäftling in die unmittelbare Verfügungsgewalt der Gestapo. Nachdem er in den ersten Jahren seiner Inhaftierung Kisten voller Glückwunschkarten zu seinem Geburtstag bekommen hatte und ausländischen Delegationen zum Beweis seines guten Zustandes präsentiert worden war, wurde es still um ihn. Auch die Begegnungen mit seinen Rechtsanwälten verloren an Bedeutung, da kein Prozeß mehr

4 Claus war der Deckname für Hermann Nuding. Nuding war schon vor 1933 führender Funktionär der KPD. Er ging 1935 ins Exil. Auf der Brüsseler Konferenz wurde er in die ZK-Kontrollkommission berufen und erhielt die Funktion eines Kaderleiters der KPD.

5 Erinnerungen Walter Trautzsch, Leipzig, den 18. 9. 63, SAPMO BArch, NY 4003/67, Bl. 115.

vorbereitet werden mußte. Thälmanns einzige Verbindung zur Außenwelt blieben die Briefe und Besuche seiner Ehefrau Rosa und Tochter Irma.

Die illegale Emigrationsleitung der KPD, die zunächst in Prag und später in Paris ihren Sitz hatte, unterhielt seit 1933 mit Hilfe von Kurieren über Rosa Thälmann regelmäßigen Kontakt zu ihrem inhaftierten Parteivorsitzenden. Die Thälmann-Kuriere, das waren besonders vertrauenswürdige, ausgewählte Mitarbeiter des militärpolitischen Apparates von Hans Kippenberger. In Abständen von zwei bis vier Wochen reisten sie, mit falschen Papieren ausgestattet, nach Deutschland und versuchten, direkt und indirekt Informationen von oder über Thälmann zu erlangen bzw. ihm Informationen zu übermitteln. Sie trafen sich mit Rosa Thälmann jeweils vor und nach ihrem Besuch im Gefängnis. In den ersten Jahren besuchten sie auch die Rechtsanwälte des KPD-Vorsitzenden, überbrachten Geld sowie Instruktionen und informierten sich über den Fortgang der Voruntersuchungen. Auch zwei Gefängnisbeamte, die mit dem gefangenen Ernst Thälmann Kontakt hatten, gehörten eine Zeitlang zu ihren Informanten.

Bis 1936 wechselten die Kuriere rasch, auch die Schwerpunkte ihres Auftrages, der Blickwinkel ihres Interesses änderten sich immer wieder. Sie nannten sich Adam, Auge, Humboldt und Herbert. Adam war einer der Decknamen von Kippenberger selbst.[6] Bei Auge handelte es sich vermutlich um Kippenbergers Sekretärin und Lebensgefährtin Änne Kerff,[7] der richtige Name von Humboldt lautete Wilhelm Thebart, er fungierte später als Abwehrleiter der Abschnittsleitung West in Amsterdam.[8] Herbert schließlich war vermutlich der Mitarbeiter des militärpolitischen Apparates Herbert Lessig.[9]

Die verschlüsselten Berichte, in denen die Kuriere alles, was ihnen widerfuhr und was sie in Erfahrung bringen konnten, nüchtern und präzise übermittelten, gerieten zu einer einmaligen und seltsamen Chronik

6 Vgl. Reinhard Müller, Die Akte Wehner. Moskau 1937–1941, Berlin 1993, S. 426.
7 Vgl. Bernd Kaufmann u a., Der Nachrichtendienst der KPD. 1919–1937, Berlin 1993, S. 324.
8 Ebenda, S. 325.
9 Vgl. ebenda, S. 418 ff. Die Mitarbeiterin des IML Charlotte Erxleben schrieb jedoch 1963 nach Angaben von Walter Trautzsch, der richtige Name von Herbert sei Wiesner gewesen. Der Betreffende sei 1947/48 nach einer Operation in Dresden gestorben. Vgl. SAPMO BArch, NY 4003/72, Bl. 72.

jener Jahre. Zunächst ging es ihnen vor allem darum, der internationalen Thälmann-Befreiungskampagne ständig neues Material zu liefern. Außerdem sollten sie so viele Informationen wie möglich über die Vorbereitung der Anklage gegen Thälmann erlangen, damit die Parteiführung eine Strategie seiner Verteidigung festlegen konnte. In der ersten Zeit gehörte es auch zu ihren Aufgaben, Weisungen Thälmanns für die Festlegung der Parteilinie zu überbringen und Möglichkeiten für eine Befreiung des Gefangenen auszukundschaften. Diese beiden Gesichtspunkte gerieten jedoch zunehmend in den Hintergrund, als 1935, anläßlich der schon erwähnten Brüsseler Konferenz, Walter Ulbricht und Wilhelm Pieck den Vorsitz der KPD übernahmen und alle engen Freunde Thälmanns in der Parteiführung entmachtet wurden.

Die Kuriere berichteten aber auch über Verhaftungen anderer KP-Funktionäre, sie berichteten von Folterungen, schrieben auf, wer totgeschlagen worden war, wer vor Gericht stand, verurteilt oder entlassen wurde. Ihre Schreiben warnten vor Verrätern in den eigenen Reihen. In dem Maße, wie es der Gestapo gelang, mit ihren systematischen Verhaftungen das illegale Netz der KPD zu zerstören und die Mitglieder zu vereinzeln, wurden auch die Berichte über Prozesse, Verräter und Spitzel zufälliger und ungenauer. Manchmal waren es nur Gerüchte, die übermittelt wurden, Gerüchte, die die Angst und das Mißtrauen der Übriggebliebenen widerspiegelten, die sich vergeblich abzuschirmen suchten gegen eine übermächtige und wenig greifbare Gefahr.

Das Klima der Angst und der fieberhaften Suche nach Spitzeln und Verrätern erwuchs jedoch keineswegs nur aus der Verfolgung seitens der Gestapo. Im September 1936, zu dem Zeitpunkt, als Walter Trautzsch unter dem Decknamen Edwin seinen Vorgänger Herbert ablöste, hatte die stalinistische Säuberungswelle auch die KPD-Organisation im Moskauer Exil und in den anderen europäischen Emigrationsländern erreicht.[10] Der Geheimapparat Kippenbergers war aufgelöst worden. Hans Kippen-

10 Herbert wurde als Kurier abgelöst, verblieb jedoch weiter im Apparat. Unklar ist, ob es eine Denunziation gegen ihn gegeben hatte oder ob man ihm Leichtsinn im Umgang mit konspirativen Regeln vorwarf. Herbert führte Walter Trautzsch noch bei Rosa Thälmann ein und nahm auch an späteren Treffs teil. Erst ein Jahr später, als Reaktion auf einige Maßnahmen der Gestapo im Umfeld von Thälmann, wurde seitens der Parteiführung eine Untersuchung gegen Herbert Lessig eingeleitet. Im September 1938 wurde Lessig (von dem wir nicht genau wissen, ob er mit dem Kurier Herbert identisch war) aus der KPD ausgeschlossen und öffentlich als Gestapo-Agent bezeichnet, ohne daß es dafür schlüssige Beweise gab. Vgl. Kaufmann, Der Nachrichtendienst der KPD, S. 416 ff.

berger und sein Stellvertreter Leo Roth wurden verhaftet und erschossen, ebenso erging es bald darauf zahlreichen engen Mitarbeitern Thälmanns. Änne Kerff[11] verschwand im GULag. Die absurden Vorwürfe seitens einer Komintern-Untersuchungskommission bezogen sich u. a. auf die Umstände der Verhaftung von Ernst Thälmann und andere Mißerfolge der konspirativen Arbeit in Deutschland. Hermann Nuding bekam den Auftrag, ein neues Abwehrnetz aufzubauen. In diesem Rahmen begann „Edwin" seine Tätigkeit als Thälmann-Kurier.

Er sollte diese Tätigkeit am längsten von allen ausüben. Von September 1936 bis Februar 1939 reiste er zwischen Paris, Prag, Berlin und Hamburg, meist auf komplizierten Umwegen und über mehrere Grenzen, hin und her. Solange er in Deutschland war, durfte er keinerlei Notizen über das Gehörte und Gesehene machen. Erst wenn er die Grenze überschritten hatte und in Paris angelangt war, diktierte er seine Berichte in einem kleinen illegalen Büro, dem einzigen Ort in dieser Stadt außer seinem Hotelzimmer, an dem er sich aufhalten durfte. Anschließend wurden die Texte von Claus redigiert, verschlüsselt und nach Moskau weitergeleitet.

DIE BERICHTE

Walter Trautzsch erwies sich als ein aufmerksamer und sensibler Beobachter, der offenbar ein hervorragendes Gedächtnis oder sehr viel schriftstellerische Phantasie besaß. Im Vergleich zum Telegrammstil seiner Vorgänger gestaltete er seine Berichte farbig und plastisch. Minutiös und fast wörtlich gab er den Verlauf seiner Gespräche wieder, fügte seine Eindrücke und Kommentare hinzu. Die Berichte lesen sich wie das Szenarium eines Theaterstückes oder besser noch wie Hörspiele, deren Hauptpersonen Rosa und Irma sind. Thälmanns Ehefrau, mit der der Kurier jeweils vor bzw. nach ihrem Besuch im Gefängnis zusammentraf, war ihm von seinem Vorgänger als kompli-

11 Änne Kerff, geb. Lenderoth, Ehefrau von Wilhelm Kerff, Lebensgefährtin von Kippenberger. Am 5. November 1936 wurde sie verhaftet und kam in den GULag. Im August 1948 reiste sie als Christina Kjossowa nach Bulgarien zu ihrem Mann aus. Ende der sechziger Jahre siedelte sie in die DDR über.

zierte Persönlichkeit dargestellt worden, deren Vertrauen er erst erringen müsse. In der Tat hatte der „Nachfolger", wie sie ihn bis zum Schluß nannte, anfangs Schwierigkeiten mit ihr. Sie äußerte erstaunlich undogmatische politische Ansichten und bewies wenig Respekt vor der Parteiführung, wie der Berichterstatter immer wieder halb anerkennend, halb fassungslos konstatierte. Auch wollte sie den Wechsel von „Herbert" zu „Edwin" zunächst nicht akzeptieren, fragte immer wieder nach den Gründen und mokierte sich über die paranoische Spitzelangst mancher Funktionäre.

Kurier Edwin war ein treuer, der Parteiführung ergebener Kommunist, der keinen Zweifel an der Richtigkeit der jeweiligen Parteilinie aufkommen lassen wollte. Der lebensnahen Argumentation Rosas schien er jedoch nicht immer gewachsen. So bekundete sie mehrmals nachdrücklich ihre Abneigung gegenüber der Thälmann-Befreiungs-Kampagne, weil ihrer Meinung nach dadurch die Freilassung ihres Mannes eher verhindert als befördert werde, und behauptete sogar, daß die Partei offenkundig kein Interesse mehr daran habe, ihren Vorsitzenden freizubekommen, weil sie ihn als Gefangenen für ihre Propaganda benötige. Auch für die Welle der Verdächtigungen und Überprüfungen innerhalb der Partei hatte sie wenig Verständnis und sprach von „Leuten, die einen persönlichen Haß gegen einen Genossen ausspielen".[12] In sein Hotelzimmer zurückgekehrt, notierte Edwin am 25. Oktober 1936: „Ich kann mich des Eindrucks nicht verwehren, daß Rosa eine vorgefaßte Meinung gegen bzw. über die Parteiführung hat. Diese Meinung ist aber meiner Ansicht nach weniger bei ihr entstanden sondern künstlich genährt und geschaffen worden."[13]

Wahrscheinlich konnte sich Edwin, wie so viele andere Männer seiner Zeit, nicht vorstellen, daß eine Frau – und noch dazu die Frau eines bedeutenden Funktionärs – ihre eigene Meinung äußerte. Aber neben dieser geradezu selbstverständlichen Ignoranz scheint hier vielleicht noch eine Haltung auf, die der Kurier von seinen Vorgesetzten übernommen haben dürfte und die später nach dem Krieg natürlich niemand mehr wahrhaben wollte: Es ist das Mißtrauen der neuen

12 Berichte der Thälmann-Kuriere für das ZK der KPD, September 1936–April 1937, SAPMO BArch, NY 4003/27, S. 15.

13 Ebenda, S. 20.

Parteiführung gegenüber dem eingesperrten Thälmann. Walter Ulbricht und Wilhelm Pieck hatten gerade alle Anhänger des „Alten", wie sie ihn nannten, entmachtet und waren bestrebt, ihre Position zu konsolidieren. Daß der Gefangene dies nicht billigte, setzten sie wohl voraus. Aber auf keinen Fall durfte sein Protest irgendwie nach außen dringen.

Die Beziehung des Kuriers Edwin zu Rosa war ambivalent und widersprüchlich. Einerseits verkörperte er ihr gegenüber die Instanz der Partei, war ihr Zensor und der Beurteiler ihrer Äußerungen. Um seinen Auftrag jedoch überhaupt erfüllen zu können, war er auf ihr Vertrauen, ihre Informationen und ihre Umsicht angewiesen, von der nicht zuletzt seine Sicherheit abhing. Daneben erfüllte Edwin die Rolle eines sozialen Betreuers. Er war vermutlich der wichtigste Gesprächspartner von Rosa Thälmann in vielen Lebensfragen, da sie entsprechend den Weisungen der Partei zu niemandem außer zu ihren Verwandten einen engen Kontakt haben durfte. Er kümmerte sich um ihre Geldangelegenheiten, sorgte für Erholungsaufenthalte und bemühte sich auch zu helfen, als Rosa 1938 ungewollt schwanger wurde.[14] Als die sechzehnjährige Tochter Irma sich weigerte, ihrem Vater ins Gefängnis zu schreiben, setzte sich Edwin hin und entwarf in Irmas Namen Briefe, um eine Korrespondenz in Gang zu bringen. In seinen Berichten gab er zu verstehen, es habe eine Entfremdung zwischen Vater und Tochter gegeben, da sich Thälmann viele Jahre lang nur selten in Hamburg bei seiner Familie aufgehalten habe.[15] Irma ihrerseits wünschte sich bei einem der Treffs, Edwin möge mit ihr auf den Dom, den großen Hamburger Vergnügungspark gehen. Sie sah in dem Zusammensein mit dem Kurier eine Gelegenheit, mit einem jungen Mann auszugehen. Zweifellos war es für das heranwachsende Mädchen in dieser Situation schwierig, jemanden zu finden, mit dem sie einfach nur unbeschwert sein konnte. Aus Zeitgründen kam es allerdings nicht zu dem Ausflug. Ein zweites Mal tauchte Irmas Wunsch in den Kurierberichten nicht auf. Dafür schrieb Edwin um so aus-

14 Rosa hatte im Januar 1938, nachdem sie zuvor bei Hermann Göring persönlich um Hafterleichterungen für ihren Mann gebeten hatte, die Gelegenheit bekommen, Thälmann ohne Aufsicht in der Zelle zu besuchen. Sogar ein Sofa wurde für diese Gelegenheit in die Zelle gestellt. In der Folge dieses Besuches wurde sie schwanger.

15 Die Berichte der Thälmann-Kuriere für das ZK der KPD, Mai–Oktober 1937, SAPMO BArch, NY 4004/28, S. 13.

führlicher über seine Bemühungen, Thälmanns Tochter politisch zu erziehen. Irma kam nämlich, ebenso wie ihre Mutter, in dieser Zeit mehrmals auf die Moskauer Prozesse u. a. gegen die ihr bekannten Hermann Remmele und Heinz Neumann zu sprechen und äußerte Vorbehalte gegenüber dem Kult um Stalin. Der Darstellung seiner eigenen Erwiderungen entsprechend der Parteilinie gab Walter Trautzsch in seinen Berichten stets einen besonders breiten Raum. Und er versäumte selten, in diesem Zusammenhang darauf hinzuweisen, daß die Gestapo offenbar einen gewissen Einfluß auf Ehefrau und Tochter ausübe. Ein anderes Mal erklärte er Irma, wer mit den Trotzkisten zusammengehe, der müsse wissen, daß er damit bereits die Verbrecherlaufbahn beschreite. So müsse sie die Dinge verstehen, die sich im Kampf gegen die Trotzkisten in der Sowjetunion abspielten.[16] Am Ende seiner wortreichen Argumentationen stimmten ihm Irma wie Rosa, zumindest laut Bericht, meist ein wenig eingeschüchtert zu, um allerdings beim nächsten Treff auf ihre Zweifel zurückzukommen.

In seinen Erinnerungen, die er Jahrzehnte später für die Partei schrieb, erwähnte Walter Trautzsch diese Kontroversen, die in vielen seiner Berichte eine Rolle spielten, mit keinem Wort. Die Frau, die er nun beschrieb, wies andere Züge auf als die Rosa seiner Kurierberichte. Verschwunden ist die belehrende Haltung des Schreibers, verschwunden die mißtrauischen Einlassungen, übrig blieb die Achtung vor der Persönlichkeit, die er damals schon empfunden hatte. Rosa war nun eine Ikone des Thälmann-Kultes geworden, und Walter Trautzsch paßte seine Erinnerungen diesem Bild weitgehend an.

Auf eine direkte Frage der Mitarbeiterin des Partei-Forschungsinstituts Charlotte Erxleben äußerte sich Trautzsch allerdings freimütig zu einem anderen Thema, das er wiederum in seinen damaligen Kurierberichten völlig ausgespart hatte. Dabei ging es um die Haltung der KPD bzw. der Komintern zu einem eventuellen Austausch Thälmanns. Im Herbst 1936, so Trautzsch, habe ihm Rosa den Wunsch Thälmanns übermittelt, die Partei möge doch direkt an Stalin herantreten mit der Frage, ob es nicht möglich sei, ihn durch Austausch freizubekommen. Diese Aufforderung habe er, wie er betonte, nur mündlich an Claus weitergegeben, und nach etwa vier bis sechs Wochen sei die

16 Die Berichte der Thälmann-Kuriere, Januar–September 1938, SAPMO BArch, NY 4004/29, S. 7.

Antwort gekommen, dies sei nicht möglich. Thälmann soll daraufhin eine Begründung verlangt haben. Eine Begründung sei ihm aber niemals gegeben worden. Im gleichen Zusammenhang erinnerte sich Trautzsch, daß Thälmann seine Frau gefragt habe, mit wem der Kurier in der Partei Verbindung habe. Als Rosa ihm den Namen nannte, soll Thälmann überrascht geantwortet haben, das sei ein „sehr ehrgeiziger Mann". Bemerkenswert ist, daß Trautzsch noch in den sechziger Jahren den Namen des „ehrgeizigen Mannes" nicht nannte. Er betonte statt dessen, daß er seinerzeit diesen Ausspruch Thälmanns niemals niedergeschrieben und niemandem mitgeteilt habe.[17]

Vieles deutet darauf hin, daß sich Walter Trautzsch frühzeitig bewußt war, in welchem Maße er als Thälmann-Kurier zum Mitwisser von Geschehnissen und Zusammenhängen wurde, die für ihn selbst gefährlich werden konnten. Seine Mission hatte ihn gewissermaßen auf ein Minenfeld geführt, das er nur durch vorsichtiges Lavieren heil durchqueren konnte. Man muß sich seine Einsamkeit vergegenwärtigen und die Spannungen, denen er jedesmal ausgesetzt war, wenn er mit einem falschen Paß nach Deutschland reiste, immer wieder die Quartiere wechselnd, die sich häufig überraschend als unsicher herausstellten, stets auf der Hut vor einer unbedachten Geste, einem verräterischen Wort. Auch sein Leben in Paris, wo er seine Berichte schrieb und auf den nächsten Einsatz wartete, war einsam und unstet. Er mußte regelmäßig das Hotel wechseln, um einer eventuellen Gestapo-Überwachung vorzubeugen. Privaten Kontakt durfte er nicht haben, sich möglichst auf der Straße nicht sehen lassen. Hinzu kamen die ständige Suche nach Agenten und Verrätern innerhalb der Parteiorganisation, die Verdächtigungen gegen die eigenen Genossen, die internen Machtkämpfe der Funktionäre untereinander, von denen er seine Anweisungen erhielt.[18]

17 Vgl. Walter Trautzsch, Zur Frage der Befreiung Thälmanns, SAPMO BArch, NY 4072/148, Bl. 151 f. Bemerkenswert ist übrigens, daß sich dieser Text nur im Nachlaß von Franz Dahlem befindet. Erxleben hatte diese heiklen Äußerungen von Trautzsch offenbar direkt an Dahlem gegeben und nicht an ihre Institution.

18 Im Verlauf des Jahres 1938 waren sowohl Herbert Lessig (vgl. Fußnote 10) als auch Claus (Hermann Nuding und seine Sekretärin Mia [Ella Schwarz]) abgelöst und aus der KPD ausgeschlossen worden. Zu allen diesen Verfahren hatte auch Edwin schriftlich und mündlich Stellung nehmen, seine eigene Unschuld beteuern und seine Wachsamkeit unter Beweis stellen müssen.

In einem Brief an Franz Dahlem erinnerte sich Anton Ackermann im Jahre 1970, daß er damals den Auftrag hatte, den Kurier so oft wie möglich in seinem Hotelzimmer zu besuchen. Er sollte helfen, Edwins „parteilich-kämpferischen Standpunkt" zu festigen, oder einfach nur eine Partie Schach mit ihm spielen, „um ihn von seinen trübsinnigen Grübeleien abzulenken". „Genosse Trautzsch befand sich in einem Zustand äußerster nervöser Gereiztheit", schrieb Ackermann an Dahlem, „Du wolltest ihn ablösen, aber Rosa bestand darauf, daß kein neuer Verbindungsmann eingesetzt würde."[19]

DIE VERHAFTUNG

Am 22. und 23. Dezember 1938 traf sich Edwin zum letzten Mal mit Rosa. Bei dieser Begegnung kündigte er an, er werde das nächste Mal einen anderen Genossen mitbringen. Rosa sträubte sich, sie fürchtete, daß sie Edwin nicht wiedersehen würde und daß sie sich an einen neuen Verbindungsmann würde gewöhnen müssen. Er versprach ihr, daß dies nur eine Vorsichtsmaßnahme sei, damit er für alle Fälle einen Stellvertreter hätte.[20] Rosa sollte jedoch recht behalten. Sie sah Walter Trautzsch erst nach Kriegsende wieder.

Am 16. Februar 1939, anläßlich seiner nächsten Reise nach Deutschland, wurde der Kurier beim Grenzübertritt in Aachen festgenommen. Er hatte einen Schweizer Paß bei sich, der auf den Namen Wilhelm Bossard lautete und der von den Grenzbeamten als gefälscht erkannt wurde. In den Wochen und Monaten nach seiner Rückkehr nach Paris mußte er seinen Parteivorgesetzten wieder und wieder über diese Verhaftung berichten. Auch nach seiner Rückkehr aus dem Exil und in den fünfziger Jahren nahm er dazu Stellung und versuchte, sich zu rechtfertigen. Sein Auftrag hatte gelautet, im Fall einer Festnahme auf ein Angebot zur Zusammenarbeit mit der Gestapo einzugehen, um rasch wieder frei zu kommen, und in den Verhören unter keinen Umständen seine Verbindung mit Thälmann zu erwähnen.

19 SAPMO BArch, NY 4072/148, Bl. 24.
20 SAPMO BArch, NY 4003/30, Bl. 35.

Walter Trautzsch erfüllte auch diesen Auftrag. Nach einem mißglückten Selbstmordversuch in der ersten Nacht der Verhaftung nannte er in der Vernehmung seinen richtigen Namen und wurde daraufhin in die Prinz-Albrecht-Straße nach Berlin gebracht. In den Verhören stellte er sich zunächst als Agent des französischen Geheimdienstes vor. Nachdem ihm dies jedoch seine Vernehmer nicht abgenommen hatten, gab er sich als Mitglied der illegalen KPD zu erkennen und machte im Verlauf der folgenden Tage Angaben über politische Strategien und Ziele der Partei, über bekannte KPD-Funktionäre, mit denen er in Paris zu tun hatte, und über die Grenzstellenarbeit. Als seinen Verbindungsmann, von dem er Aufträge erhielt, bezeichnete er einen gewissen „Jonny", dessen richtigen Namen er angeblich nicht kannte. Seine Verbindung zu Thälmann erwähnte er mit keinem Wort.[21]

Am 23. Februar 1938 wurde Trautzsch aus der Haft entlassen und als V-Mann nach Paris geschickt. Sein Verbindungsoffizier bei der Gestapo sollte Kriminalkommissar Giering[22] werden. Nach seiner Ankunft in Paris schrieb er eine Karte an eine Adresse in Berlin mit einem belanglosen vereinbarten Satz, an den er sich später nicht mehr erinnerte. Diese Karte, so sagte er Charlotte Erxleben in den sechziger Jahren, habe keine Bedeutung gehabt. Es sei lediglich eine letzte Täuschungsmaßnahme gewesen, wodurch diese Episode ihren Abschluß gefunden habe.

In Paris traf sich Walter Trautzsch umgehend mit Grete Keilson und informierte sie von dem Vorgefallenen. Ein Treffen mit Franz Dahlem, das er sofort verlangt hatte, kam nicht zustande, aber er erhielt einen anderen Paß. In einem Büro, das ihm die Parteileitung zur Verfügung stellte, schrieb er einen Bericht über seine Verhaftung und die Vernehmungen. Die Parteiführung leitete eine Untersuchung ein. Anton Ackermann, mit dem er bis zum Kriegsausbruch im August 1939 noch zweimal zusammentraf, erinnerte sich später in dem schon erwähnten Brief an Dahlem, daß sich Trautzsch zu dieser Zeit in einem unbeschreiblichen Zustand befunden habe. Jede Begegnung mit ihm sei äußerst kompliziert gewesen.[23]

21 Vgl. Kaderakte Walter Trautzsch, SAPMO BArch, DY 30/ IV 2/11/v.1130.

22 Hans Giering wurde später vor allem durch seine Ermittlungstätigkeit gegen die Mitglieder der von der Gestapo so genannten Widerstandsgruppe „Rote Kapelle" bekannt.

23 Vgl. SAPMO BArch, NY 4072/148, Bl. 24.

In einem unsignierten Bericht an Georgij Dimitroff vom April 1939, den vermutlich Wilhelm Pieck in Moskau auf der Grundlage von Grete Keilsons Angaben geschrieben hatte, wurde die „Angelegenheit Edwin“ zunehmend unter dem Blickwinkel des Verrats betrachtet. Die eingespielten Mechanismen von Mißtrauen, Denunziation und Verurteilung begannen zu greifen. Keine Rede war mehr von dem Auftrag, sich zum Schein als V-Mann zu verpflichten, um schnell wieder frei zu kommen. Es wurde nur noch darüber verhandelt, ob „der Mann“, wie Walter Trautzsch plötzlich hieß, schon seit Jahren für die Gestapo arbeite oder sich erst nach seiner Verhaftung unter Druck „für weitere Dienste“ verpflichtet habe.[24] Eine Unklarheit in seinem Paß in bezug auf die Daten des französischen Ein- und Ausreisestempels stützte den Verdacht, der Kurier sei nach seiner Freilassung von der Gestapo nach Paris gebracht worden, um dort zu helfen, „unsere Tätigkeit und unsere Genossen aufzuspüren“.[25] Erst danach habe er dann zur Tarnung über Belgien seine übliche Rückreiseroute angetreten. Die Tatsache, daß der völlig verzweifelte Trautzsch erklärt hatte, er sei zum Selbstmord bereit, wenn die Partei dies von ihm fordere, ließ nach Ansicht des Briefschreibers lediglich darauf schließen, „daß der Mann versuchen will, uns über seinen Verrat zu täuschen und eine mildere Beurteilung seines Verrates zu erreichen“.[26]

Der entscheidende Satz des Briefes lautete: „Ich halte es für nützlich, wenn wir den Mann nach hier verfrachten, wo er dem Einfluß und der Beobachtung durch die Gestapo entzogen ist und wir wahrscheinlich viel mehr als in Paris herausbekommen würden, seit wann der Verrat dieses Mannes datiert.“[27] Zynismus oder Naivität des Briefschreibers? Auf welche Weise man in Moskau „viel mehr“ herausbekommen hätte, ist mittlerweile bekannt. Trautzschs Schicksal wäre damit besiegelt gewesen. Paradoxerweise rettete ihn der Ausbruch des Zweiten Weltkriegs vor dem Mahlwerk des Stalinismus. Die eine Katastrophe bewahrte ihn vor der anderen.

24 SAPMO BArch, NY 4003/30, Bl. 47.
25 Ebenda.
26 Ebenda, Bl. 48.
27 Ebenda.

Der deutsche Überfall auf Polen und die Kriegserklärung Frankreichs gegenüber Deutschland zerriß zeitweilig die Strukturen der illegalen KPD-Organisation in Frankreich. Die meisten Funktionäre gerieten in die Internierungslager, die der französische Staat für alle Deutschen eingerichtet hatte, ohne die Emigranten von den übrigen deutschen Staatsbürgern zu unterscheiden. Andere versuchten zu fliehen.

Walter Trautzsch vernichtete seinen Paß und versuchte, wie ihm Ackermann bei ihrer letzten Zusammenkunft geraten hatte, über die Grenze nach Belgien zu gelangen. In der Nähe von Clermont wurde er jedoch von französischen Gendarmen verhaftet. Weil er sich als Tschechoslowake ausgab, brachte man ihn in ein Internierungslager für Tschechoslowaken und Österreicher. Es folgte eine Odyssee durch verschiedene Lager in Frankreich. Nach dem Einmarsch der deutschen Wehrmacht in Frankreich floh Walter Trautzsch, der sich jetzt Kurt Fischer nannte, Ende Juli 1940 zusammen mit Alexander Abusch und Albert Norden aus dem Lager St. Antoine bei Albi nach Toulouse. Dort schlossen sie sich Willy Kreikemeyer an.[28] Wenig später erfuhr er, daß die Gestapo sich im Lager nach ihm erkundigt hatte. Alexander Abusch teilte ihm mit, er habe von der Parteiführung den Auftrag erhalten, sich um ihn „zu kümmern". Trautzsch bekam von ihm die Anweisung, in die Schweiz zu fliehen, um von da „nach drüben" – also in die Sowjetunion – gebracht zu werden. Die Parteiführung hatte also selbst im Chaos der französischen Niederlage ihre ursprünglichen Pläne mit dem Kurier nicht aufgegeben, und dieser machte keinerlei Anstalten, sich ihrem Verdikt zu entziehen.

Am 15. Mai 1941 überquerte Trautzsch, unter den Puffern einer Lokomotive versteckt, die Grenze zur Schweiz. Nach Moskau gelangte er jedoch nicht mehr. Wenige Wochen später überschritt die Wehrmacht die Grenze zur Sowjetunion und versperrte ihm diesen Weg. In der Schweiz hatte Walter Trautzsch mit den KPD-Funktionären Leo Bauer und Maria Weiterer zu tun. Er lernte auch Erica Glaser, die Pflegetochter von Noel Field, kennen. Auch Paul Bertz begegnete

28 Laut Auskunft von Wolfgang Kießling suchte Trautzsch zusammen mit Kreikemeyer sichere Quartiere für Genossen, die aus dem Lager geflohen waren. Vgl. Wolfgang Kießling, „Leistner ist Mielke". Schatten einer gefälschten Biografie, Berlin 1998.

ihm wieder. Als politischer Flüchtling lebte Trautzsch zeitweise illegal und unter ärmlichsten Verhältnissen, aber er war unermüdlich für die Partei tätig. So begann er im Auftrag Leo Bauers Versammlungen und Schulungsabende unter den Deutschschweizern in Genf zu organisieren, und er veranlaßte Geldsammlungen in den Betrieben. Im Februar 1944 wurde er aufgrund dieser Aktivitäten von der Schweizer Polizei verhaftet. Nach der Verbüßung einer 14tägigen Haft drohte ihm die Ausweisung, vor der ihn nur Proteste bekannter Schweizer Persönlichkeiten bewahrten. Den Behörden gegenüber gab sich Trautzsch als der Tschechoslowake Kurt Schneider aus.

Unter diesem Namen hatte ihn Rosemarie Müggli kennengelernt, eine junge Schweizer Sozialarbeiterin und Kommunistin, die sich im Rahmen einer Hilfsorganisation um die Flüchtlinge kümmerte. Im Auftrag der Partei beherbergte sie Kurt Schneider illegal in ihrer Wohnung und wurde dafür zu 14 Tagen Gefängnis verurteilt. Rosemarie Müggli und Walter Trautzsch verliebten sich ineinander. Sie waren ein ungleiches Paar: der fast vierzigjährige, kranke und nervöse Mann, der weder eine Familie noch eine Vergangenheit zu haben schien und so etwas wie Privatleben bisher kaum gekannt hatte und das 24jährige Mädchen aus behütetem und gebildetem Elternhaus, das es sich zur Aufgabe machte, den bedauernswerten Flüchtlingen aus Deutschland – und vor allem diesem einen – Hilfe zu gewähren. Von Anfang an war ihre Beziehung überschattet von erzwungener Trennung und Krankheit.

Nach seiner Einweisung in das Internierungslager Bassecourt im Bernerjura brach das schwere Magenleiden von Trautzsch erneut auf. Er wurde deshalb im September 1945 aus dem Lager entlassen und bald darauf operiert. Folgt man den Angaben in seinem Lebenslauf, so setzte er seine politische Tätigkeit in dieser Zeit jedoch fast ununterbrochen fort. Er war verantwortlich für die „Parteiarbeit", wie er es nannte, zunächst für den Kanton Graubünden, später für die ganze Schweiz.[29] Sein vorgesetzter KPD-Funktionär, der ihm diese Aufgaben übertrug, war Fritz Sperling.

Im August 1946 verließen Walter Trautzsch und Rosemarie Müggli die Schweiz. Die junge Frau war hochschwanger. Sie hatte sich weder

29 Vgl. Kaderakte Walter Trautzsch, Lebenslauf 1946, Bl. 48 f.

von den Einwänden ihrer besorgten Eltern beirren lassen noch von der Entdeckung, daß Kurt Schneider nicht der richtige Name ihres Liebsten war. Gemeinsam mit ihm fuhr sie hinter den „Eisernen Vorhang“ nach Lengefeld, in die Sowjetische Besatzungszone des zerstörten und besiegten Deutschland. Im Geburtshaus von Walter Trautzsch wurde bald darauf ihr Sohn Peter geboren. Rosemarie Müggli sollte ihre Schweizer Heimat bis zu ihrem Tod im Jahre 1974 nicht mehr wiedersehen.[30]

DAS SCHWEIGEN

Nach der Rückkehr in seinen Heimatort Lengefeld meldete sich Walter Trautzsch sofort bei der Kreisleitung der SED und verfaßte einen Lebenslauf. Nähere Angaben über die „Thälmannsache“ zu machen, schrieb er darin, sei unzweckmäßig, bevor nicht Berlin dazu Stellung genommen habe.[31] Berlin nahm jedoch keine Stellung. Endlich, im November 1946, wurde Trautzsch in die Kaderabteilung des Zentralkomitees gerufen, wo er Grete Keilson wiedertraf. Es ging aber nicht um die „Thälmannsache“, wie er wohl gehofft hatte, sondern noch einmal um seine Verhaftung durch die Gestapo im Jahre 1939. Franz Dahlem und Anton Ackermann waren befragt worden und hatten ihm ein positives Zeugnis ausgestellt. Die Verdächtigungen und Vorwürfe von 1939 schienen damit ausgeräumt.

Walter Trautzsch wurde wieder in den Apparat der Partei aufgenommen und als Vorsitzender der SED nach Glauchau geschickt. Seine Frau Rosemarie – inzwischen hatten sie geheiratet – blieb mit dem Baby zunächst im Hause seines Bruders Kurt in Lengefeld. Aber als Walter Trautzsch 1948 den Auftrag erhielt, nach Dresden zu gehen, wo er in der SED-Landesleitung eine Funktion übernahm, begleitete sie ihn. Sie hatte inzwischen einen Schnellkurs als Volksrichterin absolviert und ihre Schweizer Staatsbürgerschaft aufgegeben, um im Justizapparat arbeiten zu können. Ihren Sohn Peter ließen sie in Lengefeld bei Walters Bruder. Zu dieser Zeit hoffte Trautzsch noch

30 Siehe auch den Beitrag „Die Namenlosen“ von Regina Scheer in diesem Band.
31 Vgl. Kaderakte Walter Trautzsch, Lebenslauf 1946, Bl. 29.

immer, daß die Partei sich für seine Tätigkeit als Thälmann-Kurier interessieren würde, daß er endlich befragt und von seinem Schweigen entbunden werden würde. Aber nichts geschah. Wie er 1963 Charlotte Erxleben erzählte, traf er im Jahre 1948 während eines Kuraufenthaltes in Bad Elster mit Walter Ulbricht und Franz Dahlem zusammen. Das ersehnte Gespräch fand auch bei dieser Gelegenheit nicht statt.

Als treuer Soldat blieb er jedoch weiterhin auf seinem Posten, erfüllte alle Aufträge, die die Partei ihm stellte, besuchte politische Schulungen, nahm an Delegiertenkonferenzen, Agitations- und Aufbaueinsätzen teil. 1950 und 1952 wurden den Trautzschs zwei weitere Söhne geboren. Aber für die Familie blieb kaum Zeit. Die Kinder waren im Kindergarten oder bei einem Kindermädchen. Vater und Mutter wechselten sich am Wochenende hastig bei der Betreuung ab oder schickten ihre Kinder zur Schwägerin nach Lengefeld, um die Parteischule und (im Fall von Rosemarie) den Fernstudienkurs Jura absolvieren zu können. Der älteste Sohn Peter, der erst 1958 aus Lengefeld zu seinen Eltern zog, erinnert sich an keinen gemeinsamen Urlaub der Familie.

1952 bekam Walter Trautzsch eine neue Funktion in Leipzig. Er wurde Leiter der Stadtparteikontrollkommission. In dieser Zeit hatten die Kontrollkommissionen der SED viel zu tun. 1952/53 war der Höhepunkt der stalinistischen Säuberungen erreicht, die sich vor allem gegen frühere Abweichler, Westemigranten, Spanienkämpfer und auch gegen Juden richteten. Die Entscheidungen der Kommissionen gaben jeweils das Signal zur Ausgrenzung und Verfolgung angeblicher Parteifeinde und Agenten. Wie mag sich der Stadtpartei-Kontrolleur Walter Trautzsch gefühlt haben, als in diesen Jahren fast alle KPD-Funktionäre, mit denen er in der Emigration zu tun hatte, als „imperialistische Agenten" aus der Partei ausgestoßen oder sogar verhaftet und verurteilt wurden?[32] Vermut-

32 Anton Ackermann war aufgrund seiner These vom besonderen deutschen Weg zum Sozialismus ohnehin schon seit 1948 politisch kaltgestellt. 1950 wurde Paul Bertz verhaftet, der sich in der Untersuchungshaft das Leben nahm, Hermann Nuding verlor, als Parteifeind diffamiert, alle seine Funktionen. 1951 war die Reihe an Fritz Sperling, der zu einer langjährigen Zuchthausstrafe verurteilt wurde. Das Todesurteil eines sowjetischen Militärtribunals gegen Leo Bauer und Erica Glaser wurde 1952 in lebenslange Zwangsarbeit umgewandelt. Franz Dahlem schließlich verlor Ende 1952 alle seine Funktionen und erhielt eine strenge Parteirüge. Der vorbereitete Prozeß gegen ihn fand aber aufgrund des Todes von Stalin nicht mehr statt.

lich wird er in den Chor von Bezichtigung und Selbstbezichtigung jener Jahre eingestimmt haben und nach den Leipziger „Agenten des Imperialismus“ so kompromißlos gefahndet haben, wie es von ihm erwartete wurde. Aber vielleicht kamen ihm doch manchmal insgeheim Zweifel am Wahrheitsgehalt der Beschuldigungen.

1954 schließlich holte einer der letzten Ausläufer der Säuberungswelle auch den braven Parteisoldaten Walter Trautzsch ein. Wahrscheinlich im Zusammenhang mit seinem vorgesehenen Eintritt in den Staatssicherheitsdienst geriet seine Verhaftung durch die Gestapo im Jahre 1939 plötzlich wieder in das Visier der Kontrolleure und Agentenjäger. Die damals in Moskau niedergeschriebenen mißtrauischen Mutmaßungen von Wilhelm Pieck waren erneut aktuell. Natürlich versuchte Trautzsch zu erklären, wie er auch 15 Jahre zuvor erklärt hatte, er habe sich damals im Auftrag der Partei und nur zum Schein zur Zusammenarbeit verpflichtet. Aber im Jahr 1954 gab es kaum jemanden mehr, der seine Worte bestätigen konnte. Paul Bertz war tot, Franz Dahlem entmachtet und isoliert, Anton Ackermann unglaubwürdig. Es gab nur noch die in den Akten gefundene Gestapo-Liste mit den Namen der V-Leute, auf der sein Name stand. Auch Leo Bauer, Maria Weiterer, Fritz Sperling u. a., mit denen er nach seiner Verhaftung in der Schweiz zusammengetroffen war, konnten ihm kein Zeugnis der Parteitreue mehr ausstellen. Die Zusammenarbeit mit ihnen erwies sich im Gegenteil als zusätzliche Belastung für seinen Fall.

Im Ergebnis der Untersuchung, in der ihm offenbar keine eindeutige Schuld nachgewiesen werden konnte, verlor Trautzsch seine Funktion als Vorsitzender der Leipziger Parteikontrollkommission, der Eintritt in den Staatssicherheitsdienst war ihm verwehrt.[33] Statt dessen wurde er als Kaderleiter der Leipziger Außenstelle des damals entstehenden Braunkohlenkombinats „Schwarze Pumpe“ eingesetzt. Mitglied der SED durfte er bleiben. Der Schatten der nie zurückgenommenen Vorwürfe aber verdunkelte jahrelang sein Leben. 1963 berichtete er Charlotte Erxleben, er sei seinerzeit sofort nach Berlin gefahren und habe dort versucht, mit der Genossin Grete Keilson zu sprechen. Schließlich war sie beinahe die einzige, die seine Aussage

33 In einem Beschluß der Zentralen Parteikontrollkommission vom 14. Juni 1954 heißt es: „Genosse Trautzsch kann nicht im Kontrollapparat der Partei beschäftigt werden“. SAPMO BArch, DY 30 /IV 2/4/450, Bl. 169.

noch hätte bestätigen können. Grete Keilson, die in der Kaderabteilung des Zentralkomitees der SED arbeitete, war jedoch für Walter Trautzsch nicht zu sprechen. „Die Genossin K. hätte damals mit einem Wort die Sache in Ordnung bringen können", schrieb er, „aber sie hat es unterlassen."[34] Auch zu Walter Ulbricht wurde er nicht vorgelassen und fuhr deshalb unverrichteter Dinge wieder nach Leipzig zurück.

Es folgte der Zusammenbruch. Erst nach einer längeren Phase der Krankheit konnte er seine neue Arbeitsstelle im Kombinat „Schwarze Pumpe" überhaupt antreten. War es das Magenleiden, das in dieser existentiellen Konfliktsituation wieder hervorbrach? Quälten ihn Depressionen? In seinem Lebenslauf, den er in den sechziger Jahren für das Parteiarchiv schrieb, berichtete er nur lapidar, daß er aufgrund seiner Krankheit bald darauf wieder aus dieser Tätigkeit ausscheiden mußte. Bis 1959 arbeitete er noch in der SED-Stadtleitung von Leipzig – es wird nicht erwähnt, in welcher Funktion –, um danach im Alter von 56 Jahren in Rente zu gehen. Es folgten stundenweise Beschäftigungen als Gärtner in der LPG „Vorwärts" und als Fahrstuhlführer im VEB Werkstoffprüfmaschinen Leipzig. Dann der endgültige Rückzug nach Hause in die Einsamkeit und Isolation. 1961 war seine Ehe geschieden worden. Seine Familie, die immer nur an zweiter oder dritter Stelle in seinem Leben rangiert hatte, konnte ihm den Verlust der Parteigeborgenheit offenbar nicht ersetzen. Ja, vielleicht zerstörte dieser Verlust sogar die bestehende Bindung an Frau und Söhne. Rosemarie Trautzsch, die inzwischen zu einer leitenden Familienrichterin am Leipziger Gericht aufgestiegen war, blieb mit ihren Söhnen allein.

Walter Trautzsch war ein gebrochener Mann. „Es ist klar", schrieb er 1963 an Charlotte Erxleben, „daß sich im Laufe der Zeit eine Verhärtung ergab, der sich wohl kaum ein Mensch entziehen kann. Man kann rehabilitieren, aber wer nimmt schon Kenntnis davon. Deshalb auch meine seit vielen Jahren trübselige Lage hier in Leipzig, eine Sache, die wohl kaum wieder gutzumachen ist."[35]

34 SAPMO BArch, NY 4072/148 Bl. 63.
35 Ebenda.

Als Franz Dahlem zu Beginn der sechziger Jahre die Mitarbeiterin des Instituts für Marxismus-Leninismus, Charlotte Erxleben, bat, nach dem Kurier Edwin zu suchen, kannte er nicht einmal dessen richtigen Namen. Dahlem, zu dieser Zeit stellvertretender Minister für Hoch- und Fachschulwesen der DDR, war auf der Suche nach seiner eigenen Geschichte. Er sammelte Material für seine Memoiren, deren Veröffentlichung für ihn nach den Jahren der Demütigung und der stillschweigenden Rehabilitierung einen wichtigen Akt der Legitimation bedeutete. Der Kurier Edwin war ein Teil dieser Geschichte, denn nach der Abreise von Walter Ulbricht nach Moskau war Franz Dahlem 1938 zum verantwortlichen Leiter der Pariser KPD-Emigration aufgerückt. Von ihm hatte Edwin/Trautzsch seinerzeit die Instruktion bekommen, wie er sich im Falle einer Verhaftung durch die Gestapo zu verhalten hätte. Vielleicht wußte Dahlem, daß der ehemalige Thälmann-Kurier gerade deswegen in den fünfziger Jahren Vorwürfen und Verdächtigungen ausgesetzt gewesen war. Vielleicht hatte er auch die Kurierberichte gelesen, die Anfang der sechziger Jahre von der sowjetischen Bruderpartei an das SED-Archiv übergeben worden waren und nun einem ausgewählten Kreis von Forschern und Parteifunktionären zugänglich waren.

Charlotte Erxleben fand im September 1963 in Leipzig einen demoralisierten Walter Trautzsch, der nicht nur chronisch magenkrank, sondern auch schwer nervenleidend war und dessen Gedächtnis bereits nachließ. Er lebte allein in einer heruntergekommenen kleinen Altbauwohnung und galt bei Nachbarn und bei den Funktionären der SED-Bezirksleitung als „komischer Kauz". Bis zu diesem Zeitpunkt hatte er noch zu niemandem über seine Erfahrungen als Thälmann-Kurier gesprochen. Inzwischen hatte er jedoch erlebt, wie der von den Nationalsozialisten ermordete KPD-Vorsitzende Ernst Thälmann von der DDR-Propaganda zu einer Kultfigur stilisiert worden war. Bücher, Broschüren und Filme zeichneten sein Leben nach, Gedenkstätten und Museen hielten das Andenken an ihn wach. Straßen und Betriebe wurden nach ihm benannt. All das war an Walter Trautzsch vorbeigegangen. Kein Lichtstrahl vom Glanz Thälmanns war auf ihn, den Kurier, gefallen, der damals unter Einsatz seines Lebens die Verbindung zur Partei aufrechterhalten hatte.

Die Ankunft der Mitarbeiterin des Parteiinstituts, die einen Brief von Franz Dahlem mitbrachte, erlöste Walter Trautzsch schließlich von seiner Schweigepflicht. Bedauerlicherweise führte Charlotte Erxleben keine Tonbandinterviews mit ihm, die sein Erinnerungsvermögen gewiß gefördert hätten. Die Methoden der oral history galten im Forschungsinstitut des Zentralkomitees der SED in den sechziger Jahren wahrscheinlich nicht einmal als suspekt, sondern waren schlicht unbekannt. Statt dessen brachte sie ihm mehrmals eine Liste detaillierter Fragen mit, die er auf vielen handgeschriebenen Seiten beantwortete; nachdem sie abgetippt waren, wanderten sie ins Archiv.

Bei diesen Niederschriften fällt ihr fragmentarischer Charakter auf. Trautzsch schrieb kaum im Zusammenhang – der war ihm wohl im Verlauf des langen Schweigens abhanden gekommen –, sondern er hielt sich strikt an das Fragekonzept. Manche Fragen beantwortete er sehr ausführlich, wie zum Beispiel seine Teilnahme am Hamburger Aufstand, seine Begegnungen mit Rosa Thälmann oder die Jahre im Schweizer Exil. Über andere Themen äußerte er sich knapp und eher unwillig, wenn es etwa um die Untersuchung der ZPKK in seinem Fall ging. Wie existentiell bedeutsam die Befragungen für ihn waren, wie sie ihn elektrisiert haben müssen, läßt sich auch daran ablesen, daß ihm in den folgenden Monaten, ja sogar in den folgenden Jahren, immer wieder einzelne Details zu bestimmten Vorgängen einfielen, die er dann auf Zettel schrieb und nach Berlin schickte, so daß die „Erinnerungen des Thälmann-Kuriers Walter Trautzsch" im Archiv ein Puzzle aus vielen kleinen Erinnerungsfragmenten bilden. In seinen Notizen kam er immer wieder auf die Begegnung mit einem Mann namens Jonny sowie einer Frau Lehmann in Stahnsdorf bei Berlin zurück, die ihn im Sommer 1936 für einige Wochen untergebracht hatten. Trautzsch war im Laufe der Jahre zu der Überzeugung gekommen, daß es sich bei „Jonny" um Harro Schulze-Boysen gehandelt haben müsse und daß Frau Lehmann niemand anderes als die Wahrsagerin Anna Krauss gewesen sei, die im Zusammenhang mit der Schulze-Boysen/Harnack-Gruppe später verhaftet und hingerichtet worden war. Er bat Franz Dahlem um Unterstützung, um Wagen und Fahrer, damit er in Stahnsdorf nach Häusern, Straßen und bekannten Menschen von damals suchen und seine Erinnerungen verifizieren konnte. Beinahe schien es, als habe diese Begegnung für ihn im Rückblick eine größere Bedeutung erlangt als seine Tätigkeit als Thälmann-Kurier. Vielleicht aber suchte er auch nur die Aufmerksamkeit der Partei, die Aufmerksamkeit von Franz Dahlem und von Charlotte Erxleben um jeden Preis zu verlängern, wollte verhindern, daß sie ihn wieder allein ließen in seiner Leipziger Wohnung mit seinen Depressionen und Grübeleien.

Franz Dahlem hatte inzwischen dafür gesorgt, daß er eine kleine Neubauwohnung zugewiesen bekam. Dahlem schrieb auch an die Kaderabteilung des Zentralkomitees der SED, um eine späte Würdigung des Thälmann-Kuriers zu erwirken. Auf seine Veranlassung hin wurde Walter Trautzsch schließlich der Vaterländische Verdienstorden in Silber verliehen. Sein Name wurde in den Kanon der Parteigeschichtsschreibung aufgenommen.

Eine wirkliche Auseinandersetzung mit den niedergelegten Erinnerungen von Trautzsch und mit den im Archiv vorhandenen Kurierberichten erfolgte jedoch zu DDR-Zeiten nicht. In der Zeitschrift *Beiträge zur Geschichte der Arbeiterbewegung* veröffentlichte Charlotte Erxleben 1965 einen kleinen Text über den Thälmann-Kurier, den sie mit einigen Seiten aus seinen Erinnerungen und einer Auswahl aus den Kurierberichten einleitete.[36] Dabei waren alle Tabus der Parteigeschichtsschreibung sorgfältig ausgespart. In der Thälmann-Biographie, die Ende der siebziger Jahre erschien, wurde aus diesen Texten zitiert und Trautzschs Name erwähnt.[37] Im Museum zur Geschichte der Arbeiterbewegung in der Kreisstadt Marienberg bekam Trautzsch schließlich einen würdigen Platz. In der früheren Ausstellung bereits waren seine Inhaftierung im KZ Colditz und Sachsenburg sowie die illegale Arbeit bis 1935 erwähnt worden. Doch nach dem Bekanntwerden seiner Rolle als Thälmann-Kurier avancierte er zu einem der örtlichen Helden des antifaschistischen Widerstandskampfes.

Ob ihn die späte Ehrung zufriedenstellte? Ein großes Foto, das sein Sohn in seinem Haus aufbewahrt und das zuvor in der Ausstellung hing, zeigt Walter Trautzsch etwa fünf Jahre vor seinem Tod. Er

36 Vgl. Berichte des Thälmann-Kuriers Walter Trautzsch, in: BZG (1965) Heft 5, S. 849–875.
37 Günther Hortzschansky u. a., Ernst Thälmann. Eine Biografie, Berlin 1980, S. 678, 732, 756–758, 760.

trägt eine getönte Brille, weswegen sein Gesicht nicht gut zu erkennen ist. Doch zufrieden sieht er nicht aus und auch nicht wie jemand, der auf ein erfülltes Leben zurückblickt. Eher schon wirkt sein Ausdruck bitter und irgendwie eifernd. Vielleicht waren die Verletzungen der Vergangenheit nicht mehr heilbar. Vielleicht entsprach auch das Leben in der DDR, mit dem er schließlich als Gärtner und Fahrstuhlführer direkter konfrontiert war als die meisten Funktionäre, nicht seinen früheren Träumen.

DER LETZTE BERICHT

Im persönlichen Nachlaß von Walter Trautzsch findet sich ein langer Brief, den er im März 1966 an den Leipziger SED-Kreissekretär Bauer richtete. Nach seinem Ausscheiden aus dem VEB Werkstoffprüfmaschinen gab er in diesem Schreiben, das „vertraulich" zu behandeln sei, „einen ideologischen Einblick" in die Transportabteilung des Betriebes, in dem er gearbeitet hatte. Vielleicht war dies der letzte Bericht des ehemaligen Thälmann-Kuriers. In gewohntem Stil mit ausführlichen Beschreibungen und vielen wörtlichen Zitaten gab er die Äußerungen seiner Kollegen während der Arbeitspausen wieder: „In der DDR ist alles Betrug. Im Westen dürfen die Arbeiter streiken [...]. In Rußland werden sie mit der Landwirtschaft niemals fertig. Die Polen schaffen die Kollektivwirtschaften wieder ab [...]. Ein Mädchen, das mit Negern verkehrt, ist eine Sau. Gleichberechtigung der Frau ist der größte Quatsch. Gleichberechtigung ist, wenn der Mann soviel verdient, daß seine Frau nicht arbeiten zu gehen braucht. Das soll Sozialismus sein? Ich bin früher auch mit Thälmann marschiert, wenn der hergucken würde, dann würde er sagen: nein, das habe ich nicht gewollt. Wenn Hitler genügend Lebensmittel gehabt hätte, der hätte den Krieg gewonnen."

Er selbst, so berichtete Trautzsch, sei mit seinem Parteiabzeichen, das von ihnen „Bonbon" genannt wurde, von Anfang an Zielscheibe von Angriffen gewesen. „Woher nehmen sie die Dreistigkeit", so fragt er sich oder den Genossen Bauer ratlos, „so unverhohlen zu hetzen?

Sie wissen, daß sie der westlichen Propaganda das Wort reden. Aber sie tun es ohne Scheu, immer in der Offensive."[38]

War das ein Denunziationsbrief? Immerhin hatte er keine Namen genannt. Die etwa 15 Kollegen aus der Transportabteilung, um die es dabei ging, wären allerdings rasch zu identifizieren gewesen. Wollte er den verantwortlichen SED-Funktionären des Betriebes nachträglich eins auswischen, weil sie auf seine Beschwerden, wie er empört berichtete, nur mit Gleichgültigkeit reagiert hatten? Auf alle Fälle berichtete er hier über eine Wirklichkeit, die er nicht verstand und der scheinbar nicht beizukommen war. Weder mit Argumenten noch mit Drohungen.

Nach seinem Tod im Jahre 1971 bekam er einen Nachruf im *Neuen Deutschland*. Eine Kampfgruppenformation im VEB Leuchtenbau, die übrigens sein Sohn Peter leitete, erhielt den Namen des Thälmann-Kuriers verliehen. An seinem Geburtshaus wurde die Gedenktafel angebracht, von der heute nur noch vier Löcher in der Wand und das helle Viereck auf dem grauen Putz zu sehen sind.

38 Nachlaß Trautzsch, privat.

Martel Thomas, die spätere Ehefrau von
Rudi Wunderlich, in den dreißiger Jahren.
(Privatbesitz)

Regina Scheer

DIE NAMENLOSEN

Über Frauen der Widerstandskämpfer

Als ich das Angebot bekam, für dieses Buch über Frauen von Widerstandskämpfern zu schreiben, dachte ich sofort an Marthel. Und an Theresa. An Else Gramzow. An Ella Schwarz. Und ich sagte zu, ohne lange zu überlegen. Erst später dachte ich über den Wortlaut des Themas nach. Seit 1990 lebe ich in der Bundesrepublik Deutschland, hier wird das öffentliche Bild des Widerstands gegen den Nationalsozialismus von der Erinnerung an die Männer des 20. Juli geprägt. Daß die meisten Gegner des Nationalsozialismus aus den beiden großen Arbeiterparteien kamen und schon seit 1933 blutigem staatlichen Terror ausgesetzt waren, ist natürlich bekannt, aber nicht populär. Über diese Widerstandskämpfer gibt es auch weniger Darstellungen als über die

Männer des 20. Juli und die Frauen „an ihrer Seite". Auch einige Widerstandsgruppen wie die von den Nationalsozialisten so genannte Rote Kapelle, der Kreis um die Geschwister Scholl, um Herbert Baum sind in der Öffentlichkeit bekannt. In diesen Gruppen gab es Männer und Frauen.

Auf den ersten Blick scheint es, daß die Männer in diesen Gruppen tonangebend waren, daß sie die eigentlichen Widerstandskämpfer und die Frauen nur so dabei waren, allenfalls „untergeordnete" Aufgaben übernahmen. Möglicherweise scheint das auch in der Erinnerung der Überlebenden, selbst mancher überlebenden Frauen so gewesen zu sein. Aber wer sich mit den komplizierten Beziehungsgeflechten in diesen Gruppen näher beschäftigt, alle Quellen auswertet, kommt zu dem Schluß, daß die Wirklichkeit des Widerstands vom alltäglichen Mut, der Klugheit und oft intuitiven Entscheidungskraft der Frauen mehr geprägt war, als im nachhinein entstandene Bilder vermuten lassen.

Das Thema „Frauen der Widerstandskämpfer" ist also in sich problematisch, weil es suggeriert, „die Widerstandskämpfer" seien vor allem Männer gewesen. Dem ist nicht so, auch wenn überall da, wo Organisationsstrukturen vorlagen, im militärischen Bereich, in den illegalen Gruppen der Parteien, in Komitees und Zusammenschlüssen vor allem Männer benennbare Funktionen und Posten innehatten. In der Wirklichkeit des Widerstands aber waren diese benennbaren Funktionen und Posten oft nicht ausschlaggebend, Widerstandshandlungen verliefen oft neben solchen Organisationsstrukturen, auch in den Gruppen, die noch heute meist nach Männern, die als ihre Leiter gelten, benannt werden.

In der DDR war das Bild „der Widerstandskämpfer" geprägt vom meist kommunistischen Parteiarbeiter, der im Auftrag seiner Partei innerhalb einer strukturierten Gruppe gegen die Nationalsozialisten kämpfte und selbst im Zuchthaus oder Konzentrationslager den Kontakt zu seinen Genossen in Organisationsstrukturen suchte. So einseitig dieses Bild ist, in dem viele Formen des Widerstands, die es gegeben hat, nicht gespiegelt werden, so wenig ist abzustreiten, daß es diesen Typ des Widerstandskämpfers gab.

In der DDR wurde jedoch fast ausschließlich das Bild vom Widerstand gegen die Nationalsozialisten vermittelt, das diese Männer verkörperten. Sie waren es, die bis zum Schluß in den Gedenkstätten auftraten, Führungen machten, vor Jugendweihegruppen, Schulklassen und Soldaten der Nationalen Volksarmee Vorträge hielten.

Ihre persönliche Erinnerung war zudem gefiltert und korrigiert worden durch das „kollektive Gedächtnis“, das das Antifa-Komitee repräsentierte. Alle öffentlichen Darstellungen des Widerstands, selbst persönliche Erinnerungen und künstlerische Arbeiten unterlagen der Prüfung durch dieses von der SED eingesetzte Komitee Antifaschistischer Widerstandskämpfer, das gegründet wurde, nachdem die Vereinigung der Verfolgten des Naziregimes, die VVN, die eine authentische Organisation aller Opfergruppen und Widerstandskämpfer sein wollte, 1953 aufgelöst worden war. Natürlich gehörten zu den Widerstandskämpfern auch Frauen, einige traten ebenso wie ihre männlichen Kameraden in der Öffentlichkeit auf. Aber auch für sie galt, daß nur dann, wenn ihre Geschichte ins offiziell vermittelte Bild vom antifaschistischen Widerstandskampf paßte, nur dann, wenn sie den Aufbau des Sozialismus und die Realität der DDR zu ihrem Lebensziel erklärten, ihnen die Aufgabe und Ehre zuteil wurde, das Bild der Widerstandskämpfer zu repräsentieren.

Mehrere Frauen, die im Widerstand gegen die Nationalsozialisten ihr Leben ließen, wie Lilo Hermann, Olga Benario-Prestes, Hilde Coppi, wurden öffentlich geehrt, Straßen, Schulen, Klubs nach ihnen benannt. Es gab Bücher über ihr Leben, in denen ihre Geschichte meist so erzählt wurde, daß sie der Bestätigung der führenden Rolle der Sozialistischen Einheitspartei in der DDR diente, als sei dies das eigentliche Ziel der toten Heldinnen gewesen.

Auch in den Mahnmalen und Gedenksteinen für ermordete Opfer des Nationalsozialismus drückte sich solche Vereinnahmung aus. Um nur zwei von unzähligen Beispielen zu nennen: Auf dem Friedhof von Ludwigslust, wo mehr als zweihundert im Konzentrationslager Wöbbelin umgekommene Häftlinge verschiedener Nationen, unter ihnen viele Juden, begraben sind, steht auf dem Stein, ihr Vermächtnis sei ein Schwur auf Frieden und Sozialismus. In einer zu DDR-Zeiten herausgegebenen Broschüre über das KZ Wöbbelin werden die Häftlinge alle kurzerhand als Kommunisten bezeichnet. In Waren, wo die Urnen von 224 meist jüdischen Frauen aus mehreren Ländern Europas liegen, die als Arbeitssklavinnen in der Luftwaffenerprobungsstelle Rechlin starben, nachdem sie Auschwitz oder Ravensbrück überlebt hatten, steht auf dem Stein weder, daß es sich um Frauen noch daß es sich um Jüdinnen handelt. Dort werden, in der männlichen Form, „Antifaschistische Widerstandskämpfer" geehrt, obwohl nicht anzunehmen ist, daß diese Frauen in ihrer Mehrheit Widerstandskämpferinnen waren. Die Gedenkinschrift verweigerte ihnen ein wirkliches Gedenken auf doppelte Weise – ihre Identität als Jüdin und als Frau wurde nicht wahrgenommen.

Aber in diesem Beitrag soll es um „Frauen der Widerstandskämpfer" gehen, nicht um Widerstandskämpferinnen und nicht um Opfer des Nationalsozialismus, die zu Widerstandskämpfern erklärt wurden.

Um Marthel Wunderlich soll es gehen, um Else Gramzow, um Rosemarie Müggli, um Lotte, Ella und Rosa. Bei allen Gemeinsamkeiten zwischen diesen Frauen hat doch jede ihre eigene Geschichte. Ihre Lebenswege sind nicht auf einen gemeinsamen Nenner zu bringen, so wenig wie die ihrer Männer, die das waren, was man in der DDR als Widerstandskämpfer bezeichnete.

1985/87, kurz vor dem Ende der DDR, habe ich, teils allein, teils mit Annette Leo und teilweise mit zwei Mitarbeitern des DEFA-Dokumentarfilmstudios lebensgeschichtliche Interviews mit ehemaligen Häftlingen des Konzentrationslagers Sachsenhausen geführt.[1] Auf unserer Namenliste standen dreißig Männer, dreißig Widerstandskämpfer, Kommunisten; einer war vor 1933 Sozialdemokrat gewesen, einige waren in jüdischen Familien geboren. Von denen sagte nur einer von sich, er sei Jude. Aber der sagte es ausdrücklich.

Diese Interviews gingen über mehrere Tage, Wochen, Monate. Oft war es für die betagten Männer das erste Mal, daß sie über ihr Leben in dieser Weise sprachen. In unseren Fragen lagen nicht schon die Antworten, wir fragten nicht nach der unverbrüchlichen Solidarität im Lager, nicht nach dem Heroismus der sowjetischen Befreier. Wir wollten wissen, woran sie sich wirklich erinnerten, und weil im Jahr 87 die Risse in ihrer Welt nicht mehr zu übersehen waren, weil Gorbatschows Reden in der Zeitung standen, weil sie alte Männer waren und wir junge Frauen, weil ihnen zugesichert wurde, daß un-

1 Siehe auch den Beitrag „Gebrochene Biographien" von Annette Leo in diesem Band.

ser Interview unveröffentlicht archiviert werden würde, erinnerten sie sich. Erinnerten sich auch an Einsamkeit und Schmerz, an Enttäuschung und Verwirrung, an Verrat und Lüge und wie sie auf sich selbst zurückgeworfen waren in der Nähe des Todes.

Ich habe in allen Interviews auch nach den Frauen gefragt, die zu diesen Männern gehörten, damals, als sie gegen Hitler lebten und danach. Die Frauen, mit denen sie zum Zeitpunkt unserer Begegnung verheiratet waren, lernte ich kennen, sie strichen ihren Männern besorgt übers Haar, wenn sie Kaffee hereinbrachten, sahen ihre Erregung, erzählten mir auf dem Korridor leise, daß ihr Mann nach dem letzten Interview im Schlaf geschrien habe. Sie kannten dieses Schreien, wußten um die Alpträume ihrer Männer, aber zu diesen Abgründen, aus denen die Alpträume, das Schreien, diese Bilder kamen, die Magenschmerzen und Herzanfälle verursachten, hatten auch sie keinen Zugang. Die meisten dieser Frauen hatten ihre Männer lange nach dem Krieg kennengelernt, sie waren oft um einiges jünger und sahen ihre Aufgabe darin, dem seelisch und körperlich schwer angeschlagenen Partner, der seine Jugendjahre in Lagern und Zuchthäusern verbracht hatte, Lebensfreude zu geben, ein normales Familienleben mit ihm zu führen. Das war schon deshalb schwer, weil unsere Gesprächspartner fast alle das waren, was sie „gesellschaftlich aktiv" nannten. Sie arbeiteten ehrenamtlich oder auch in hohen Funktionen in Staat und Partei. Ihre Frauen wollten Aufregungen von ihnen fernhalten und sahen unsere Interviews, die so ganz anders waren als die üblichen Zeitungsinterviews, mit Skepsis. Was soll daran gut sein, sich an das längst Vergangene zu erinnern, schienen ihre Augen zu fragen. Aber in den Gesprächen spürten wir, daß das, worüber wir redeten, nicht vergangen war. Und auch die Frauen wußten es, und gerade darum fürchteten sie die Nächte vor und nach unseren Besuchen.

Eine der Ehefrauen, die sich so mütterlich um ihren Mann sorgte, die unser Gespräch unterbrach, wenn sie meinte, daß er essen oder sich ausruhen sollte, war Theresa N.[2] „Das alles nimmt ihn so mit", flüsterte sie mir zu, als ich kam. Theresa hatte ihren Paul[3] nicht erst in den für sie guten Jahren kennengelernt, sie hatte ihn in Bergen-

2 Name geändert.
3 Name geändert.

Belsen getroffen, wohin er aus Sachsenhausen und sie aus Auschwitz gekommen war. „Das alles nimmt Theresa so mit", flüsterte mir Paul zu, um mir ihre anfängliche Abwehr gegen unser Interview zu erklären. Ich war oft bei Paul und Theresa, und allmählich erfuhr ich nicht nur seine, sondern auch ihre Geschichte.

THERESA UND ELSE

Theresas Mutter war ein slowenisches Dienstmädchen, das zu Anfang des Jahrhunderts über die Alpen nach Kärnten „in Stellung" gekommen war. In einem kleinen Gebirgsdorf wuchs Theresa mit fünf Geschwistern auf, sie wurde Köchin. 1934, nach dem Februaraufstand, trat sie in die verbotene Kommunistische Partei ein. Ihre Mutter war da schon lange Mitglied, weil sie glaubte, daß die Kommunisten eine gerechte Gesellschaft schaffen würden, und auch Theresas Vater und ihre Brüder waren Kommunisten. Ihr Verlobter Kilian Schauß ging 1935 heimlich nach Moskau, er war an die Lenin-Schule delegiert worden, wo deutsche und russische Kommunisten ihn für die illegale Arbeit ausbildeten. Theresa blieb in Klagenfurt, sie arbeitete als Kurierin für die illegale Landesleitung ihrer Partei. Mit ihren Eltern und Geschwistern wohnte sie in einem Haus, das „die rote Burg" genannt wurde. In einem Gewölbe unter dem Hofbrunnen wurden Zeitungen und Flugblätter gedruckt.

1935 wurde Theresa das erste Mal verhaftet, auch ihr Vater und die Brüder, die ganze Familie. Aber als Theresa und die Mutter nach drei Monaten freigelassen wurden, machten sie weiter. Theresa sammelte Geld für den spanischen Freiheitskampf, brachte Flugblätter zu illegalen Adressen. 1938 kam Kilian Schauß zurück, wurde Landesleiter der illegalen Kommunistischen Partei in Kärnten. Am 30. Mai 1940 wurden sie alle verhaftet, im folgenden Sommer fand der Prozeß gegen Kilian Schauß und siebenundzwanzig Genossen statt. Theresa wurde von allen gedeckt, der Gestapo war sie nur unter ihrem Decknamen Franzi bekannt. Sie galt nur als Braut des Kilian Schauß, dennoch bekam sie zwei Jahre Gefängnis mit anschließender Schutzhaft.

Am 12. Juni 1942 brachte man Theresa nach Auschwitz. Am selben Tag wurde Kilian Schauß in Berlin-Plötzensee hingerichtet. Er war 32, Theresa 28 Jahre alt.

Theresa hat mir von Auschwitz erzählt.

Wir hatten uns verabredet, wenn Paul zu Sitzungen und Beratungen der Lagerarbeitsgemeinschaft Sachsenhausen oder des Antifa-Komitees unterwegs war. Wenn er dabei war, konnte sie nicht erzählen. Dann unterbrach er sie immer wieder und erzählte ihre Geschichte, ihre Erlebnisse so, als wüßte er sie besser. In seiner Sprache, die vom Stil der Parteiversammlungsreden und der Artikel im *Neuen Deutschland* geprägt war. Und Theresa ließ ihn gewähren. Aber wenn Paul sich nicht in der Wohnung aufhielt, erzählte sie mit ihren eigenen Worten, und das waren schlichte, ergreifende Worte, bildhaft und voller Wärme. Ich hörte das slowenische Dienstmädchen, ihre Mutter, aus diesen Worten heraus und die Kräuterfrau aus dem Dorf vor den Alpen und die lebenslange Trauer um einen, dem man den Kopf abschlug.

Wenn Paul seine ebenso erschütternde Geschichte erzählte, brauchten wir jedesmal einige Zeit, bis er aus den vorgestanzten Formulierungen herauskam und eigene Worte fand für sein eigenes Erleben, sein eigenes Fühlen. Und für manches fand er auch keine Worte. So schien mir, der Tod seiner ersten Lebensgefährtin, der Schneiderin Else Gramzow, ließ sich für ihn nicht begreifen, mit keiner Erfahrung vergleichen. Das war etwas, worüber er lieber schwieg.

Solche wie Else Gramzow sind aus jeder Erinnerung gefallen, und deshalb dachte ich sofort auch an sie, als man mich fragte, ob ich über Frauen von Widerstandskämpfern schreiben will.

Else war arbeitslos, aber zu ihr kamen vornehme Frauen aus Charlottenburg, um sich Kostüme schneidern zu lassen, wie sie am Kudamm in Schaufenstern hingen. „Sie war ein bißchen lebenslustig“, sagte Paul über sie und fügte eilig hinzu, als sei das ein Makel, „klassenbewußt war sie trotzdem“, zwar kein Parteimitglied, aber „gefühlsmäßig voll dabei“. Er, der arbeitslose Maurer, wohnte damals bei ihr in ihrer Stube-Küche-Wohnung.

Sie wußte, daß er nach 1933 Kurier für die Partei war, und wenn er tagelang wegblieb, fragte sie ihn nicht, wo er gewesen war. Bis 1933 hatte Paul zum Parteischutz um Ernst Thälmann gehört, Else kannte seine Genossen; sie fragte nicht, wenn einer nachts klopfte, wo er herkam, und sie guckte weg, als Paul die Pistolen im Wischeimer versteckte. Einmal ging sie, elegant angezogen, durch die Stoffabteilung von Tietz in der Wilmersdorfer Straße, prüfte dicht am geöffneten Fenster die Stoffballen und warf einen Packen Flugblätter hinaus, den Paul ihr gegeben hatte. Als der Tumult ausbrach, war sie schon weg. 1936 wurde Paul bei einem illegalen Treff verhaftet, man fand Material bei ihm. Im Polizeipräsidium und in der Burgstraße bei der Gestapo wurde er zusammengeschlagen, er stritt alles ab. Auch seine verhafteten Genossen stritten ab, Namen und Zusammenhänge zu kennen.

Aber auch Else wurde verhaftet. Die lebenslustige Else wurde gefoltert, ihr Gesicht war schwarz, als Paul ihr gegenübergestellt wurde. Sie konnte kaum noch allein stehen. Die Gestapo hatte alles aus ihr herausbekommen, was sie wußte. Paul wandte sich von Else ab. Er gab nichts zu. Es nützte ihm nichts, es nützte den anderen nichts, eine Aussage zog die andere nach sich, alle wurden sie verhaftet. Am 20. November 1937 fand vor dem 3. Strafsenat in Berlin-Moabit der Prozeß gegen Paul und 39 Genossen statt. Else war nicht dabei. Else hatte in der Gefängniszelle versucht, sich umzubringen und war verrückt geworden. Man hatte sie nach Wittenau eingewiesen, in die Nervenheilanstalt. Paul wurde zu sechs Jahren Zuchthaus verurteilt. Sechs Jahre, danach kam er in Schutzhaft nach Sachsenhausen und zum Schluß noch nach Bergen-Belsen.

In Bergen-Belsen war auch Theresa. Im Januar 1945 war sie mit den anderen Frauen ihres Kommandos aus Auschwitz-Budy weggetrieben worden, die Überlebenden wurden auf Kohlenwagen nach Buchenwald und von dort nach Bergen-Belsen transportiert. Am 15. April kamen die Engländer in das Lager, in dem allein seit Januar 35 000 Menschen gestorben waren, in dem Leichen herumlagen, die andere, vor Hunger wahnsinnige Häftlinge angefressen hatten.

Paul erlebte die Befreiung nicht bei Bewußtsein, er hatte Typhus, lag unter Toten und Sterbenden. Als seine Genossen, die mit ihm schon in Sachsenhausen gewesen waren, in ihre Heimatorte zurückkehrten, ging einer zu Theresa, die in der Küche arbeitete und mit den Österreicherinnen auf ihren Rücktransport wartete. „Da ist noch einer von uns, kümmer' dich doch um den." Theresa sah Paul, sie fütterte ihn, sie stützte ihn bei seinen ersten Gehversuchen, und als ihre Kameradinnen nach Hause fuhren, blieb sie bei ihm. Er brauchte sie, Kilian Schauß war tot. Paul und Theresa haben in Bergen-Belsen geheiratet, am 23. August 1945. Zusammen gingen sie nach Berlin, wo Paul, kaum gesund, wieder für die Partei arbeitete. Hier bekam Theresa 1948 ihren Sohn.

Else Gramzow war tot. Ihre Schwester hatte sie noch zweimal in Wittenau besucht, dann teilte man ihr mit, sie sei gestorben. An Herzversagen oder Lungenentzündung, wie so viele andere Patienten der Nervenheilanstalten.

Else Gramzow, lebenslustig, dunkelhaarig, hübsch und mit einer Begabung für elegante Kleiderschnitte, dabei klassenbewußt, wie Paul beteuert, ist vergessen. Vielleicht nicht von Paul. Vielleicht nicht von Theresa, der sie nie begegnete. Aber im öffentlichen Gedächtnis der DDR kamen solche Frauen nicht vor, schon gar nicht solche, die schwach wurden, verletzbar waren, zerstörbar. Die den Namen Widerstandskämpferin verdient haben und deren Widerstand gewaltsam gebrochen wurde.

Einmal in den achtziger Jahren sollte Paul im Auftrag seiner Genossen vom Antifa-Komitee nach Bergen-Belsen fahren und zum Tag der Befreiung reden. Aber Paul, der sich nie richtig erholt hatte von den Foltern und Entbehrungen in den Zuchthäusern und Lagern, wurde krank. Da er die Reise als eine Pflicht ansah, als einen Parteiauftrag, wollte er sich dazu zwingen, aber Theresa war dagegen. Paul hielt ihr vor, daß er dort gebraucht würde, schließlich waren die anderen Genossen seiner Gruppe, die mit ihm befreit worden waren, schon tot. Darauf konnte auch Theresa nichts entgegnen. „Und wenn Theresa die Rede hält?“, fragte ich. Schließlich war sie auch als politischer Häftling in Bergen-Belsen gewesen. Und, dachte ich, im Gegensatz zu Paul konnte sie so sprechen, daß ihre Worte die Herzen der Zuhörer erreichten, ihre Erinnerung war noch nicht zu Floskeln erstarrt. „Theresa kann das nicht!“, sagte Paul ganz entschieden. „Theresa ist nie öffentlich aufgetreten, sie hat damit keine Erfahrung.“ Und auch Theresa wehrte erschrocken ab. Schließlich war sie wirklich nie öffentlich aufgetreten, schließlich war sie nur Köchin und Hausfrau und Betreuerin von dreißig alten Menschen, noch älter als sie selbst, schließlich hatte sie keine Parteischulen besucht wie Paul, der noch immer in Präsidien und Komissionen und Arbeitsgruppen saß. Daß Theresa ebenso eine antifaschistische Widerstandskämpferin war wie Paul, daß ihre Erfahrung so schwer wog wie seine, war allmählich in den Hintergrund ihres Lebens geraten.

MARTHEL WUNDERLICH

Einmal nur habe ich sie besucht, gemeinsam mit Annette Leo, das war 1988, nicht lange nach Rudis Tod. Marthel wohnte allein in Leipzig in einer kleinen Neubauwohnung, eine alte Frau mit dicken Beinen, herzkrank, auf Hilfe angewiesen. Sie hatte keine Kinder. Als sie jung genug gewesen war, Mutter zu werden, kam Hitler an die Macht, und Rudi wurde bald verhaftet. 1935 war er noch einmal für ein paar Monate frei, aber er setzte die illegale Arbeit fort und wurde wieder verhaftet, kam ins Zuchthaus Waldheim, ins Aschendorfer Moorlager und 1939 nach Sachsenhausen. Marthel schrieb ihm, sie besuchte ihn. Die um acht Jahre ältere, fröhliche, starke Marthel, einst Arbeitersportlerin und Leiterin kommunistischer Kindergruppen, war für den im Waisenheim aufgewachsenen Rudi seine Familie, der Mensch, den er liebte, der ihm Wärme gab. An sie dachte er, wenn in den ersten Jahren der Haft die Verzweiflung seine Seele aufzufressen begann. Er wollte überleben, auch für Marthel.

Rudi war in Sachsenhausen Lagerläufer, er war der Mittler zwischen der SS-Lagerleitung und der Häftlingsselbstverwaltung. Die Jahre der Haft hatten seine Sinne geschärft, seine scheinbare Furchtlosigkeit und Geistesgegenwart, seine tollkühnen Aktionen, mit denen er seinen Kameraden half, sind unter den überlebenden Sachsenhausenern noch heute Legende.

Im Lager spielte es unter seinen kommunistischen Genossen keine Rolle, daß er vor 1933 nicht der „richtigen" Partei angehört hatte, nicht der Thälmannschen KP, die seit 1928 Stalins Partei war, sondern der Kommunistischen Partei Opposition, der KP Null, wie Thälmanns Leute vor 1933 verächtlich gesagt hatten und wie sie nach 1945 wieder sagten, obwohl doch auf der Brüsseler Konferenz 1935 auch vom ZK der KPD festgestellt worden war, daß die von der KPO im Recht waren, als sie nicht die Sozialdemokraten, sondern die Nationalsozialisten zu ihren Hauptfeinden erklärten.

Im Lager ging es nicht mehr um solche Fragen, im Lager ging es ums Überleben. Und dazu war Solidarität nötig, man mußte jemanden haben, dem man vertrauen konnte. Und man mußte da draußen jemanden wissen, der zu einem hielt. Marthel hielt zu Rudi, all die Jahre über. Sie schickte ihm Pakete von ihren kargen Rationen, sie ließ ihre Jugend vergehen und wartete auf den Mann, den sie liebte. Als Rudi 1942 ins Außenlager Berlin Lichterfelde kam, weil er ausgerechnet im Reichssicherheitshauptamt Prinz-Albrecht-Straße mit anderen Kameraden Bombenschäden zu beseitigen hatte, konnte er mit Marthel Kontakt aufnehmen. Sie kam nach Berlin, und es gelang ihnen, sich zu treffen. Dieses Wiedersehen war für beide eine nervliche Belastung am Rande des Abgrundes. Danach wollte Rudi nur noch eines: fliehen. Er spürte, daß er dem Leben eines KZ-Häftlings nicht mehr gewachsen war, auch wenn er nach wie vor Kontakte zur illegalen Parteileitung in Sachsenhausen hatte, auch wenn es ihm sogar gelang, Waffen ins Hauptlager schmuggeln zu lassen. Er beriet sich mit Ernst Schneller, den er als seinen Parteisekretär ansah, mit Harry Naujoks, dem Häftlings-Lagerleiter. Die waren gegen eine Flucht.

Rudi und Marthel gelang es noch zwei, dreimal, sich in Berlin zu treffen. Sie nutzten das Chaos nach Bombenangriffen, und als Rudi Wunderlich im Mai 1944 die Dienstwohnung des Fahrers eines SS-Obergruppenführers herrichten sollte, konnte er sogar mit Marthel telefonieren. Den Schlüssel zu dieser Wohnung bewahrte er bis zu seinem Tod auf. Denn im Juni 1944, inzwischen wütete im Hauptlager Sachsenhausen ein Sonderkommando der Gestapodienststelle IV A 1 A gegen die politischen Häftlinge, dem später auch Ernst Schneller zum Opfer fiel, floh Rudi Wunderlich mit Marthels Hilfe in ein von ihr vorbereitetes Quartier im Berliner Stadtbezirk Prenzlauer Berg. Es dauerte noch einige Monate, bis er zu ihr nach Leipzig kam, wo sie ihn bis zum Kriegsende versteckte. Rudis Flucht, das Überleben im Versteck, immer eine Zyankalikapsel für den Moment der Entdeckung bereithaltend – er hat bis zu seinem Tod selbst nicht begreifen können, was ihm da geschehen war, welche Hölle er durchlebt hatte und welche Wunder geschehen waren. Die Wunder wären ohne Marthel nicht möglich gewesen.

Sie heirateten 1945, Rudi war 34, Marthel 42 Jahre alt. Für Kinder war es zu spät. Für Marthel. Nicht für Rudi. Aber Rudi war kaputt. So nannte er seinen Zustand von damals in unseren Interviews. Es ging ihm wie vielen seiner Kameraden, die ein Jahrzehnt und länger eingesperrt gewesen waren, die keine Frauen berührt hatten, keine Zärtlichkeit erfahren konnten. Ihre Sehnsucht, auch die sexuelle, war groß, war wie ein unstillbarer Hunger, und doch hatten sie verlernt, damit umzugehen. Er war kein Mann mehr für Marthel, und als er sich wieder als Mann fühlte, gab es andere, jüngere Frauen, die ihm die Illusion gaben, etwas von der verlorenen Zeit zurückzugewinnen.

1948 bekam Rudi einen Sohn mit einer jungen Frau. Er wollte Marthel nicht verlassen, Marthel, die Gefährtin seiner schlimmsten Jahre, die alle seine Ängste kannte, die verstand, warum er überall Faschisten sah, die ihn nicht für verrückt hielt, wenn er immerzu Ausschau hielt nach seinen ehemaligen Bewachern. Einen Wachmann aus Sachsenhausen hat er tatsächlich erkannt und festnehmen lassen. Der trug inzwischen die Uniform der Volkspolizei. Er wollte Marthel nicht verlassen, aber da war das Kind, das ohne Vater aufwuchs, wie er selbst ohne Eltern aufgewachsen war, da war die Sehnsucht nach einer richtigen Familie. Rudi und Marthel ließen sich 1952 scheiden, er heiratete die Mutter seines Sohnes.

Die Ehe hielt nicht, sie blieb nicht Rudis letzte Ehe. Das Gefühl, etwas nachholen zu müssen, verließ ihn nie. Aber er verlor auch nie die Nähe zu Marthel. Die blieb allein, wurde alt ohne Rudi. Zu ihr kam er, als seine Genossen ihn aus den Ämtern warfen, weil er vor 1933 nicht in der richtigen Partei gewesen war, als Karrieristen über seine Flucht raunten, er habe sich einem Parteibeschluß widersetzt. Die Vorwürfe konnte Rudi Wunderlich immer wieder abwehren, aber wie sehr sie ihn verletzten, verstand nur Marthel. Er blieb sich treu und kroch nicht zu Kreuze, er machte den Mund auf, als seine Kameraden Schirdewan und später Havemann zu Feinden erklärt wurden, er war einer von denen, die bis zum Schluß Zweifel und Kritik aussprachen. Das machte sein Leben nicht leichter, und auch manche der Genossen von damals mieden ihn vorsichtshalber.

Rudi Wunderlich starb 1988 nach einem glücklichen Tag in seinem Leben. Ein junger Filmemacher hatte einen Film über Alfred Florstedt gedreht, einen KPO-Genossen aus Leipzig, den Rudi und auch Marthel gut gekannt hatten. Der Film war nicht verboten worden, 1988 hatte in der DDR schon ein Gärungsprozeß begonnen, der für Rudi und auch für uns Hoffnung bedeutete. Rudi hatte am Vorabend seines Todes mit jungen Leuten über den Film diskutiert, er hatte von seinem Leben erzählt und war froh, daß die Lügen und das Schweigen, die wie ein giftiger Dunst über allem lagen, sich scheinbar aufzulösen begannen.

Als Annette Leo und ich Marthel besuchten, war sie 84 Jahre alt. Sie hatte das Gefühl, ihr Mann sei gestorben, obwohl Rudi und sie seit 34 Jahren getrennt lebten. Obwohl sie überhaupt nur eine kurze gemeinsame Zeit gehabt hatten. Marthel war nicht bitter, nur traurig. Und sie war ohne Vorwürfe an Rudi. Sie verstand ihn. Sie verstand ihn und seinen nie gestillten Lebenshunger, nachdem er so lange in der Nähe des Todes gewesen war.

So wie Marthel erging es vielen Frauen von Widerstandskämpfern. Wenn es so etwas wie Lohn für die erlittenen Jahre der Haft, der Demütigung gab, dann hatten die Frauen keinen Anteil daran. Sie wurden nicht von Schulklassen eingeladen, um über ihre Erlebnisse zu sprechen, zu ihnen kamen keine Journalisten, sie erhielten keine besonderen Vergünstigungen. Ich denke an die Frau von Kurt Schliwski, nach deren Vornamen ich nicht einmal gefragt habe.

„... ETWAS NICHT SO WICHTIGES“

Kurt Schliwski wurde 1936 in Magdeburg verhaftet, er war arbeitslos und hatte schon jahrelang für die Partei gearbeitet, nach 1933 illegal. Er lebte mit seiner Frau und dem 1934 geborenen Sohn in einer kalten Dachkammer, sie hungerten oft. Obwohl seine Frau die illegalen Verbindungen ihres Mannes kannte, blieb sie in den Verhören standhaft und mußte freigelassen werden. Kurt Schliwski kam ins Zuchthaus und 1940 nach Sachsenhausen. Er gehörte zu den Tausenden Häftlingen, die im April 1945 auf den Todesmarsch in Richtung Schwerin getrieben wurden.

Kurt Schliwski blieb dort, in Schwerin. Zunächst kümmerte er sich um die Toten an den Landstraßen, dann um seine überlebenden

Kameraden, dann wurde er Landessekretär der Opfer des Faschismus. 1947, nach Gründung der Vereinigung der Verfolgten des Naziregimes, wurde er ihr Vorsitzender in Mecklenburg. Seine Frau, die sich mit dem Kind in Magdeburg durch die Kriegsjahre geschlagen hatte, die in der Rüstungsindustrie dienstverpflichtet war und regelmäßig, obwohl sie selbst kaum genug zu essen hatten, Pakete an ihren Mann ins Lager schickte, erfuhr erst Wochen nach Kriegsende, wo er sich aufhielt.

Sie kam zu ihm. Das Kind war ihm fremd geworden. Viel näher war ihm ein elternloser Junge, den er auf dem Todesmarsch oder danach aufgegriffen und bei sich behalten hatte. Auch die Frau war ihm fremd geworden. Aber es blieb gar nicht so viel Zeit, dem nachzuspüren, denn Kurt Schliwski war in den Nachkriegsjahren kaum zu Hause. Auch die Frau arbeitete, und sie kümmerte sich ehrenamtlich um Kriegswaisen. Als ich ihn fragte, was seine Frau in diesen Jahren gearbeitet habe, mußte Kurt Schliwski lange nachdenken, es fiel ihm nicht ein. Es war etwas nicht so Wichtiges, meinte er schließlich.

Seine Arbeit jedoch war wichtig. Als Landessekretär der VVN kam er viel herum, fuhr bis nach Berlin zu Beratungen und Anleitungen. Und wenn einmal, selten, etwas Stille in seine Tage kam, sah er in diesen Momenten die Bilder seiner toten Kameraden, bedrängten ihn die Erinnerungen. Kurt Schliwski ist es zu verdanken, daß in Sülstorf das Massengrab mit den ungarischen und französischen Jüdinnen gefunden wurde, von dem die Dorfbevölkerung behauptet hatte, es gebe so ein Grab nicht. Er ließ die Toten suchen, fand sie und ließ ihnen einen Stein setzen. Dafür lebte er. Aber seine eigene Erinnerung verdrängte er.

Als die VVN 1953 aufgelöst wurde, schickte die Partei Kurt Schliwski zur HO, der Handelsorganisation. Obwohl er vom Handel nichts verstand, tat er, was verlangt wurde, zwang sich, die Auflösung der VVN richtig zu finden. Sein Sohn wuchs heran, er nahm es kaum wahr. Das angenommene Kind hatte er wieder an dessen Verwandte abgeben müssen. Seine Frau hätte es aufgezogen. Als der Sohn als Berufssoldat zur neu gegründeten Volksarmee ging, war Kurt Schliwski stolz. Mit der Frau führte er eine gute Ehe, sagte er. Aber er kannte, als ich ihn fragte, nicht ihren Geburtstag, wußte nicht, was ihre Lieblingsfarbe war, den Hochzeitstag hat er vergessen. Er war 48 Jahre alt, als er 1959 ein Fernstudium an der Binnenhandelsfachschule abschloß, dieses Datum weiß er noch. Danach arbeitete er im Ministerium, die Frau und er zogen nach Kleinmachnow in ein kleines Haus. Es ging ihnen materiell ganz gut. 1970 starb die Frau an Krebs.

Kurt Schliwski erzählte uns das alles in seiner Berliner Neubauwohnung, in die er nach dem Tod der Frau gezogen war, in der es nach Katzen und immer wieder aufgewärmter Suppe roch. Wir sahen zwei Fotos von Lenin, eines von Thälmann, aber keines der Frau, nach deren Vornamen ich nicht gefragt habe.

DIE „KAMPFGEFÄHRTIN"

Rosa Thälmann war die Frau des in der DDR berühmtesten Widerstandskämpfers, der ja durch seine frühe Verhaftung gar keine Gelegenheit gehabt hatte, wirklich Widerstand zu leisten, aber doch weltweit zu einem Symbol des Widerstands gegen die Nazis wurde. Mit Rosa Thälmann haben wir kein Interview geführt. Rosa Thälmann war jedem, der in der DDR aufwuchs, von Zeitungsbildern her bekannt, sie trat bis zu ihrem Tod 1962 oft in der Öffentlichkeit auf. In den Nachrufen wurde sie als Kampfgefährtin des großen Sohnes der deutschen Arbeiterklasse bezeichnet. Sie saß in Präsidien und auf Ehrentribünen, war Mitglied der Volkskammer. Schon als Kind las ich das Erinnerungsbuch ihrer Tochter Irma, aus dem man viel über Rosa und Ernst Thälmann erfährt, vielleicht anders, als die Tochter es gewollt hat. Und nach der Öffnung des Archivs der SED waren mir auch unveröffentlichte Dokumente über Rosa Thälmann zugänglich, über die ich hier schreiben will, weil in ihrer besonderen Geschichte auch die Geschichte von vielen Namenlosen aufgehoben ist.

Rosa war 1890 im Holsteinischen als Tochter eines bettelarmen Schusters geboren worden. Sie hatte neun Geschwister. Ernst Thälmann hatte sie um 1910 kennengelernt, als er Kutscher bei der Hamburger Wäscherei „Frauenlob" war. Rosa arbeitete dort als Büglerin. 1915 heirateten sie, kurz darauf mußte er Soldat werden. 1918 kehrte er nach Hamburg zurück, wurde Vorsitzender der Hamburger Ortsgruppe der USPD und Bürgerschaftsabgeordneter. Die politische Arbeit beanspruchte seine gesamte Freizeit, und so blieb es auch, als im November 1919 die Tochter Irma geboren wurde. Rosa erinnerte sich später, daß sie kein Geld für Kohlen hatten, daß sie zitternd vor Kälte ihr Kind stillte. Aber sie ertrug dieses Leben offenbar mit der Kraft und Selbstaufgabe, mit der so viele Arbeiterfrauen ihr Leben bewältigten.

Einer von Thälmanns Genossen aus dieser Zeit, Hermann Krüger, berichtete Jahrzehnte später Mitarbeitern der Hamburger Thälmann-Gedenkstätte, daß viele damals dachten, Thälmanns Frau sei beschränkt und daß „Ernst nicht einmal verstehe, seine Frau hundertprozentig politisch in Schwung zu bringen. [...] Als Ernst davon erfuhr, war er sehr empört. Explosiv, wie er war, schnappte er sich den Betreffenden eines Morgens im Redaktionsgebäude und langte ihm ein paar herunter. ‚Ick wer dir helpn, min Fru inn Dreck to treckn!'"

Thälmann selbst mag es als selbstverständlich empfunden haben, daß Rosa ihm, wie viele meinten, geistig unterlegen war. Das entsprach dem üblichen Bild, und er kannte Frauen auch nur als sorgende, sich aufopfernde Mütter und Schwestern. Seine Schwester Frieda mußte schon nach der vierten Klasse aus der Schule abgehen und im elterlichen Kleinhandel mitarbeiten, während er als Sohn nach der siebenklassigen Grundschule noch ein Jahr lang die Selekta und später die Gewerbeschule besuchen konnte.

Aber war Rosa ihm wirklich unterlegen? Als Thälmann Vorsitzender seiner Partei war, kam er kaum noch nach Hause. Die materiellen Verhältnisse der Familie hatten sich durch sein Einkommen verbessert, aber Thälmann ließ seine Familie in Hamburg, als er in Berlin arbeitete. Außerdem wohnte er in Berlin bei Martha K., die Eingeweihten als seine Geliebte galt, die seine Hemden kaufte, für ihn wusch und kochte. Wie Rosa dazu stand, ist nicht bekannt. Sie nahm es wohl hin. Seine Ehefrau wurde für Thälmann wichtig, ja überlebenswichtig, als die Nationalsozialisten ihn verhaftet hatten. Rosa besuchte ihn regelmäßig, sie hielt konspirativen Kontakt zu den verschiedenen Kurieren, die von der Partei aus Prag und später aus Paris geschickt wurden, sie überbrachte Nachrichten, schmuggelte Papiere aus dem Gefängnis, und vor allem verstand sie es immer wieder, Thälmann, der mit den Jahren seiner Haft depressiv und mutlos geworden war, aufzurichten, ihm den Glauben an das Leben zurückzugeben.

Die Berichte des Kuriers Edwin, der für die Parteileitung in Paris und Moskau über Jahre die Begegnungen mit Rosa nahezu wortwörtlich protokollierte, lassen die Konturen einer außerordentlich starken, in sich ruhenden, klugen Frau entstehen.[4] Rosa war nicht gebildet, aber ihre politischen Urteile und Einschätzungen, die der Kurier – oft entnervt, weil sie nicht der Parteilinie entsprachen – wiedergab, erwiesen sich gegenüber denen der Funktionäre als lebensnäher. Rosa sah mit warmem Herzen und nüchternem Blick, was geschah. Sie hatte keine Illusionen, und auch die Vorgänge in der Sowjetunion sah sie recht skeptisch, besonders als Thälmanns Mitarbeiter, die sie kannte, dort einer nach dem anderen verhaftet wurden. Und sie hielt zu ihrem Mann, sie warf ihm seine Untreue nicht vor, brachte ihm Essen ins Gefängnis, ließ sich geduldig von ihm belehren, sorgte energisch und umsichtig für ihn.

Einmal suchte sie sogar Hermann Göring auf und verlangte Hafterleichterungen für Thälmann, die schließlich zugebilligt wurden. Anläßlich ihres Besuches zu Weihnachten 1937 stellte man sogar ein Sofa in die Zelle und ließ sie mit ihrem Mann allein. Daraufhin wurde die 47jährige Rosa schwanger und erbat von dem Kurier Hilfe, um abtreiben zu können. Thälmann, berichtete sie, habe stolz gelacht, als er von ihrem Zustand erfuhr. In diesen schweren Jahren wurde Irma erwachsen, die sich anfangs sträubte, ihre Rolle als liebende Tochter, die den Vater im Gefängnis besucht, anzunehmen.

Der Kurier entwarf für sie Briefe. Er teilte zunächst die Einstellung der Parteileitung, die Rosa wohl als eine politisch naive Hausfrau einschätzte, an der man aber nicht vorbeikam, wenn man den Kontakt zum Parteivorsitzenden halten wollte. Bald aber änderte Edwin, der über Jahre regelmäßig mit Rosa zusammentraf, seine Meinung über sie. Ihre Haltung rang ihm Respekt ab. Rosa war umsichtig und geistesgegenwärtig, praktisch und tapfer, in ihren Urteilen und Entschlüssen selbständig und abwägend, keineswegs der Partei kritiklos ergeben und doch zuverlässig und diszipliniert.

Thälmann selbst kam schwer mit der ihm aufgezwungenen Passivität zurecht, die Stärke seiner Frau, auf die er ja angewiesen war, irritierte ihn. Geradezu beschwörend pries er aus dem Gefängnis die

4 Siehe den Beitrag „Kein Platz im Museum für den Helden" von Annette Leo in diesem Band.

menschliche Treue. („Treue ist das Köstlichste, das einem Menschen überhaupt vermacht werden kann. Treue ist das Leben, es blüht mahnend aus der Tiefe heimatlichen Bodens herauf und festigt die Ehegemeinschaft.“ [5])

Mehrmals teilte er ihr mit, wie er sich die verschiedenen Rollen von Mann und Frau vorstellte. „Was in dem Geist des Mannes schöpferisch und in der Brust der Frau als Gütiges und Herz empfunden dämmert, das muß sich mischen. Denn bewegende Kraftquelle männlichen Schaffens ist der Geist. [...] Die wahre Ergänzung männlichheroischer Kraft ist in der tiefsten und bewußten Innerlichkeit der Frau zu finden. Denn diese Innerlichkeit ist die Quelle aller Hingabe, aller Güte und aller Opferbereitschaft und mit der Schlüssel zu jener selbstverständlich heroisch-fraulichen Haltung, die die Frau befähigt, sich tausendmal ein Leben lang an andere zu vergeben und sich darüber selber immer wieder zu vergessen ...“ [6]

Das schrieb Thälmann aus Moabit an Rosa zu ihrem siebenundvierzigsten Geburtstag. Als Eigenschaften, die er sich für die Tochter wünschte, die ihren Vater dann doch regelmäßig besuchte, ihm schrieb und versuchte, seinen Erwartungen zu entsprechen, nannte er: „bescheiden, ruhig, muttertreu und brav.“ [7] 1934 hatte er an Rosa geschrieben: „Deine Pflicht als Mutter ist sehr groß und nur auf Dich allein ruht jetzt die ganze Verantwortung ihrer Erziehung und das Wohl unseres Kindes. Ich erwarte, daß auch Irma das versteht, es zu schätzen weiß und sich gehorsam fügt.“ [8]

Weder Rosa noch Irma Thälmann haben sich je öffentlich anders als liebend und bewundernd über ihren Mann und Vater geäußert. Beide Frauen wurden verhaftet, kamen ins Konzentrationslager Ravensbrück. Beide nahmen nach der Befreiung die Rolle an, die die Partei ihnen zugedacht hatte, und gingen fortan als Gattin und Tochter des Denkmals Thälmann durchs Leben, verzichteten auf ein eigenes Gesicht, kehrten auch nicht in ihre Heimatstadt Hamburg zurück, sondern blieben in der Sowjetischen Besatzungszone, später der DDR.

5 SAPMO BArch, NY 4003/22, Brief an Rosa o. D.
6 SAPMO BArch, NY 4003/II-c/2, Brief an Rosa, 22. 3. 1937.
7 SAPMO BArch, NY 4003/22, Brief an Rosa o. D.
8 Ebenda.

Walter Trautzsch, der der Kurier Edwin gewesen war, traf Rosa in den vierziger und fünfziger Jahren wieder. Sie, die bescheidene Hamburger Arbeiterfrau, lebte in einem viel zu großen Haus, darüber beklagte sie sich ein bißchen. Sonst nahm sie alles hin, tat, was die Partei von ihr verlangte. Sich gehorsam zu fügen entsprach ja dem, was auch Thälmann erwartet hatte. Aber eine Zeitlang war sie selbständig gewesen, kraftvoll, hatte selbst entschieden, auch gegen die Vorschläge der Partei. Hatte sich behauptet und ihrem vereinsamten Mann noch Kraft abgeben können. Die Tragik ihrer Biographie ist, daß die schwersten Jahre ihres Lebens gleichzeitig die waren, in denen sie eine gewisse Emanzipation erfuhr, in denen ihre Persönlichkeit wuchs und sich entfaltete.

Aus Liebe zu ihrem ermordeten Mann und aus Treue zur Partei aber ging sie wieder zurück auf den Platz, den man ihr zuwies, trat in den Schatten des Denkmals und der Partei. Sie sah Ulbricht an der Macht, von dem sie wußte, daß er ein Rivale Thälmanns gewesen war, von dem sie annehmen mußte, daß er Thälmanns Befreiung hintertrieben hatte. Was Rosa dazu dachte, ist nicht bekannt. Sie ließ sich in ein Korsett pressen, das ihr die Persönlichkeit nahm. Walter Trautzsch war erschrocken über die Rosa, der er in dem Haus in Wendenschloß begegnete und die kaum noch an die humorvolle, starke Frau Ernst Thälmanns während seiner Haftjahre erinnerte.

DIE FRAU DES KURIERS

Auch über Trautzschs Ehefrau Rosemarie Müggli könnte hier geschrieben werden, denn auch sie war die Frau eines Widerstandskämpfers. Auch diese auf besondere Weise schwere Geschichte läßt sich nicht in ein paar Sätzen erzählen, aber erwähnen möchte ich Rosemarie Müggli doch. Sie war ihm in der Schweiz begegnet, wohin Walter Trautzsch auf Umwegen fliehen konnte, nachdem die Deutschen Paris besetzt hatten. In der Schweiz lebte er zunächst illegal, dann wurde er interniert. Er war krank, aber nicht gebrochen. Seine Nerven waren durch die jahrelange Illegalität zerrüttet, er hatte Verrat und Feigheit auch unter seinen Genossen erlebt, war der Gestapo nur entkommen, weil er zum Schein auf Spitzeldienste einging, und nun saß er hier in der Schweiz. Rosemarie, viel jünger als er und wie ihre Eltern in der Flüchtlingshilfe engagiert, liebte diesen Mann, und sie ging mit ihm hochschwanger ins Nachkriegsdeutschland, obwohl ihre christlichen Eltern versuchten, das Mädchen von diesem Schritt ins Ungewisse abzuhalten. Trautzsch, der anfangs hohe Parteifunktionen hatte, wurde bald „kaltgestellt", er war in der Schweiz mit Leuten wie Bauer, Bertz, Weiterer zusammengekommen, die nunmehr als Verräter und Feinde galten, er wußte zu viel über Interna in der Parteiführung. Er verlor nach und nach seine Funktionen.

Rosemarie Müggli, bald Mutter von drei Söhnen, hatte in der frühen DDR Lehrgänge besucht, studiert, wurde eine glühende Anhängerin Stalins, wurde Richterin und Staatsanwältin und hatte weder Zeit für sich noch für ihren Mann noch für die Söhne noch für Zweifel an diesem Leben. Der berufliche Aufstieg dieser Frau ging einher mit Trautzschs Abstieg. Trautzsch wurde bitter, er war krank und kam mit der Realität der DDR immer schwerer zurecht. Sie ließen sich scheiden. Rosemarie Müggli verdrängte wie so manches auch ihre Sehnsucht nach der Schweizer Heimat. In ihrer Stellung konnte sie ihre Angehörigen in dem kapitalistischen Land nicht besuchen. Es dauerte fast dreißig Jahre, bis ihre Mutter endlich in die DDR kommen konnte. Ein paar Stunden lang redeten sie, weinten, lachten, fielen sich in die Arme. In den Augen ihrer Mutter wird Rosemarie Müggli gesehen haben, wie weit entfernt sie sich hatte von den Idealen, der Hoffnung und der Liebe ihrer Jugend. In der Nacht nach diesem Wiedersehen blieb ihr Herz stehen.

Nach den Geschichten der Frauen von Widerstandskämpfern zu fragen, was hier nur in Andeutungen und ganz wenigen Beispielen geschehen konnte, müßte bedeuten, die Erinnerung an den Widerstand gegen die Nationalsozialisten zu befreien von Mythologisierungen, ideologischen Tabus, Halbwahrheiten und Lügen. Vielleicht ist das eine Aufgabe an die Gesellschaft, vielleicht ist sie zu schwer für einzelne Menschen, noch dazu solche, die in die Ereignisse verstrickt waren. Charlotte Bischoff, eine der Frauen, die selbst Widerstandskämpferin war, hatte am Schluß ihres Lebens ihr Gedächtnis verloren. Sie hatte einfach alles vergessen. Wie Herbert Wehner, mit dem sie in Schweden zusammengearbeitet hatte, litt sie an der Alzheimerschen

Krankheit. Bei allem Leid, das diese Krankheit mit sich bringt, liegt in dem Vergessen vielleicht auch so etwas wie eine Gnade.

Peter Weiss hat in seiner „Ästhetik des Widerstands" Charlotte Bischoff ein literarisches Denkmal gesetzt. Er läßt sie dort in der dritten Person reflektieren: „Die Partei aber wurde, trotz Rosa, trotz Zetkin, von Männern geleitet. Keine Frau saß im Zentralkomitee. Sie hatte gelernt, daß dies so sein müsse. Von alters her waren die Männer die Organisatoren gewesen. Sie wollte nicht aufsteigen. Es war Anerkennung genug, daß sie auf die gefahrvolle Reise geschickt worden war [...]. Sie hatte sich für die Partei entschieden, die Männer in der Partei aber entschieden für sie." [9]

Charlotte Bischoff zeigte während der Nazizeit außergewöhnlichen Mut, den viele ihrer männlichen Vorgesetzten in der Partei nicht besaßen. Während ihrer illegalen Zeit in Deutschland war sie nicht nur selbst in jedem Moment äußerst gefährdet, sie erlebte die Verhaftung und den Tod naher Menschen, das Zusammenbrechen illegaler Strukturen durch Verrat und die Übermacht des Gegners. Was sie erfuhr, hat die Größe und Tragik antiker Dramen oder Shakespearescher Tragödien. Aber es war die trostlose Wirklichkeit.

Nach 1945 schienen solche Erfahrungen nicht sehr gefragt zu sein. Die Mehrheit der Deutschen hatte sich anders verhalten und wollte nicht hören, daß Widerstand möglich gewesen wäre. Und die führenden Genossen in Charlotte Bischoffs Partei waren in Machtkämpfe verstrickt, zu denen auch die Umdeutung der eigenen Geschichte gehörte. Also schwieg sie über das, wonach die Historiker ihrer Partei sie nicht fragten. Und die Antworten auf das, wonach sie gefragt wurde, lagen in Archiven verschlossen. Wie andere Widerstandskämpferinnen trat sie zurück in die anonyme Masse. Sie diente weiter ihren Ideen, verausgabte sich für ihre Partei, aber sie verlangte und bekam keine besondere Aufmerksamkeit. An den entscheidenden Plätzen der Gesellschaft saßen nach den ersten Wirren der Nachkriegszeit im Osten wie im Westen Deutschlands Männer. Für die im Osten traf zu, was Peter Weiss seine Charlotte Bischoff denken ließ:

„Die Partei war für die Männer der Boden, um zu wachsen. Sie gehörte, zwischen ihresgleichen, zu Namenlosen." [10]

9 Peter Weiss, Die Ästhetik des Widerstands, Berlin 1987, Bd. 3, S. 83.
10 Ebenda.

7. Oktober 1949: Proklamation des „Deutschen Volksrates" zur provisorischen Volkskammer.
(Landesarchiv Berlin)

Jürgen Danyel

DIE SED UND DIE „KLEINEN PG'S"

Zur politischen Integration der ehemaligen NSDAP-Mitglieder in der SBZ / DDR

Die wohl ausführlichste und deutlichste Selbstauskunft der SED-Führung über den Umgang der Staatspartei mit den ehemaligen Mitgliedern der NSDAP stammt aus dem Jahre 1963. Wie auch bei anderen Stellungnahmen der SED, die jenseits der üblichen ideologischen und propagandistischen Formelsprache Vorgänge und Konflikte innerhalb der DDR-Gesellschaft relativ klar benannten, handelte es sich dabei um eine Klarstellung, die erst durch äußeren Druck aus dem Westen erzwungen wurde. Auf der 2. Tagung des ZK der SED Mitte April 1963 sah sich Erich Honecker im Bericht des Politbüros veranlaßt, unter dem Motto „Ehrlichkeit gegenüber der Partei" die Haltung der SED zu den „Ehemaligen" ausführlich zu rechtfertigen. Den Anlaß für diese Bilanz der gesellschaftlichen Integration der früheren Anhänger und Mitläufer des NS-Regimes, die zum Zeitpunkt der Erklärung Honeckers schon weitestgehend abgeschlossen war, bildete das Verhalten von Parteimitgliedern, die, wie es offiziell hieß, „vor der Partei ihre Vergangenheit falsch darstellten oder verschwiegen haben".[1] Zu solchem Verhalten gebe es keinen Grund, vielmehr habe die SED „allen ehemaligen einfachen Mitgliedern der Hitlerpartei die Möglichkeit zur Mitarbeit und zum Beginn eines neuen Lebens" gegeben und besonders der „irregeleiteten und im faschistischen Sinne erzogenen Jugend"[2] große Aufmerksamkeit gewidmet.

Heikel für die SED in diesem Zusammenhang war nicht so sehr das Eingeständnis, die große Gruppe der in der SBZ/DDR lebenden ehemaligen NSDAP-Mitglieder in die ostdeutsche Gesellschaft integriert zu haben. Insofern es sich dabei um eine gesellschaftliche Gruppe handelte, die rund ein Sechstel der Gesamtbevölkerung bildete, gab es auch für die antifaschistische SED keine Alternative – davon abgesehen, daß eine dauerhafte Ausgrenzung der „Ehemaligen" von der SED-Führung auch nie ernsthaft erwogen wurde. Brisant für die politische Glaubwürdigkeit der SED-Spitze waren vielmehr jene Fälle, in denen Funktionsträger der SED ihre Vergangenheit im NS-Regime verschwiegen oder verdrängt hatten.

Neben einzelnen Presseveröffentlichungen war in der Bundesrepublik in ständig erweiterten Ausgaben eine Dokumentation des Untersuchungsausschusses Freiheitlicher Juristen[3] erschienen, die sich mit „Ehemaligen Nationalsozialisten in Pankows Diensten"[4] beschäftigte und zum wiederholten Male prominente DDR-Funktionsträger

1 Bericht des Politbüros an die 2. Tagung des ZK der SED am 12. 4. 1963, in: Neues Deutschland v. 13. 4. 1963.

2 Ebenda.

3 Zur Tätigkeit des Untersuchungsausschusses siehe Frank Hagemann, Der Untersuchungsausschuß Freiheitlicher Juristen 1949–1969, Frankfurt a. M. 1994. Die Dokumentationen des Untersuchungsausschusses, der 1960 vom Ministerium für gesamtdeutsche Fragen übernommen worden war, über ehemalige Nationalsozialisten in der DDR werden in der Studie jedoch nicht erwähnt.

4 Vgl.: Ehemalige Nationalsozialisten in Pankows Diensten, Berlin 1963.

auflistete, die über eine teilweise nicht unproblematische Vergangenheit im Nationalsozialismus verfügten. Wie auch die 1969 in Wien erschienene Dokumentation des Bundes jüdischer Verfolgter des Naziregimes über „Prominente NSDAP-Mitglieder im Dienst der DDR-Propaganda"[5] reagierten diese Enthüllungsbroschüren – mit durchaus unterschiedlichen Motiven – auf die antifaschistische Propaganda der SED gegenüber dem Westen. Im deutsch-deutschen Wettstreit um die Überwindung der NS-Vergangenheit gab sich die DDR gern als Saubermann und überzog seit Ende der fünfziger Jahre die Bundesrepublik mit einer Kampagne „gegen ehemalige Nationalsozialisten in Bonner Diensten" nach der anderen. Die Aktionen des von Albert Norden geleiteten „Ausschusses für deutsche Einheit" und der Westkommission des ZK der SED gegen den Bundesvertriebenenminister Theodor Oberländer und gegen belastete Richter in der bundesdeutschen Justiz stießen in manches Wespennest. Die von der DDR in die Bundesrepublik eingeschleusten Fotokopien mit Belastungsmaterial, das die Beteiligung von zahlreichen bundesdeutschen Richtern an Todesurteilen des Volksgerichtshofes und der NS-Sondergerichte belegte, sorgten seit Anfang der sechziger Jahre für beträchtliche Unruhe in westdeutschen Landtagen und Justizverwaltungen.[6] Auch wenn es die ostdeutschen Ankläger der „braunen" Bundesrepublik mit der Wahrheit im Detail mitunter nicht so genau nahmen, trafen die propagandistisch überzogenen Kampagnen einen wunden Punkt der Personalpolitik in Adenauers früher Bundesrepublik und blieben nicht ohne Wirkung im Ausland. So versuchte die SED, den im April 1961 in Jerusalem beginnenden Eichmann-Prozeß für ihre Kampagne gegen die Bundesregierung auszunutzen. Die Entsendung von Friedrich Karl Kaul nach Israel, dessen Bemühungen, eine Zulassung als Nebenkläger im Prozeß zu erreichen, und die hektischen Presseaktivitäten des Anwalts erfolgten mit dem Auftrag, möglichst öffentlichkeitswirksam einen Zusammenhang zwischen Eichmann und Adenauers Kanzleramtschef Hans Globke nachzuweisen.[7]

5 Vgl.: Prominente NSDAP-Mitglieder im Dienst der DDR-Propaganda, hrsg. v. Dokumentationszentrum des Bundes jüdischer Verfolgter des Naziregimes, Wien 1969.
6 Siehe dazu Der Spiegel v. 13. 1. 1960, S. 31 f.
7 Siehe dazu Angelika Timm, Hammer, Zirkel, Davidstern. Das gestörte Verhältnis der DDR zu Zionismus und Staat Israel, Bonn 1997, S. 147 ff.

Um so peinlicher wurde es für die SED, die die moralische Meßlatte erfolgreicher Vergangenheitsaufarbeitung derart hoch gehängt hatte, als sie sich mit ähnlichen Enthüllungen und Vorwürfen konfrontiert sah. So wurde am 10. Februar 1963 Karl-Heinz Bartsch, ZK-Mitglied und gerade erst zum Vorsitzenden des Landwirtschaftsrates beim Ministerrat der DDR berufener[8] stellvertretender Minister für Landwirtschaft, aus dem Parteigremium ausgeschlossen und seines Amtes enthoben,[9] da seine Zugehörigkeit zur Waffen-SS durch eine Veröffentlichung in der Westberliner *BZ*[10] bekannt geworden war. In einer im *Neuen Deutschland* abgedruckten persönlichen Erklärung räumte Bartsch ein, seine NS-Vergangenheit „aus Furcht vor den Konsequenzen" bei seinem Eintritt in die SED verschwiegen zu haben. Vielmehr habe er durch „fleißige Arbeit" versucht, „ein neues Leben zu beginnen".[11]

Die westlichen Konter gegenüber den regelmäßig in Ostberlin veranstalteten „internationalen Pressekonferenzen" und den seit Beginn der sechziger Jahre vom Nationalrat der Nationalen Front in dichter Folge herausgegebenen Dokumentationen über „Kriegs- und Naziverbrecher in der Bundesrepublik und in Westberlin"[12] zwangen die SED zu einem sorgfältigeren Umgang mit den Biographien ihrer Mitglieder und Funktionäre. Bereits am nächsten Tag reagierte Ostberlin auf eine Veröffentlichung der Westberliner *BZ* vom 4. Mai 1960, die kurz darauf auch vom *Spiegel*[13] aufgegriffen wurde. Genüßlich war dort aus einem 1937 in einem Fachblatt der Deutschen Arbeitsfront (DAF) erschienenen Erlebnisbericht des Kanoniers Willi Stoph „Vom Bauplatz zum Kasernenhof"

8 Vgl. Neues Deutschland v. 9. 2. 1963.

9 Der Ausschluß aus dem ZK und die Funktionsenthebung wurden am 11. 2. 1963 in der A-Ausgabe des *Neuen Deutschland* mitgeteilt. Bartsch habe „seine Zugehörigkeit zur Waffen-SS verschwiegen und dadurch der Partei großen Schaden zugefügt". Vgl. Neues Deutschland, A-Ausgabe v. 11. 2. 1963, S. 2.

10 Siehe Der Spiegel v. 20. 2. 1963, S. 20.

11 Vgl. Neues Deutschland, A-Ausgabe v. 11. 2. 1963, S. 2.

12 Siehe u. a. Braunbuch. Kriegs- und Naziverbrecher in der Bundesrepublik Deutschland und in Westberlin. Staat, Wirtschaft, Verwaltung, Armee, Justiz, Wissenschaft, hrsg. v. Nationalrat d. Nationalen Front d. demokratischen Deutschland u. d. Dokumentationszentrum der Staatlichen Archivverwaltung d. DDR, Berlin 1965; Goebbels-Journalisten in Bonner Diensten. Eine Dokumentation, hrsg. v. Nationalrat d. Nationalen Front d. demokratischen Deutschland, Berlin 1962; Graubuch. Expansionspolitik und Neonazismus in Westdeutschland. Hintergründe, Ziele, Methoden. Eine Dokumentation, hrsg. v. Nationalrat d. Nationalen Front d. demokratischen Deutschland, Berlin 1967; Aufstieg und Fall des Heinrich Lübke. Die Geschichte einer Karriere, hrsg. v. Nationalrat d. Nationalen Front d. demokratischen Deutschland, Berlin 1969.

13 Vgl. Der Spiegel v. 18. 5. 1960.

zitiert worden, in dem Stoph die „wahre Volksgemeinschaft beim Kommiß“[14] gepriesen hatte. Das *Neue Deutschland* erwähnte nun erstmals in einem neben der Meldung über den Rücktritt Oberländers plazierten Artikel[15] diesen Teil der Biographie des DDR-Verteidigungsministers. Dem ehemaligen Stabsgefreiten Stoph solle hier eine braune Vergangenheit „angehängt“ werden, für die sich in erster Linie die „alten Nazigenerale“ in Bonn zu verantworten hätten. Ohnehin habe Stoph nur seine antifaschistische Untergrundarbeit getarnt, und im übrigen täte die Bundesrepublik gut daran, auch einen „klassenbewußten Bauarbeiter“[16] an die Spitze ihrer Armee zu stellen.

Bereits diese Episoden aus den politischen Grabenkämpfen zwischen Ost und West zeigen die Vielschichtigkeit des Problems. Für die SED verlor die Auseinandersetzung mit der nationalsozialistischen Vergangenheit im Innern der ostdeutschen Gesellschaft nach dem weitreichenden Elitenaustausch sowie den wirtschaftlichen und sozialen Eingriffen der sogenannten antifaschistisch-demokratischen Umwälzung an Bedeutung. Die immer wieder strapazierte Analogie aus dem gärtnerischen Bereich, wonach der Faschismus einer Art Unkraut gleich mit seinen sozialökonomischen Wurzeln ausgerottet sei, bediente nicht nur das vulgärmarxistische Weltbild der Funktionäre, sondern konnte auch von einer Gesellschaft akzeptiert werden, die sich nach vorn orientieren wollte. Getreu Stalins Motto von den Hitlern, die kommen und gehen würden, während das deutsche Volk beibe, trieb die SED-Führung, wie es Peter Bender einmal treffend formuliert hat, die „Unterscheidung zwischen Faschisten und Deutschen bis zur äußersten Konsequenz“.[17] Spätestens seit Mitte der fünfziger Jahre wurde das Problem der NS-Vergangenheit nach außen projiziert und zum Generalthema der Kritik an der Bundesrepublik. Die personalpolitischen Pannen mit belasteten SED-Mitgliedern verraten neben anderen Indizien, daß der ostdeutsche Antifaschismus ungeachtet mancher Warnung vor den noch „fruchtbaren Schößen“ sorglos und selbstzufrieden geworden war. Allerdings reagierte die SED-Führung, wenn Belastungen einzelner Mitglieder und Funktio-

14 Ebenda.
15 Vgl. Neues Deutschland v. 5. 5. 1960, S. 2.
16 Ebenda.
17 Vgl. Peter Bender, Episode oder Epoche. Zur Geschichte des geteilten Deutschland, München 1996, S. 57.

näre aus der NS-Zeit öffentlich wurden, in der Regel schnell und, soweit möglich, ohne großes Aufsehen.

Die Tatsache, daß einzelne Personen, die zwischen 1933 und 1945 Straftaten begangen oder zu Funktionsträgern des NS-Regimes gehört hatten, in Führungspositionen der DDR-Gesellschaft und SED-Parteiämter aufsteigen konnten, ist indes eher ein nachgeordneter Aspekt des Themas „SED und ehemalige NSDAP-Mitglieder". Die prominenten Fälle sind inzwischen weitestgehend bekannt. Notwendig sind Einzelfallstudien, die untersuchen, wie der SED-Apparat auf solche Belastungen reagierte, wie solche Fälle politisch in den Organisationsstrukturen der SED verarbeitet wurden, welche Konsequenzen solche Enthüllungen für die Betroffenen hatten und wie sich deren soziales Umfeld verhielt.

Einen deutlichen Indikator für die Integrationspolitik der SED gegenüber den ehemaligen „Pg's" bilden die Mitgliederbewegungen in der Partei. Weiterhin ist zu untersuchen, ab wann und wie das Problem in der Programmatik und den öffentlichen Stellungnahmen der Partei behandelt wurde und welche Ziele die SED mit dieser Politik verfolgte. Schließlich ist den Konflikten nachzugehen, die diese Politik im Verhältnis der SED zu den ehemaligen Verfolgten und Opfern des NS-Regimes sowie zu den Blockparteien auslöste.

Wie hoch der Anteil ehemaliger NSDAP-Mitglieder in der SED in verschieden Phasen der Entwicklung der Partei war und welche Rolle sie in der politischen Funktionselite der DDR spielten, läßt sich anhand der vorhandenen Quellen nur annähernd bestimmen. Exakte Zahlen liegen bestenfalls punktuell vor. Die Zugehörigkeit zur NSDAP und ihren Gliederungen wurde zwar in den Fragebögen für Parteimitglieder geprüft, tauchte aber in der offiziellen und dann auch in der internen Mitgliederstatistik kaum noch auf. Die elektronisch aufbereiteten Daten der zentralen Mitgliederkartei der SED wurden im Zuge der Wende nach 1989 vernichtet. Einzelne Angaben lassen sich in den Materialien der Zentralen Parteikontrollkommission der SED im Zusammenhang mit den Parteisäuberungen in den fünfziger Jahren finden. Ein von Jan Foitzik erstmals zitiertes Dokument[18] aus dem Jahre 1954 besagt, daß Anfang der

18 Vgl. Jan Foitzik, Die stalinistischen „Säuberungen" in den ostmitteleuropäischen kommunistischen Parteien. Ein vergleichender Überblick, in: Hermann Weber/Dietrich Staritz (Hrsg.), Kommunisten verfolgen Kommunisten. Stalinistischer Terror und „Säuberungen" in den kommunistischen Parteien Europas seit den dreißiger Jahren, Berlin 1993, S. 414.

fünfziger Jahre 106 377 SED-Mitglieder ehemals der NSDAP, 74 223 NS-Gliederungen und 149 986 den NS-Jugendorganisationen HJ und BDM angehört hatten. Bei einer Gesamtmitgliederzahl von 1 256 002 Mitgliedern im Jahr 1951 betrug der Anteil ehemaliger „Pg's" demnach ca. 8,5 %, der ehemaliger organisierter NS-Anhänger ca. 25 %. Bei entsprechenden Schätzungen insbesondere für die Zeit vor 1951 ist zu berücksichtigen, daß – wie bereits Carola Stern in ihrem „Porträt einer bolschewistischen Partei" von 1954 feststellte[19] – die offiziellen Angaben über die Mitgliederzahl der Staatspartei eher zu hoch waren und erst im Zuge der Mitgliederüberprüfung 1951 bereinigt wurden. Weitere Zahlenangaben für das Jahr 1953 beziffern den Anteil von ehemaligen NSDAP-Mitgliedern in der SED auf 96 884 bei den Mitgliedern (8,6 %) und 9 533 bei den Kandidaten (9,3 %).[20] Ungeachtet der in den fünfziger Jahren stark schwankenden Mitgliederzahlen kann man also von einem durchschnittlichen Anteil ehemaliger NSDAP-Mitglieder von 8 bis 10 % ausgehen.

Aufschlußreich sind diese Angaben, wenn man sie in Beziehung zu den anderen Tendenzen in der Mitgliederbewegung innerhalb der SED in den fünfziger Jahren setzt. Im Zuge des Umtausches der Parteidokumente und der parteiinternen Säuberungen wurden vor allem ehemalige Sozialdemokraten und Vertreter der kommunistischen Tradition wegen verschiedener Abweichungen aus der SED ausgeschlossen. Ihr Anteil an der Gesamtmitgliederzahl der Partei betrug 1951 nur noch 15,9 %.[21] Die Frage der NS-Belastung spielte bei den Säuberungen in der SED in der Regel nur dann eine Rolle, wenn die betreffenden Mitglieder keine oder falsche Angaben über ihre Vergangenheit gemacht hatten. Entsprechend sahen die politischen Richtlinien auch den Ausschluß von Personen vor, „die wahrheitswidrige Angaben bei der Aufnahme über ihre politische Vergangenheit während der der Hitlerzeit machten".[22] Gegenüber den

19 Vgl. Carola Stern, Porträt einer bolschewistischen Partei. Entwicklung, Funktion und Situation der SED, Köln 1957, S. 282.

20 Vgl. Ilko-Sascha Kowalczuk, „Wir werden siegen, weil uns der große Stalin führt!" Die SED zwischen Zwangsvereinigung und IV. Parteitag, in: ders./Armin Mitter/Stefan Wolle (Hrsg.), Der Tag X – 17. Juni 1953. Die innere Staatsgründung der DDR als Ergebnis der Krise 1952/54, Berlin 1995, S. 237.

21 Vgl. Die SED. Geschichte, Organisation, Politik. Ein Handbuch, Berlin 1997, S. 36.

22 Vgl. Entscheidungen der SED 1948. Aus den stenographischen Niederschriften der 10. bis 15. Tagungen des Parteivorstandes der SED, hrsg. v. Thomas Friedrich u. a., Berlin 1995, S. 533.

Parteiausschlüssen bei „partei- und sowjetfeindlichen" Haltungen war die genannte Kategorie bei den ausgeschlossenen Mitgliedern wesentlich geringer vertreten.[23]

Die politischen Auseinandersetzungen im Zusammenhang mit dem 17. Juni 1953 kosteten die SED zusätzlich zu den vorangegangenen Säuberungen weitere Mitglieder, so daß die Zahlen in diesem Jahr einen Tiefpunkt erreichten. Diese Tendenz versuchte die Partei seit Mitte der fünfziger Jahre durch wiederholte Kampagnen zur Mitglieder- und Kandidatengewinnung umzukehren. Geht man davon aus, daß die SED ihr originäres Rekrutierungsfeld innerhalb der kommunistischen Tradition weitestgehend ausgeschöpft hatte, so stammte ein nicht geringer Teil der neu gewonnenen Mitglieder und Kandidaten aus dem Bereich ehemaliger NS-Anhänger. Denkt man an die oben zitierte Äußerung Honeckers von 1963, dürften es in der Tat vor allem Angehörige der HJ- und BDM-Generation gewesen sein, die in dieser Zeit den Weg zur SED fanden.[24] Nicht zu vergessen sind auch ehemalige Soldaten und Offiziere, die während ihrer Kriegsgefangenschaft die sogenannten Antifa-Schulen durchlaufen hatten. Sie bildeten in erster Linie das Mitglieder- und Funktionärspotential der Blockpartei NDPD, gingen aber auch häufig direkt in die SED. Für die innere politische Atmosphäre in der Einheitspartei ergab sich somit in den fünfziger Jahren eine merkwürdige Gemengelage zwischen Stalinisierung, Zentralisierung, ideologischer Aufrüstung und der Rekrutierung von neuen Mitgliedern, deren politisches und soziales Verhalten von den Subordinationsmechanismen der NS-Organisationen geprägt worden war. Jan Foitziks Wortspiel von der SED als „Mitläuferpartei neuen Typs"[25] zielt in diese Richtung. Noch weiter geht Ilko-Sascha Kowalczuk, der von einem „personellen Nazifizierungsschub" bzw. von einer „Renazifizierung der SED" nach 1953 spricht.[26]

23 Im Jahr 1948 betrug der Anteil der SED-Mitglieder, die wahrheitswidrige Angaben über ihre NS-Vergangenheit gemacht hatten, an der Gesamtzahl der Parteiausschlüsse lediglich 10,4 % (272 Fälle bei 2609 ausgeschlossenen Mitgliedern). Vgl. Entscheidungen der SED, S. 534.

24 Siehe auch Kowalczuk, „Wir werden siegen", S. 238 ff.

25 Vgl. Foitzik, „Säuberungen", S. 415.

26 Insofern es bei dieser Entwicklung weniger um direkte Kontinuitäten im Bereich der NS-Ideologie oder um ein politisches Comeback ehemaliger Nationalsozialisten, sondern um eine in der SED-Parteibasis vorherrschende mentale Disposition ging, sind diese Begriffe jedoch mißverständlich.

Der politischen Integration eines Teils der ehemaligen NSDAP-Mitglieder in die SED ging ein längerer Prozeß der Wiedereingliederung dieser Gruppe in die ostdeutsche Gesellschaft voraus. Teilweise verliefen beide Prozesse auch parallel. Die SED hatte trotz ihrer politischen Dominanz gewisse Rücksichten in der Frage des Umgangs mit den ehemaligen „Pg's" zu nehmen. Dies gilt sowohl hinsichtlich der eigenen Mitglieder und Funktionäre als auch der anderen politischen Parteien, die zumindest bis zur ihrer völligen Vereinnahmung durch die Nationale Front noch ein gewisses Maß an kritischem Potential behaupten konnten. Der sich seit Beginn der fünfziger Jahre vollziehende Integrationsprozeß war nur möglich, weil es der SED gelang, die gesellschaftliche Atmosphäre in der DDR zugunsten eines solchen Schritts zu verändern. Dies hieß gleichzeitig, daß im Zuge des atmosphärischen Wandels jene Kräfte zurückgedrängt werden mußten, die sich aus unterschiedlichen Motiven gegen eine schnelle moralische Rehabilitierung der ehemaligen Anhänger des Nationalsozialismus ausgesprochen hatten.

Die dabei auftretenden teilweise heftigen Konflikte lassen sich auf zwei Ebenen relativ gut beschreiben: Erstens kollidierte der pragmatische Kurs der SED-Führung gegenüber den „Ehemaligen" mit den Interessen und Empfindlichkeiten der ehemaligen Verfolgten des NS-Regimes, insbesondere jener, die als Angehörige des inneren Widerstands das moralische Versagen der deutschen Bevölkerung in der NS-Zeit direkt erlebt und lange Haftjahre in Konzentrationslagern und Zuchthäusern hinter sich hatten. Mit der Vereinigung der Verfolgten des Naziregimes (VVN)[27] besaß diese Gruppe ein großes moralisches Gewicht in der ostdeutschen Nachkriegsgesellschaft und entwickelte trotz weitgehender Personalüberschneidungen mit der SED-Spitze durchaus eigenwillige Positionen. Die zweite Konfliktebene zeigte sich in den Beziehungen der SED zu den Blockparteien. Die CDU und die LDP(D) lehnten eine Aufnahme ehemaliger NSDAP-Mitglieder strikt ab und bildeten in den späten vierziger und Anfang der fünfziger Jahre noch eine kritische Instanz gegenüber der SED.

Der Kurs der SED auf eine möglichst rasche Wiedereingliederung der nominellen Mitglieder der NSDAP stand relativ früh fest und wurde von

27 Zur Geschichte der Verfolgtenorganisation siehe Elke Reuter/Detlev Hansel, Das kurze Leben der VVN 1947 bis 1953, Berlin 1997.

der Führung der Partei in enger Abstimmung mit der sowjetischen Besatzungsmacht formuliert. Bereits unmittelbar nach Kriegsende wurde in den entsprechenden Überlegungen solchen ehemaligen „Pg's", die sich loyal zur neuen Ordnung verhielten und aktiv am Aufbau teilnahmen, die Möglichkeit einer Beteiligung am politischen Leben und sogar einer Aufnahme in die SED eingeräumt.[28]

Bereits seit Anfang 1946 setzten führende Vertreter der SED in ihren öffentlichen Auftritten entsprechende politische Signale. In einer am 11. Januar 1946 in Halle gehaltenen Rede ging Wilhelm Pieck erstmals ausführlich auf die Frage der Wiedereingliederung der „einfachen Pg's" ein: „Wenn wir bei der Beurteilung dieser Verbrecher Unterschiede machen und wenn wir uns bewußt sind, daß der Faschismus kraft seiner sozialistischen Demagogie und auf Grund seines Druckes vermocht hat, große Teile unseres Volkes in die Nazipartei hineinzuzwingen oder in eine ihrer Gliederungen, so deshalb, weil wir wissen, daß diese Massen nicht verloren sind für unser Volk, sondern daß es darauf ankommt, ihnen zum Bewußtsein zu bringen, wie sie betrogen wurden und wie es ihre Pflicht ist, mit uns gemeinsam an einer Front für den Aufbau unseres Landes zu arbeiten. Wir sagen ihnen ganz offen, daß sie eine größere Verantwortung dafür tragen, daß Hitler dieses Verbrechen begehen konnte. Aber wir sind nicht Anhänger ewiger Verdammnis sondern wir wollen diese Kräfte, die einfache Pg's waren bzw. nominelle Nazis, wir wollen ihnen die Möglichkeit geben, innerhalb unserer Kampffront zu arbeiten und sich zu bewähren und sich das Vertrauen wieder zu verdienen."[29] In der Tat hatte Pieck einen Punkt angesprochen, der große Teile der Öffentlichkeit bewegte. Die Hallenser Rede und ein weiterer Auftritt Piecks auf einer Kundgebung im Berliner Funkhaus am 30. Januar 1946, auf der der KPD-Vorsitzende erneut die Frage der Behandlung der ehemaligen NSDAP-Mitglieder aufgriff, zeigten ein beachtliches Echo. Bereits einen Tag später erläuterte Pieck seine Stellungnahme zu den „kleinen Nazis" noch einmal in einem Rundfunkinterview.[30] Offensichtlich

28 Vgl. Handschriftliche Notizen von Wilhelm Pieck über eine Besprechung bei Marschall Bockow am 23. Januar 1946 in Berlin Karlshorst. Als Faksimile abgedruckt in: Alexander von Plato/ Almut Leh, „Ein unglaublicher Frühling". Erfahrene Geschichte im Nachkriegsdeutschland 1945–1948, Bonn 1997, S. 351.

29 Vgl. SAPMO BArch, ZPA, NY 4036/424, Bl. 41.

30 Vgl. Die nichtaktiven Nazis. Wilhelm Pieck antwortet im Rundfunk auf aktuelle Fragen, in: Deutsche Volkszeitung v. 3. 2. 1946.

hatte Piecks Einladung an die „Ehemaligen" nicht nur Zustimmung gefunden, sondern auch Irritationen erzeugt. Pieck selbst erwähnt „oppositionelle Zwischenrufe"[31] an dieser Stelle seiner Rede und sieht sich mit der Frage konfrontiert, über welche Sicherheiten die Kommunisten verfügten, daß dieses Angebot nicht von den falschen genutzt werde und einer vorschnellen Rehabilitierung aller Nazis Vorschub leiste.

Die Frage „Was wird aus den ‚Parteigenossen'?" füllte in der Folgezeit die Spalten der Tageszeitungen und wurde unter reger Teilnahme der Bevölkerung diskutiert. Unter Einbeziehung der Medien formierte sich in der SBZ/DDR im Verlauf des Jahres 1946 eine Allianz für die Integration der „Ehemaligen". Am 6. Februar 1946 griff Günter Kertzscher, Redakteur der *Berliner Zeitung*, das Problem in einem ausführlichen Kommentar auf. Kertzscher, selbst ehemaliges NSDAP-Mitglied, Wehrmachtssoldat und Angehöriger des Nationalkomitees „Freies Deutschland", plädierte unter Berufung auf Pieck für ein rasches Handeln der Parteien in dieser Frage: „Der ehemalige Pg soll wissen, daß er bei Bewährung nach bestimmter Zeit wieder gleichberechtigt sein kann. Das Gefühl der Sicherheit, das er dadurch erhält, ist die Voraussetzung für freudige Bereitwilligkeit und wirklich fruchtbare Arbeit. Auf diese Weise sollen den nichtaktiven Pg's alle Arbeitsgebiete grundsätzlich geöffnet werden, ausgenommen zunächst politische Funktionen."[32] Das Thema provozierte eine regelrechte Welle von Leserzuschriften an verschiedene Tageszeitungen, die einerseits in Gestalt der Berichte Betroffener auf praktische Widersprüche und Unstimmigkeiten im Umgang mit den „Ehemaligen" verwiesen. Zum anderen zeigten die gedruckten Stellungnahmen, wie kontrovers das Thema knapp ein Jahr nach der Niederschlagung des NS-Regimes diskutiert wurde. Das Spektrum der Meinungen reichte von drastischen Forderungen wie der, man solle die ehemaligen kleinen Nazis „zeichnen, wie sie es den Juden antaten", bis zu der verzweifelten Bitte ausgegrenzter „Ehemaliger", „der menschlichen Gesellschaft wieder gleichgestellt (zu) werden".[33] Nimmt man als Resümee dieser öffentlichen Debatte die Forderung, die politischen Parteien mögen end-

31 Ebenda.
32 Vgl. Berliner Zeitung v. 6. 2. 1946.
33 Vgl. Berliner Zeitung v. 21. 4. 1946.

lich eine „klare Linie in der Frage der kleinen Pg's"[34] vertreten, wird deutlich, daß die SED mit ihrer Integrationsofferte in dieser für große Teile der Bevölkerung bedeutsamen Frage in die politische Offensive gegangen war. Am 20. Juni 1946 faßte der Parteivorstand der SED schließlich einen Beschluß über das Verhältnis der SED zu den „nominellen Pg's":[35] Es sei der Zeitpunkt gekommen, „das Problem der Einbeziehung der ehemaligen einfachen Mitglieder und Mitläufer der Nazipartei in den demokratischen Aufbau einer Lösung entgegenzuführen".[36] Alle früheren NSDAP-Mitglieder, „die nicht besonders belastet sind und sich als aktive Mithelfer an der neuen demokratischen Ordnung betätigen",[37] sollten ihre staatsbürgerlichen Rechte zurückerlangen.

Die anderen Parteien, insbesondere die CDU und die LDP(D), waren in dieser Frage aus verschiedenen Gründen gehemmt bzw. hielten es für verfrüht, dieses heiße Eisen anzupacken. Die SED konnte mit Verweis auf ihre antifaschistische Reputation glaubhaft machen, daß sie aus übergeordneten nationalen Interessen handelte, und Vorwürfe, sie würde damit den alten Nazis den Rücken stärken, als Zumutung zurückweisen. Der Integrationskurs erlaubte es der KPD/SED, über ihre engere politische Klientel hinaus wichtige Teile der deutschen Bevölkerung zumindest zeitweilig an sich zu binden. Neben der Personal- und Blockpolitik bildete somit die Integrationspolitik ein wichtiges Fundament für den Aufstieg der Partei zur bestimmenden politischen Kraft der SBZ. Der Wandel in der SED von einer gesinnungsethisch fundierten Entnazifizierungspolitik, die sich in erster Linie an den Interessen der Opfer des NS-Regimes orientierte, hin zu einer von Stabilitätserwägungen gespeisten realpolitischen und pragmatischen Linie des Umgangs mit den ehemaligen Anhängern des NS-Regimes vollzog sich also bereits relativ früh. Auch auf dem Weg zur staatlichen Verselbständigung der SBZ behielt die SED dieses Konzept bei und verstärkte in der Frühphase der DDR ihre Integrationsbemühungen ein weiteres Mal. Bereits kurz nach der Gründung des ostdeutschen Staates am 9. November 1949 verabschie-

34 Ebenda.

35 Vgl. Dokumente der SED. Beschlüsse und Erklärungen des Zentralsekretariats und des Parteivorstandes, Berlin 1948, S. 51.

36 Ebenda.

37 Ebenda.

dete die Volkskammer der DDR ein Gesetz über den „Erlaß von Sühnemaßnahmen und die Gewährung staatsbürgerlicher Rechte für ehemalige Mitglieder und Anhänger der Nazipartei und Offiziere der faschistischen Wehrmacht".[38] Die Betreffenden erhielten damit das aktive und passive Wahlrecht sowie die Erlaubnis zur freien Betätigung auch im öffentlichen Dienst und in den demokratischen Organisationen (mit Ausnahme der inneren Verwaltung und der Justiz).

Im Oktober 1952 wurden mit dem „Gesetz über die staatsbürgerlichen Rechte der ehemaligen Offiziere der Wehrmacht und der ehemaligen Mitglieder und Anhänger der Nazi-Partei" die noch geltenden Beschränkungen für Personen mit geringen NS-Belastungen aufgehoben. Das bei der Begründung in der Volkskammer am 2. Oktober 1952 vom Vorsitzenden der NDPD Dr. Lothar Bolz als „letzter Schritt zur vollen Gleichberechtigung" gefeierte Gesetz sicherte ehemaligen Wehrmachtsoffizieren und NSDAP-Mitgliedern, sofern sie nicht wegen Kriegsverbrechen oder Verbrechen gegen die Menschlichkeit verurteilt worden waren, die vollen bürgerlichen und politischen Rechte zu.[39] In einer im Namen aller Fraktionen abgegebenen Erklärung zu dem Gleichberechtigungsgesetz beschwor der Vorsitzende der VVN Ottomar Geschke das Bild eines antifaschistisch-demokratischen Neuaufbaus, bei dem „ehemalige Mitglieder der NSDAP und frühere Offiziere der Wehrmacht an der Seite der antifaschistischen Widerstandskämpfer"[40] arbeiten könnten. Obwohl der Gesetzesentwurf offiziell von der NDP(D) eingebracht wurde, setzte auch hier die SED entscheidende politische Akzente. Nicht zum ersten Mal mußte die NDP(D) angesichts der in der Frage der Integration tonangebenden Rolle der SED um ihr spezifisches Profil als Auffangorganisation für die „Ehemaligen" bangen. In den Vorbesprechungen der Gesetzesvorlage im „Demokratischen Block" sah sich der Vertreter der CDU, Außenminister Georg Dertinger, zu der „Anregung" veranlaßt, bei der Behandlung des Gesetzes in der Volkskammer müsse „aus dem Gebot einer politischen Sauberkeit" heraus erwähnt werden, daß „die Initiative von der NDP gekommen ist".[41] Zugleich bemühten sich

38 Vgl. Berliner Zeitung v. 10. 10. 1949.
39 Vgl. National-Zeitung v. 3. 10. 1952, S. 3.
40 Ebenda, S. 4.
41 Vgl. Stenografische Niederschrift der Sitzung des Demokratischen Blocks vom 29. 9. 1952, SAPMO BArch, ZPA, IV 2/15/19, Bl. 142.

die beteiligten Vertreter der Parteien, alles zu vermeiden, was die mit dem Gesetzesvorhaben intendierte gesellschaftliche Harmonisierung stören könnte: Bei der Diskussion des Redeentwurfs von Ottomar Geschke, in dem aus einer Rede Franz Dahlems in Mauthausen zitiert wurde, drängte letzterer darauf, den Satz, „den Naziverbrechern wird nichts vergessen", zu streichen, da er mißverstanden werden könne.[42] In der endgültigen Fassung der Rede Geschkes vor der Volkskammer wurde Dahlem schließlich mit dem Aufruf zitiert, die Mitglieder der NSDAP müßten „durch sorgfältige Überzeugungsarbeit und persönliche Beispiele" für das „neue demokratische Leben"[43] gewonnen werden.

Trotz der demonstrativen Unterstützung der Integrationspolitik durch die Führung der VVN regte sich an der Mitgliederbasis der Verfolgtenorganisation immer wieder Unmut über den Schmusekurs der SED gegenüber den „Ehemaligen". Als die SED mit ihrem Konzept der „Nationalen Front für ein demokratisches Deutschland" die Integrationsproblematik für ihre deutschlandpolitischen Ziele nutzbar zu machen suchte, spitzte sich dieser Konflikt zu. Die von der SED-Führung gewünschte Einbindung der VVN in diese Politik und die damit verbundene Mobilisierungskampagne stieß auf erhebliche Vorbehalte bei der Mitgliederbasis der VVN. Interne Stimmungsberichte konstatieren wiederholt die große Zurückhaltung der VVN-Mitgliedschaft den ehemaligen Mitgliedern der NSDAP gegenüber[44] und verweisen auf die Gefahr der Isolierung des Verbandes: Er drohe zu einem Verein zu werden, „in dem man sich auf seinen Lorbeeren ausruht".[45] Auf einer Sitzung des Zentralvorstandes der VVN im Februar 1951 kritisierte Walter Bartel die Fixierung der Vereinigung auf die Vergangenheit: „Es ist notwendig, die bisher noch von vielen Kameraden gemachten Vorbehalte gegen die ehemaligen Pg's zu überwinden, denn was ist wichtiger, daß er vor sechs Jahren noch das Mitgliedsbuch hatte oder heute für den Frieden ist."[46] Die in Verbin-

42 Ebenda, Bl. 140.

43 Vgl. National-Zeitung v. 3. 10. 1952, S. 4.

44 Bereits 1949 im Zusammenhang mit dem Amnestiegesetz wurden diese Bedenken von zahlreichen VVN-Mitgliedern artikuliert. Vgl. Arbeitsplan des Landesverbandes Brandenburg der VVN Oktober–Dezember 1949, SAPMO BArch, ZPA, V 278/4/1.

45 Vgl. Sitzung des Zentralvorstandes der VVN am 3. 2. 1951, Archiv IVVdN, VVN Zentralvorstand (ZV 1).

46 Ebenda.

dung mit der Wiedereingliederungsgesetzgebung beginnende SED-Politik einer verstärkten Werbung um ehemalige NSDAP-Mitglieder bekam nunmehr eine deutschlandpolitische Komponente. Mit einer Öffnung gegenüber den NSDAP-Mitgliedern und Wehrmachtsangehörigen im Westen sollte ein bislang ungenutztes politisches Potential für die nationale Politik der SED erschlossen werden. Man müsse, wie es Georg Spielmann auf einer Beratung der VVN-Führung über die Massenarbeit der Organisation formulierte, „den Kampf gegen die Wiedergeburt der nazistischen Methode in Westdeutschland führen bei schärfster Unterscheidung bei den Millionen Menschen, die eine andere Vergangenheit haben als wir. [...] Wir müssen ihnen die Hände reichen, damit sie schneller den Weg in die allgemeine Volksbewegung gehen. Für uns ist der Nazi der unmittelbare Feind, der sich heute in den Dienst der deutschen Kriegsvorbereitungen stellt und diese aktiv unterstützt. Wir müssen in Westdeutschland eintreten für die Bürgerrechte der ehemaligen Pg's, die in weitgehendem Sinne bedroht sind. In Westdeutschland hatte die VVN eine solche Linie, daß sie Jagd gemacht hat auf den ehemaligen Pg, anstatt Jagd auf den neuen Kriegsverbrecher."[47] Diese an den Opfer- und Verfolgtenverband herangetragene Aufforderung zu einer politischen Wendung beinhaltete eine Umdeutung zentraler Begriffe aus dem Selbstverständnis der Verfolgten. Der Widerstandsbegriff wurde aus seinem konkreten historischen Kontext herausgelöst und auf den Kampf gegen die Remilitarisierung in der Bundesrepublik und die „Kriegsvorbereitungen des amerikanischen Imperialismus" projiziert. Oder, wie es Franz Dahlem 1951 formulierte, an der Spitze der VVN bedürfe es Menschen, „die heute noch kämpferisch veranlagt sind" und die sich nicht „auf ihren Lorbeeren guter Zeiten ausruhen".[48]

Vornehmlich die Mitgliederbasis der VVN empfand die Aufforderung „Ihr Antifaschisten müßt nun für die eintreten, die euch früher einmal geschädigt haben",[49] als eine Zumutung. Die Isolierung und der schwindende Einfluß der Opfer und Verfolgten führten erneut zu sektiererischen Tendenzen und zu einer Wiederbelebung moralisch rigoroser Positionen bei der Auseinandersetzung mit der NS-Vergan-

47 Vgl. ZV-Sitzung am 1. 4. 1951, ebenda.
48 Vgl. ZV-Sitzung am 27. 10. 1951, ebenda, VVN Zentralvorstand (ZV 2).
49 Vgl. ZV-Sitzung am 1. 4. 1951.

genheit. Dies zeigte sich bereits im Bereich der von der VVN initiierten Täterverfolgung, bei der die Organisation laut einer internen Kritik ihres Zentralvorstandes dazu tendierte, „den letzten kleinen Pg aus seinen Funktionen herauszusetzen".[50] Diese Haltung wurde zu einem ernsten Hindernis für die Integrationspolitik der Nationalen Front. Für die Protesthaltung der VVN gegenüber dem Harmonisierungskurs der SED lassen sich viele Belege finden. Viele ehemals Verfolgte waren nicht bereit, „sich mit einem Pg in der Nationalen Front" an einen Tisch zu setzen: „Sie sind und bleiben Faschisten."[51] Ähnliche Konflikte innerhalb der VVN provozierte die Frage des Aufbaus nationaler Streitkräfte in der DDR. Zum einen dominierte in der Verfolgtenorganisation eine starke pazifistische Einstellung, für die gleichnishaft jenes Gelübde „Nie wieder Faschismus, nie wieder Krieg" aus den ersten Tagen nach der Befreiung stand. Zum anderen war mit dem Thema nationaler Streitkräfte die Frage des Umgangs mit den ehemaligen Berufssoldaten und Offizieren der Wehrmacht aufgeworfen. Auch die DDR mußte trotz der offiziell behaupteten Alternative einer Verteidigungsarmee unter Kontrolle der Arbeiter- und Bauernmacht auf diese belasteten militärischen Fachleute zurückgreifen.[52] Die von der SED entwickelten Legitimationsmuster für eine Armee, die den Traditionsbruch zum preußischen Militarismus und das mit dem „Nationalkomitee Freies Deutschland" verbürgte Bild von den zur Wandlung befähigten und bereiten Militärs betonten, konnten die Vorbehalte innerhalb der VVN nicht ausräumen.[53]

Die genannten Konflikte und die Weigerung der VVN, die Politik einer inneren Harmonisierung der DDR-Gesellschaft mitzutragen, waren schließlich für die von der SED erzwungene Auflösung des Verbandes im Februar 1953 mit verantwortlich.[54] Als sektiererische Kaderorganisation mit einer durch die Vergangenheit legitimierten Sonderstellung in der Gesellschaft wurde die VVN in den Augen der SED zu einer Gefahr für

50 Vgl. ebenda.

51 Ebenda.

52 Siehe dazu: Rüdiger Wenzke, Wehrmachtsoffiziere in den DDR-Streitkräften, in: Detlev Bald/Reinhard Brühl/Andreas Prüfert (Hrsg.), Nationale Volksarmee – Armee für den Frieden. Beiträge zu Selbstverständnis und Geschichte des deutschen Militärs 1945–1990, Baden-Baden 1995, S. 143–156.

53 Vgl. Sitzung des Zentralvorstandes der VVN am 17. 3. 1952, Archiv IVVdN, VVN Zentralvorstand (ZV 3).

54 Siehe dazu auch Reuter/Hansel, Das kurze Leben, S. 502 f.

die unter nationalen Fahnen geführte Politik, deren erklärtes Ziel es war, „alle Menschen der Deutschen Demokratischen Republik für diesen patriotischen Kampf zu gewinnen, besonders diejenigen, die vor einigen Jahren noch mit den Illusionen des faschistischen Regimes behaftet waren“.[55]

Das verstärkte Werben der SED um die „Ehemaligen“ führte auch zu Interessenkonflikten mit der ansonsten eher loyalen Blockpartei NDP(D). Die 1948 auf Initiative der SMAD gegründete Partei sollte ursprünglich eine Brückenfunktion für die schrittweise Eingliederung der ehemaligen NSDAP-Mitglieder, Berufssoldaten und Offiziere in die SBZ/DDR übernehmen. Als ein parteipolitisches Kunstprodukt war die NDP(D) somit Bestandteil eines von der SED initiierten politischen Systems, das mit der Möglichkeit zur Ausbildung limitierter und kontrollierter politischer Teilidentitäten auf eine innenpolitische Stabilisierung zielte. Die der Partei zugedachte Rolle als einer Art Auffangbecken für ehemalige NS-Anhänger trug der Tatsache Rechnung, daß die Aufnahme ehemaliger „Pg's“ durch die LDP(D) und die CDU abgelehnt wurde und auch die SED auf diesem Gebiet zunächst zu einer gewissen Zurückhaltung gezwungen war. Die SMAD und auch die Führung der SED hielten es jedoch von Anfang an für unerläßlich, diese relativ große Gruppe der deutschen Bevölkerung politisch an die neue Ordnung zu binden und sie nicht im politischen Niemandsland zu lassen. Zugleich verfügten sie mit der NDP(D) über ein Gegengewicht gegen die anfangs noch rebellierenden Liberalen und Christdemokraten in der SBZ. Ohnehin war die Partei mit ihrem Hintergrund an nationalsozialistischer Vergangenheit leichter disziplinierbar als die politische Konkurrenz.

Aus dieser merkwürdigen Zwischenlage ergaben sich für die NDP(D) erhebliche Schwierigkeiten, ein eigenes politisches Profil auszubilden. Von der CDU und der LDP(D) wurde die Partei als Kind der SMAD und Sammelbecken der „Pg's“ denunziert und weitestgehend ausgegrenzt bzw. ignoriert. So beschwerte sich etwa der Vorsitzende der NDP(D) Dr. Lothar Bolz auf einer Sitzung des Gemeinsamen Ausschusses der zentralen Einheitsfront der antifaschistisch-demokratischen Parteien am

55 Vgl. Sitzung des Zentralvorstandes der VVN am 21. 2. 1953, Archiv IVVdN, VVN Zentralvorstand (ZV 3).

2. Februar 1949, daß von seiten der CDU und der LDP(D) systematisch das Gerücht verbreitet werde, die NDP(D) „sei eine Nazipartei und habe im Auftrag der SMA, die Nazis zu sammeln" (sic!).[56] Bei der SED-Führung konnte sie als Integrationspartei auf Unterstützung rechnen. Gleichzeitig grub ihr die SED mit ihrer Anfang der fünfziger Jahre forcierten Integrationskampagne politisch das Wasser ab. Die Berichte zu den Mitgliederbewegungen in der Partei zeigen, wie gering der Anteil der „Ehemaligen" war, den die Partei politisch zu binden vermochte. Trotz wiederholter Werbekampagnen bewegte sich der Anteil der ehemaligen NSDAP-Mitglieder in der NDP(D) von 14,6 % im April/Mai 1949 (bei einer Gesamtzahl von 12 773 Parteimitgliedern)[57] auf 10,6 % im Mai 1950 (Gesamtmitgliederzahl: 41 661)[58], um schließlich Ende 1950 auf 9,6 % (Gesamtmitgliederzahl 66 934)[59] zu sinken. Betrachtet man die absoluten Zahlen, konnte demnach die SED wesentlich mehr ehemalige NSDAP-Mitglieder an sich binden als die NDP(D). Die aus dieser Not geborenen Versuche der NDP(D), andere Bevölkerungsgruppen, z. B. Arbeiter oder Vertreter der Intelligenz anzusprechen, wurden von der SED aufmerksam registriert und schließlich gestoppt.[60] Die spätere Entwicklung der Partei zu einer Interessenvertretung des Mittelstandes in der DDR ist insofern eine logische Konsequenz aus dieser Entwicklung. Gleichwohl gab die NDP(D) dieses Terrain nicht völlig auf und engagierte sich insbesondere mit ihrer Kultur- und Verlagsarbeit für die Vermittlung der Traditionslinie des „Nationalkomitees Freies Deutschland". Sie sprach damit vor allem ehemalige Soldaten und Offiziere der deutschen Wehrmacht an, die sich in der letzten Phase des Krieges vom NS-Regime abgewandt und einen entsprechenden Prozeß der „Wandlung" durchgemacht hatten.

Diese spezifische Problemlage der Partei bestimmte auch die Erfahrungen der Mitglieder an der Basis. In ihrer Alltagsarbeit zur be-

56 Vgl. SAPMO BArch, NDPD, Bündel 1015.

57 Ebenda, Bündel 124, Monatsberichte 1948–1951.

58 Ebenda.

59 Ebenda. Ab 1951 führte die Partei ein neues Berichtsschema ein, nach dem der Anteil ehemaliger NSDAP-Mitglieder in der Partei nicht mehr erfaßt wurde.

60 So beschäftigte sich das SED-Politbüro in seiner Sitzung am 3. 2. 1953 mit der Mitgliederbewegung in der NDP(D) und beschloß, der Partei nicht mehr zu gestatten, Arbeiter und Vertreter der „aus bürgerlichen Kreisen" kommenden Intelligenz aufzunehmen. Ferner sollte der Partei empfohlen werden, ihre Betriebsgruppen aufzulösen. Vgl. SAPMO BArch, ZPA, DY 30/J IV 2/2/260, Bl. 67.

ruflichen und sozialen Wiedereingliederung ehemaliger NS-Anhänger gerieten die Nationaldemokraten auf lokaler und regionaler Ebene immer wieder in Grabenkämpfe mit sektiererischen SED-Kadern.[61] Die Monatsberichte der Partei enthalten immer wieder Klagen der Basisorganisationen darüber, daß viele ehemalige NSDAP-Mitglieder und Wehrmachtsangehörige Zweifel an der Dauer der Blockpolitik und dem realen Einfluß der NDPD hätten. Wenn sie sich überhaupt zu neuerlicher politischer Aktivität entschlössen, dann würden sie lieber gleich in die SED eintreten.[62]

Auch bei der CDU und LDP(D) herrschte Unsicherheit, wie man sich zu dem Integrationskurs der SED verhalten sollte. Mit ihrer deutlichen Abgrenzung zur NDP(D) als „Partei der Ehemaligen" waren die Parteien ein weiteres Mal auf Distanz zu dieser Bevölkerungsgruppe gegangen. In ihrer praktischen Politik beschränkten sich beide Parteien zunehmend darauf, die inneren Widersprüche in der SED-Politik gegenüber den ehemaligen NSDAP-Mitgliedern aufzuzeigen.[63]

Zusammenfassend läßt sich feststellen, daß es der SED relativ früh gelungen ist, das Problem der gesellschaftlichen und politischen Integration ehemaliger NSDAP-Mitglieder für den Ausbau ihrer Monopolstellung im politischen System der SBZ und der frühen DDR zu nutzen. Mit ihrer Anfang der fünfziger Jahre noch einmal verstärkten Werbung um die „Ehemaligen" übernahm die Partei zunehmend die zunächst der NDP(D) zugedachte Rolle eines politischen Auffangbeckens für diese Bevölkerungsgruppe. Dabei nahm die SED-Führung in Kauf, daß ihre Politik bei der eigenen Mitgliederbasis und insbesondere bei den Verfolgten des NS-Regimes auf Unverständnis und verhaltenen Protest stieß. Personen oder Gruppen, die sich, wie etwa Teile der VVN, von der Politik der „Nationalen Front" distanzierten, wurden schließlich aus dem politischen Leben der DDR gedrängt. Eine Auseinandersetzung mit den Prägungen und der politischen Mentalität der ehemaligen NSDAP-, HJ- und BDM-Mitglie-

61 Laut den Berichten aus den Basisorganisationen behinderten lokale SED-Funktionäre oftmals die Arbeit der NDP(D). Viele Parteilose rechneten mit Schwierigkeiten, wenn sie sich der NDPD anschlossen. Mittlere SED-Funktionäre würden den Eindruck verstärken, daß die NDP(D) ohnehin nur ein „SED-Anhängsel" sei. Vgl. SAPMO BArch, NDPD, Bündel 124, Monatsberichte 1948–1951.

62 Ebenda.

63 Siehe dazu u.a. SAPMO BArch, ZPA, DY 30 IV 2/15/1.

der, die in den fünfziger Jahren ihren Weg in die SED nahmen, blieb weitestgehend aus. Aufgrund ihrer Vergangenheit unterlag diese Gruppe einem verstärkten Loyalitätsdruck, der sich auch auf das Bekenntnis zum offiziellen antifaschistischen Wertekanon erstreckte. Die beachtlichen Verschiebungen innerhalb der Mitgliederbasis der SED, die in den fünfziger Jahren durch die politischen Säuberungen und die Integration ehemaliger Nationalsozialisten bewirkt wurden, haben die Etablierung stalinistischer Strukturen begünstigt, wenn nicht sogar erst ermöglicht. Die beträchtlichen Spannungen innerhalb der SED im Zusammenhang mit der Integrationspolitik der Parteiführung bedürfen weitergehender Untersuchungen. Dabei ist insbesondere der Frage nachzugehen, wie diese Politik an der Parteibasis und im politischen Alltag der DDR umgesetzt wurde. Ungenügend erforscht sind nach wie vor auch die zahlreichen Fälle politischer Repression von Gegnern der SED-Politik, bei denen reale oder vermeintliche NS-Belastungen als Vorwand für die politische Verfolgung dienten.

Ravensbrück-Prozeß in Hamburg 1946/47,
Blick auf die Angeklagten. (Bundesarchiv)

Insa Eschebach

„NEGATIVE ELEMENTE"
Ermittlungsberichte des MfS über ehemalige SS-Aufseherinnen*

„Persönlich besitzt die Überprüfte einen einwandfreien Ruf. Sie wird als grundsolide, ruhige und ordentliche Frau geschildert. Früh steht sie zeitig auf und frühstückt gemeinsam mit dem Ehemann. Dann bringt sie die Wohnung wieder in Ordnung und fährt mit dem Stadtbus zu Arbeit. [...] Sie ist Nichtraucherin und es wird nichts von Alkoholgenuß bei ihr wahrgenommen."

Ermittlungsbericht über Marianne Stein vom 3. Juni 1980[1]

„Im Wohngebiet wird sie als unsauber und verkommen bezeichnet. In ihrer Freizeit hält sich die P. in Seemannsgaststätten auf und ist bestrebt, Kontakte zu ausländischen Seeleuten zu knüpfen. Oft werden auch von ihr männliche Personen mit in ihre Wohnung genommen. Die P. lebt in schlechten finanziellen Verhältnissen, da sie viel Geld für alkoholische Getränke und Tabak ausgibt."

Ermittlungsbericht über Trude Plock vom 4. Januar 1973[2]

* Die Vorarbeiten zu dieser Detailstudie entstanden im Rahmen eines Forschungsprojektes am Fachbereich Politische Wissenschaft der FU Berlin; für die Finanzierung des Projektes danke ich dem Förderprogramm Frauenforschung des Berliner Senats. – Für die namentlich genannten ehemaligen Aufseherinnen habe ich aus datenschutzrechtlichen Gründen Pseudonyme verwendet.

1 Ermittlungsbericht vom 3. 6. 1980; Der Bundesbeauftragte für die Unterlagen des Staatssicherheitsdienstes der ehemaligen Deutschen Demokratischen Republik (BStU), ZA AV 8/74, Bd. 25, Bl. 363–365.

2 Ermittlungsbericht vom 4. 1. 1973; BStU, ZA AV 8/74, Bd. 41, Bl. 328–330.

Die Rede ist von zwei Frauen, die während des Dritten Reiches als SS-Aufseherinnen im Frauenkonzentrationslager Ravensbrück tätig waren.[3] Seit Anfang der 50er Jahre bemühten sich Mitarbeiter des Ministeriums für Staatssicherheit (MfS) darum, Informationen über in der DDR ansässige ehemalige Angehörige des SS-Personals zu beschaffen. Nur ein Teil von ihnen war – vornehmlich Ende der 40er Jahre – strafrechtlich verfolgt worden.[4] Die „umfassende Aufklärung solcher Kräfte [...], die aus der Zeit des Faschismus belastet waren und in der DDR zur potentiellen Basis des Gegners gehörten oder gerechnet werden mußten", war fester Bestandteil des Aufgabenbereichs des MfS.[5]

Gleichwohl begann das MfS verhältnismäßig spät, die Ermittlungen zu systematisieren. Zumindest für Angehörige des Lagerpersonals Ravensbrück gilt, daß die Berliner Hauptabteilung IX/11 erst Anfang der 70er Jahre systematische Untersuchungen zum „Verbrechenskomplex Ravensbrück" einleitete.[6] Im Jahr 1981 heißt es zusammenfassend, daß im Rahmen dieses Vorganges „insgesamt 147 Personen einschließlich 5 männliche ehemalige SS-Angehörige des KZ Ravensbrück" als „Bürger der DDR" ermittelt wurden.[7]

3 Mit dem Begriff „Ravensbrücker Aufseherinnen" bezeichne ich im folgenden SS-Aufseherinnen, die im Frauenkonzentrationslager Ravensbrück selbst, in einem seiner Außenkommandos bzw. Nebenlager tätig waren. Darüber hinaus umfaßt der Begriff diejenigen, die in Ravensbrück zu Aufseherinnen ausgebildet wurden, dann aber in ein anderes Frauenlager versetzt wurden bzw. über Ravensbrück ihr Gehalt bezogen.

4 Nach dem gegenwärtigen Stand der Forschung sind von deutschen Gerichten der Sowjetischen Besatzungszone und der DDR 45 ehemalige Ravensbrücker Aufseherinnen verurteilt worden. Die überwiegende Mehrzahl dieser Verfahren, nämlich 37 von 45, fand in den Jahren 1948 bis einschließlich 1950 statt. Fünf Frauen wurden während der 50er und drei Frauen während der 60er Jahre verurteilt. Vgl. Insa Eschebach, NS-Prozesse in der Sowjetischen Besatzungszone und der DDR. Einige Überlegungen zu den Strafverfahrensunterlagen ehemaliger SS-Aufseherinnen des Frauenkonzentrationslagers Ravensbrück, in: Beiträge zur Geschichte der nationalsozialistischen Verfolgung in Norddeutschland, Heft 3/1997: Die frühen Nachkriegsprozesse, hrsg. v. der KZ-Gedenkstätte Neuengamme, Bremen 1997, S. 65–74.

5 Dieter Skiba, Der Beitrag der Organe des Ministeriums für Staatssicherheit bei der konsequenten Verfolgung von Nazi- und Kriegsverbrechen und Verbrechen gegen die Menschlichkeit. Typoskript. Juristische Hochschule Potsdam 1980; BStU, ZA VVS-JHS 001, Nr. 384/80, S. 34.

6 Vgl. Insa Eschebach, „Ermittlungskomplex Ravensbrück". Das Frauenkonzentrationslager in den Akten des Ministeriums für Staatssicherheit, in: Internationale wissenschaftliche Korrespondenz zur Geschichte der deutschen Arbeiterbewegung (IWK) 33 (1997), S. 212–231.

7 HA IX/11: Sachstandsbericht vom 26. 10. 1981; BStU, ZA AV 8/74, Bd. 30, Bl. 24.

Es fragt sich, warum die Staatssicherheit nur so wenige männliche SS-Angehörige ausfindig machen konnte. Aussagen des ehemaligen Kommandanten von Ravensbrück Fritz Suhren im Nürnberger Prozeß zufolge waren Ende April 1945 550 Männer der Waffen-SS im Wachbataillon des Lagers tätig, weitere 90 arbeiteten im Kommandanturstab. Diesem gehörten auch etwa 150 Frauen an, weitere 300 waren in den Außenkommandos tätig.[8] Darüber hinaus wurden ca. 3 500 Frauen zu Aufseherinnen in Ravensbrück ausgebildet, die dann entweder in einem der rund 350 aus weiblichen Häftlingen bestehenden Nebenlagern oder in anderen Frauenkonzentrationslagern bzw. Frauenlagern innerhalb anderer Lager Dienst taten. Etwa 10 Prozent des gesamten KZ-Personals waren, so Gudrun Schwarz, Frauen.[9]

Daß es bei Kriegsende eine „Völkerwanderung" des SS-Personals von Ost nach West gab, ist bekannt. Warum sich nun unter denen, die die Sowjetische Besatzungszone als Wohnsitz wählten, unverhältnismäßig viele Frauen befanden, darüber lassen sich derzeit nur Vermutungen anstellen: Es mag der weiblichen Sozialisation geschuldet sein, daß die in der Regel nicht-privilegierten Schichten entstammenden Frauen es 1945 als schwierig empfanden, sich allein im fremden Westen, fernab familiärer Beziehungen, eine neue Existenz aufzubauen. Viele von ihnen kehrten damals zu ihren Eltern bzw. in ihre Heimatorte zurück; zum Teil nahmen sie Arbeit in ihren früheren Arbeitsstellen auf, viele der im Schnitt um 1920 Geborenen heirateten und bekamen Kinder.

Im folgenden geht es um die Frage, was die MfS-Ermittlungsberichte über die in der DDR lebenden ehemaligen SS-Aufseherinnen mitteilen.[10] Angefertigt von hauptamtlichen MfS-Mitarbeitern, z. T. aber auch von inoffiziellen, handeln diese Texte selten nur von den Überprüften selbst, sondern auch von deren Familienangehörigen, Freunden und Bekannten. Gegenstand der Berichte sind die biographischen Daten der Perso-

8 Vgl. Eidesstattliche Erklärungen von Fritz Suhren vom 8. 3. 1946 und 19. 3. 1946; Dok. 746a-D und 746b-D; Der Prozeß gegen die Hauptkriegsverbrecher vor dem Internationalen Militärgerichtshof Nürnberg 1947–1949, Bd. 35.

9 Gudrun Schwarz, SS-Aufseherinnen in nationalsozialistischen Konzentrationslagern (1933–1945), in: Dachauer Hefte 10 (1994), S. 35.

10 Die vorliegende Studie basiert auf 45 Ermittlungsberichten aus den Jahren 1953 bis 1983. Zwölf der Überprüften hatten zum Ermittlungszeitpunkt ihre überwiegend niedrigen Haftstrafen in Gefängnissen der SBZ/DDR verbüßt; eine war durch ein polnisches Gericht verurteilt worden und lebte nach ihrer Haftentlassung in der DDR. Die übrigen sind meines Wissens strafrechtlich nicht verfolgt worden.

nen, ihr Lebenswandel, ihre politische Einstellung wie auch die Frage ihrer (postalischen) Verbindungen nach Westdeutschland und Westberlin. Ihr Wissen bezogen die Ermittler sowohl aus dem persönlichen Umfeld der Überprüften als auch aus deren Personalakten bei den jeweiligen Arbeitsstellen. Über die Herkunft der Informationen heißt es in der Regel in dieser oder ähnlicher Formulierung vage: „Unserer Diensteinheit wurde durch Gespräche mit inoffiziellen Quellen bekannt, daß ..." Strafrechtliche Konsequenzen hatten die Berichte in keinem der hier untersuchten Fälle.

Aufschlußreich sind die Texte in mehrfacher Hinsicht: Als biographiegeschichtliche Dokumente geben sie Auskunft über den Lebensweg ehemaliger Aufseherinnen nach 1945. Wir erfahren, daß die Frauen beispielsweise als „Viehpflegerin" bei einer LPG Tierproduktion, als Löterin in einem VEB Trafowerk, als Genossenschaftsbäuerin, Kranführerin, Postangestellte, Stationshilfe, als Näherin, Blumenverkäuferin, als „Betriebswachmann", Telephonistin, Packerin usw. arbeiteten. Darüber hinaus lassen sich die Ermittlungsberichte auch als ein Stück Sozialgeschichte der DDR lesen: Sie erzählen von Konflikten während der Arbeit und im „Wohngebiet", über nachbarschaftliche und familiäre Beziehungen, über das Verhalten an „Staatsfeiertagen", über Wohnungseinrichtungen und Prämiensysteme.

In erster Linie aber dokumentieren die Ermittlungsberichte die rigiden sozialen Normierungsvorstellungen ihrer Verfasser. Wie die eingangs zitierten Textpassagen deutlich machen, werden die Überprüften entweder als unauffällig und monogam geschildert oder aber als unordentliche Frauen mit wechselnden Männerbeziehungen – als sogenannte negative Elemente. Diese dichotomische Argumentationsstruktur geht mit einer frappierenden geschlechtsspezifischen Rhetorik einher: Die Sexualität der Frauen, ihr Umgang mit Alkohol und Zigaretten sowie ihr Verhältnis zur Arbeit – das in etwa sind die Kriterien der Beurteilung. Der Eindruck entsteht, daß es den Ermittlern weniger um die Aufklärung von Verbrechen in Ravensbrück ging als vielmehr um die Frage, inwieweit die ehemaligen SS-Aufseherinnen gesellschaftlich integriert lebten. Als Integrationsmerkmale galten eine positive Einstellung zu „unserem Staat", eine gute Arbeitsmoral und Lebensführung sowie eine „harmonische Ehe". Im folgenden werden zunächst einige Textauszüge vorgestellt, um sie anschließend quellenkritisch zu diskutieren.

I.

„DIE EINSTELLUNG ZU UNSEREM STAAT"

Politisches Denken und Verhalten wird in den Ermittlungsberichten unter dem Blickwinkel der Staatstreue beurteilt: „Die Einstellung der Genannten zu unserem Staat wurde als gut eingeschätzt. Das beweist sie in Diskussionen, die sie im Wohngebiet und im Elternbeirat führt."[11] Oder: „Ihre Einstellung zu unserem Arbeiter- und Bauern-Staat ist als loyal zu betrachten."[12] Von Bedeutung ist auch das Verhalten im Kontext des Aufstandes am 17. Juni 1953 bzw. am Tag des Mauerbaus: „Am 17. 6. 53 sowie am 13. 8. 61 ist sie nicht in Erscheinung getreten."[13] Oder: „Zu politischen Höhepunkten, wie 1953, beteiligte sie sich nicht an irgendwelchen Aktionen."[14]

Demgegenüber steht der Befund einer „undurchsichtigen politischen Einstellung", oder es heißt: „Ihre Haltung zur Entwicklung in der DDR kann als negativ eingeschätzt werden."[15] Als Beleg dienen Äußerungen wie: „An Staatsfeiertagen wurden die Wohnungsfenster nicht beflaggt."[16] Oder: „Eine Ausstattung anläßlich der Staatsfeiertage erfolgt nicht."[17] In einem Fall diente den Ermittlern eine Wohnungsnachbarin als „inoffizielle Quelle", die indirekt (und grammatikalisch unzulänglich) wiedergegeben wird: „Daß die Familie nichts mit unserer Politik zu tun haben will, sei darin zu entnehmen, daß sie stets an den Montagen nach dem Archiv-Film den ‚Schwarzen Kanal' abstellen."[18]

In nur wenigen Fällen wird über entsprechende Datenangaben hinaus die Tätigkeit der Frauen in den Konzentrationslagern thematisiert. So im Fall der Margarete Kerstner, die 1949 vom Landgericht Halle zu einer zweijährigen Gefängnisstrafe verurteilt worden war. Nach der Haftentlassung arbeitete sie zunächst als Reinemachefrau, dann als Verkäuferin; in den 60er Jahren war sie zur Verkaufsstellenleiterin eines Konsum-

11 Ermittlungsbericht vom 13. 3. 1970; BStU, AV 8/74, Bd. 23, Bl. 251–253.
12 Ermittlungsbericht vom 8. 4. 1970; BStU, ZA RHE V 84/69, Bl. 34.
13 Ermittlungsbericht vom 29. 4. 1965; BStU, ZA AV 8/74, Bd. 41, Bl. 245.
14 Ermittlungsbericht vom 14. 5. 1974; BStU, ZA RHE West Nr. 714, Bd. 5, Bl. 536–538.
15 Ermittlungsbericht vom 4. 1. 1973; BStU, ZA AV 8/4, Bd. 41, Bl. 328–330.
16 Ermittlungsbericht vom 10. 6. 1976; BStU, ZA AV 8/74, Bd. 29, Bl. 288–289.
17 Ermittlungsbericht vom 3. 6. 1980; BStU, ZA AV 8/74, Bd. 25, Bl. 363–365.
18 Ermittlungsbericht vom 14. 2. 1973; BStU, ZA AV 8/74, Bd. 37, Bl. 117–118.

Kreisverbandes aufgestiegen: „Sie ist sehr zufrieden, ihrer jetzigen Tätigkeit unbehelligt nachgehen zu können, sich nicht unbedingt partei-politisch binden zu müssen. [...] In jedem Fall betont sie, daß sie aus ihrer Vergangenheit, insbesondere nach Verbüßung ihrer Haft, die notwendigen Schlußfolgerungen gezogen hat."[19] Und: „Aus diesen Gründen läßt sie sich auch auf keine intensiven politischen Gespräche ein und ist der Meinung, was sie erlebt habe, reiche aus, um sich nie wieder so fest zu binden."[20]

Ihre Erfahrungen als SS-Aufseherinnen dienten den Frauen, sofern das Thema überhaupt angeschnitten wird, als Argument für politische Zurückhaltung. Dramatische Züge hat ein MfS-Bericht über die Anwerbung einer ehemaligen Aufseherin als „Geheimer Informator"[21] wenige Tage vor deren Haftentlassung aus der Strafvollzugsanstalt Hoheneck im Jahr 1955: „Auf die Frage, ob sie uns in der Frage des Erhaltes des Friedens, ohne sich selbst einer Gefahr auszusetzen, unterstützen möchte, sagte sie erst, daß sie schon einmal ihren Namen gegeben hat, was ihr ihre verbüßte Haftzeit eingebracht hat." – Entgegen ihren Bedenken hat die so Befragte schließlich doch unterschrieben.[22]

DIE ARBEITSMORAL, DER LEBENSWANDEL

„Arbeitet initiativreich und einsatzfreudig", „ist arbeitsam, pünktlich, zuverlässig, fleißig" – der Katalog preußischer Tugenden ist bekannt. Einige der Überprüften erzielten sogar Spitzenleistungen wie beispielsweise die in einer Zündwarenfabrik tätige Maschinenführerin Emma Germann, die 1951 als „Aktivistin" ausgezeichnet wurde.[23] Eine andere „stets hilfsbereite Genossin und Frau", die 1944 u. a. in Majdanek tätig war, erhielt 1974 die „Ehrennadel der Nationalen Front in Silber".[24] Mehrfach ausgezeichnet wurde die Verkäuferin Irmgard John: 1953 als „Bestarbeiterin",

19 Ermittlungsbericht vom 8. 4. 1970; BStU, ZA RHE V 84/69, Bl. 34.
20 Ermittlungsbericht vom 19. 2. 1970; BStU, ZA AV 8/74, Bd. 23, Bl. 48–51.
21 Zur Anwerbung ehemaliger SS-Aufseherinnen durch das MfS vgl. Eschebach, „Ermittlungskomplex Ravensbrück".
22 Bericht vom 4. 1. 1956; Bundesarchiv Zwischenarchiv Dahlwitz-Hoppegarten (BA DH), ZM 1639 A 2.
23 Ermittlungsbericht vom 13. 2. 1973; BStU, ZA AV 8/74, Bd. 41, Bl. 302–307.
24 Ermittlungsbericht vom 14. 5. 1974; BStU, ZA RHE West Nr. 714, Bd. 5, Bl. 536–538.

1956 prämiert mit 10.– MDN für gute Leistungen; zweimal erhielt ihre Arbeitseinheit den Titel „Brigade der sozialistischen Arbeit".[25]

Ganz im Gegensatz dazu stehen Befunde wie die beiden folgenden: „Bis 1964 ging die B. keiner geregelten Arbeit nach. Sie hatte zwar mehrere Arbeitsstellen nachzuweisen, wurde jedoch nach einiger Zeit wieder entlassen, da ihre Arbeitseinstellung unbefriedigend war."[26] Oder: Die „Überprüfte [...] hat eine schlechte Arbeitsmoral und Arbeitsdisziplin. Sie wechselte sehr häufig die Arbeitsstellen bzw. wurde wegen ihrem unmoralischen Lebenswandel sowie übermäßigen Alkoholgenuß, Diebstählen usw. entlassen."[27]

Der Begründungszusammenhang ist klar: Mangelnde Arbeitsdisziplin ist immer auch dem Konsum von Alkohol geschuldet. Die Bedeutung, die die Ermittlungsberichte der Alkoholfrage beimessen, nimmt zum Teil erstaunliche Züge an. Sofern die Überprüften nicht explizit als abstinent klassifiziert werden, zeichnen die Texte Trinker- und Säuferszenarien von erschreckendem Ausmaß. Noch vergleichsweise freundlich lautet die Einschätzung, die „Überprüfte" „genießt nur Alkohol, um zu vergessen".[28] Eine andere ist „als Trinkerin bekannt", „als Säuferin verschrien", oder es heißt: „Sie ist als vorlaute Person bekannt und wird als Trinkerin bezeichnet, da sie häufig Gaststätten aufsucht und oft angetrunken ist."[29] Vom „Genuß von Alkohol während der Arbeitszeit" ist ebenso die Rede wie von „Trinkgelagen" oder vom „Feiern bis in die frühen Morgenstunden".

„Arbeitsbummelei" und „Trunksucht" von Frauen ziehen den Prostitutionsverdacht nach sich, wie die folgenden Textabschnitte belegen. Die Argumentation ist in allen drei Fällen ähnlich aufgebaut, obwohl von unterschiedlichen Personen die Rede ist:

„Es ist festzustellen, daß sie häufig in nicht zu verantwortendem Maße dem Alkohol zugesprochen hat, [...] wobei sie sich auch in angetrunkenem Zustand mit Männern einläßt und sie in den Ruf einer Dirne geraten ist."[30]

25 Ermittlungsberichte vom 8. 10. 1965 u. 16. 6. 1972; BStU, ZA AOP 3847/74 ZOV, Hyäne Teil III.
26 Ermittlungsbericht vom 16. 1. 1973; BStU, ZA AV 8/74, Bd. 41, Bl. 289–291.
27 Ermittlungsbericht vom 3. 1. 1973; BStU, ZA AV 8/74, Bd. 41, Bl. 292–295.
28 Ermittlungsbericht vom 16. 6. 1972; BStU, ZA AOP 3847/74 ZOV, Hyäne Teil III.
29 Ermittlungsbericht vom 18. 4. 1970; BStU, ZA RHE V 84/69, Bl. 36.
30 Ermittlungsbericht vom 8. 12. 1960; BStU, ZA AV 8/74, Bd. 34, Bl. 34–37.

„Die S. unterhält viele Männerbekanntschaften und empfängt häufig Besuch. Zum Teil kommen die unbekannten Personen heimlich zu ihr ins Haus. Sie ist eine starke Raucherin, trinkt Alkohol und hinterläßt einen verlebten Eindruck."[31]

„In moralischer Hinsicht ist sie vollkommen haltlos. Sie sucht regelmäßig Gaststätten auf und spricht dem Alkohol so zu, daß sie dann überwiegend betrunken nach Hause kommt. [...] Hinzu kommen die zahlreichen Männerbekanntschaften."[32]

„EINE HARMONISCHE EHE"

Geregelte Lebensverhältnisse lassen sich unter anderem an der Wohnungseinrichtung ablesen: Diese „ist durchschnittlich, ohne größeren Komfort, über ein Fernsehgerät verfügt die Familie nicht".[33] Oder: „Die Familie besitzt einen neuen Wartburg. [...] Weiterhin haben sie eine Sommerwohnung. Von den Quellen wird eingeschätzt, daß die Familie tatsächlich den gesamten Sommer über im Garten zu finden ist und die Wohnung nur zum Saubermachen [...] aufsucht. Zum Haushalt gehört auch ein Pudel."[34]

Anders liegt der Fall des Ehepaars Kurt, die beide im Ort „als Säufer verschrien" sind. Sie unterhalten „Verbindungen zu äußerst undurchsichtigen und asozialen Personen. [...] Es kommt auch häufig zu Streitigkeiten in der Ehe, was offensichtlich von dem allzu großen Altersunterschied kommt. Der K. ist 22 Jahre jünger als seine schon das vierte Mal verheiratete Ehefrau."[35] Streit gibt es auch in der Ehe der Näherin Ilse Walter: „Sie ist rücksichtslos und egoistisch, was auch dazu führte, daß sie die 1. Ehe ihres Mannes auseinander brachte, da dieser damals gut verdiente und eine ordentliche Wohnungseinrichtung hatte. Heute arbeitet der W. nur noch 3 Tage wöchentlich [...] und macht zu Hause den ‚Hausknecht'. Er darf bei der W. keine eigene Meinung haben."[36]

31 Ermittlungsbericht vom 17. 1. 1973; BStU, ZA AV 8/74, Bd. 41, Bl. 331–334.
32 Ermittlungsbericht vom 22. 10. 1973; BStU, ZA AV 8/74, Bd. 36, Bl. 94–95.
33 Ermittlungsbericht vom 18. 5. 1965; BStU, ZA AV 8/74, Bd. 41, Bl. 205–207.
34 Ermittlungsbericht vom 18. 7. 1983; BStU, ZA RHE West Nr. 714, Bd. 5, Bl. 518–520.
35 Ermittlungsbericht vom 5. 1. 1978; BStU, ZA AV 8/74, Bd. 33, Bl. 409–412.
36 Ermittlungsbericht vom 7. 8. 1976; BStU, ZA AV 8/74, Bd. 34, Bl. 275–277.

II.

Von dem Historiker Carlo Ginzburg stammt die Beobachtung, daß sich historische Dokumente „einem Glas vergleichen [lassen], welches das Bild dahinter verzerrt".[37] Auf die Ermittlungsberichte trifft diese Metapher in zweifacher Hinsicht zu: Die erste Verzerrung geht auf die Mitteilungen der „Quellen" zurück; die zweite auf die Gepflogenheit des MfS, das Gehörte nach bestimmten Kriterien zu gliedern und auszuwerten, um es in einer eigentümlichen Mischung aus Umgangssprache und Beamtendeutsch zu verschriftlichen. Deshalb ist nicht klar zu entscheiden, ob der holzschnittartige Dualismus der Ermittlungsberichte, ihre ambivalenzfreie Differenzierung zwischen positiv und negativ, grundsolide und haltlos, geregelt und nicht-geregelt usw. primär den „Quellen" oder den Mitarbeitern des MfS geschuldet ist.

Bis in unsere Tage gibt es eine Reihe von Beispielen, die die Bereitschaft der Bevölkerung, staatliche Behörden über Nachbarn, Freunde und Bekannte zu unterrichten, belegen: die Denunziationspraxis im Dritten Reich, die Staatsschutzermittlungen gegen politisch Verdächtige aufgrund von Anzeigen von Bürgern in den 70er Jahren in Westdeutschland,[38] nicht zuletzt die zahllosen, aus privaten Konflikten resultierenden Hinweise, die heute täglich bei den Finanzämtern eingehen. Auch das MfS hat sich das Alltagswissen seiner „Quellen" zunutze gemacht und mit ihm jene Ordnungsvorstellungen, die diesem „Gerede" eigentümlich zu sein scheinen.

Hinzu aber kommt das „Freund-Feind-Schema", welches Bernhard Baule als die „ideologische Grundlage des MfS" beschrieben hat. Die „Einteilung der Welt in zwei sich konträr gegenüber stehende Bereiche"[39] hat nicht nur das Verhältnis zur Bundesrepublik bestimmt,

37 Carlo Ginzburg, Die Untersuchung der Tatsachen. Der Richter und der Historiker, in: Kultur der Evidenz. Broschüre anläßlich der Tagung „Kultur der Evidenz" im Einstein-Forum Potsdam, Potsdam 1994, S. 7.

38 In den Jahren 1974 bis 1985 waren im Schnitt der Jahre ca. zwei Drittel aller Staatsschutzermittlungsverfahren auf Anzeigen der Bürger zurückzuführen. Vgl. Falco Werkentin, Die politische Moral der Bundesdeutschen und die Effektivität der Dienste, in: Die Ohnmacht der Allmächtigen. Geheimdienste und politische Polizei in der modernen Gesellschaft, hrsg. v. Bernd Florath u. a., Berlin 1992, S. 254.

39 Bernward Baule, Die politische Freund-Feind-Differenz als ideologische Grundlage des Ministeriums für Staatssicherheit (MfS), in: Deutschland Archiv 26 (1993), S. 170–183.

sondern auch das Verhältnis zur eigenen Bevölkerung. Das vorrangige Interesse des MfS war es, „alle Gefahrenherde und die [...] feindlich gesinnten Personen in der DDR [...] unter Kontrolle" zu halten und „eine vorbeugende Tätigkeit" zu entwickeln.[40] Interessant daran ist, daß sich dieser Kontrollwunsch einer sozialhygienischen Zwangslogik bediente: Als Gefahrenherde galten nicht zuletzt auch diejenigen, die als sozial auffällig beschrieben wurden. Die Typisierung und Schemenhaftigkeit, mit der die Portraits der „Überprüften" gezeichnet werden, dokumentieren soziale Vorurteilsstrukturen und Diskriminierungsstrategien:

Wohlverhalten, vor allem Leistungs- und Arbeitsbereitschaft als Integrationsmerkmal steht Alkoholkonsum, Promiskuität und damit „Asozialität" als unterste Stufe der sozialen Wertung gegenüber. Diese Kategorisierungen haben eine Vorgeschichte, die nicht nur in die Zeit des Nationalsozialismus zurückreicht. So erinnert die herausragende Bedeutung, die die Ermittlungsberichte der Alkoholfrage beimessen, an die Diskussionen des Alkoholproblems im Kontext der organisierten Arbeiterbewegung seit Mitte des 19. Jahrhunderts. Dem europäischen Proletariat diente das Wirtshaus als zentraler Treffpunkt und Kommunikationszentrum. Neben dem Motiv des Trinkens als Zeichen sozialer Verbundenheit gab es das mindestens ebenso wichtige Motiv des Eskapismus.[41] Daß der Alkohol die Arbeiterbewegung in ihrem Bestand bedrohe, war eine große Sorge auch der sozialdemokratischen Alkoholpolitik, die Karl Kautsky auf die folgende Formel brachte: „Der Schnaps – das ist Dein Feind."[42] Ein fernes Echo des Paradigmas einer „sozialistischen Selbstdisziplin" klingt noch in den MfS-Ermittlungsberichten nach, insofern „Trinkgelage" eben nur von „negativen Elementen" veranstaltet werden.

Hinzu kommt die Bedeutung des Wirtshauses als sozialer Ort, der nicht ohne weiteres kontrollierbar ist: Häufig werden die von den Überprüften besuchten Kneipen namentlich benannt; sofern es privat geführte Gaststätten sind, wird dies eigens hervorgehoben, als handle es sich dabei um eine weitere Steigerung zur Asozialität. Über eine

40 „Studienmaterial Geschichte"; BStU, ZA VVS JHS 001-134/80. ST 553/IV/3, S. 14 f.

41 Vgl. Wolfgang Schivelbusch, Das Paradies, der Geschmack und die Vernunft. Eine Geschichte der Genußmittel, Frankfurt a. M. 1990, S. 159–214.

42 Zit. in: ebenda, S. 176.

Frau, deren „Arbeitsmoral merklich" nachgelassen habe und deren „Einstellung" „negativ" eingeschätzt wurde, heißt es 1960: Sie hält sich „vor allem in solchen Gaststätten" auf, „in denen sich gleichgesinnte Menschen bewegen. Diese Gaststätten sind meistens privat".[43] Offenbar war das MfS der Ansicht, daß das gemeinsame Trinken im halböffentlichen Raum der Privatlokale einem regimekritischen Denken besonders förderlich sei.

Daß der Genuß von Alkohol in den Augen des MfS mit schlechter Arbeitsmoral und – bei Frauen – mit dem Prostitutionsverdacht korrelierte, wurde schon erwähnt. Bereits im Nationalsozialismus war „Arbeitsbummelei" von Frauen mit einem sexuell abweichenden Lebenswandel verbunden. Dieser Konnotationskontext erfährt in den Ermittlungsberichten eine Neuauflage: Prinzipiell unterhalten alle ehemaligen Aufseherinnen, die trinken, immer auch „wechselnde Männerbekanntschaften". Diesem Vorstellungsraster liegt der Topos von der „sexualisierten Frau" zugrunde, der sich im 19. Jahrhundert herausgebildet hat;[44] seither ist die Prostituierte immer wieder als Quelle der Verschmutzung der Gesellschaft definiert worden. „‚Normaler' Sexismus", so Silke Wenk, „erleichtert und stützt die Konstruktion des ganz Anderen."[45] In der Tatsache, daß die Ermittlungsberichte immer wieder die vermeintlich unangepaßte Sexualität ehemaliger Aufseherinnen thematisieren, läßt sich eine Strategie der Verächtlichmachung und Abwertung erkennen. Insofern sind es nicht allein sozialhygienische, sondern auch misogyne Bewertungskriterien, die die Ermittlungsberichte strukturieren. Das belegen nicht zuletzt jene Textabschnitte, die die Ehen der Überprüften zum Gegenstand haben. Harmonische Ehen sind die, welche nach den Prinzipien des tradierten Geschlechterverhältnisses funktionieren. Negativ bewertet wird, wenn sich dieses Verhältnis umkehrt, wenn die Ehefrau älter als ihr Partner ist bzw. wenn dieser zu Hause „den Hausknecht macht".

Auf die Funktion eines festen Formenkanons und verbindlicher Interpretations- und Sprachmuster im Kontext der Behördensprache

43 Ermittlungsbericht vom 8. 12. 1960; BStU, ZA AV 8/74, Bd. 34, Bl. 24–37.

44 Vgl. Sander L. Gilman, Rasse, Sexualität und Seuche. Stereotype aus der Innenwelt der westlichen Kultur, Reinbek 1992, S. 119–154.

45 Silke Wenk, Hin-Weg-Sehen oder: Faschismus, Normalität und Sexismus, in: Erbeutete Sinne. Nachträge zur Berliner Ausstellung „Inszenierung der Macht. Ästhetische Faszination im Faschismus", hrsg. v. d. Neuen Gesellschaft für Bildende Kunst, Berlin 1988, S. 30.

der DDR hat bereits Ralph Jessen hingewiesen: Die Reduktion von Komplexität mindert Unsicherheit. Im Anschluß an Lutz Marz spricht er von einer „Präventivtrivialisierung"; Texte wurden von vornherein so verfaßt, daß sie „unverfänglich" und in ihren Konsequenzen berechenbar waren. Auf diese Weise signalisierten die Verfasser ihre „Anpassungsbereitschaft" und ideologische Konformität gegenüber ihren Vorgesetzten.[46]

Die MfS-Berichte über ehemalige Aufseherinnen arbeiten darüber hinaus gezielt mit Figuren und Bildern des Geschlechterdiskurses, um auf diese Weise immer von neuem eine Identität gegenüber dem ausgegrenzten, zu meisternden Anderen zu behaupten. Diese Strategie haben die Ermittlungsberichte mit pornographischen Texten gemein, die, so die Definition Wenks, „das Obszöne, das sie brandmarken, erst produzieren, um es zu verwerfen".[47] Mit Hilfe von Bildern der Geschlechterideologie werden Frauen als „Gefahrenherde" produziert, um sie aus den Kommandohöhen des MfS als „negative Elemente" disqualifizieren zu können. Der Integrationseffekt dieser behördeninternen „Fachsprache" ist immens, wenn man bedenkt, daß kaum eine Technik der Identitätsstabilisierung wirksamer ist als die der Produktion eines negativen Anderen.

III.

Im Unterschied zu den späten 40er Jahren sind in den beiden folgenden Jahrzehnten nur noch einige wenige ehemalige Aufseherinnen in der DDR verurteilt worden; den Abschluß der Strafverfolgung von Verbrechen im Frauenkonzentrationslager Ravensbrück bildete ein Verfahren in Rostock im Jahr 1966.[48] Dem entspricht die NS-Strafverfolgungspraxis der DDR im allgemeinen. In einer Veröffentlichung

46 Ralph Jessen, Diktatorische Herrschaft als kommunikative Praxis. Überlegungen zum Zusammenhang von „Bürokratie" und Sprachnormierung in der DDR-Geschichte, in: Akten, Eingaben, Schaufenster. Die DDR und ihre Texte. Erkundungen zu Herrschaft und Alltag, hrsg. v. Alf Lüdtke/Peter Becker, Berlin 1997, S. 67 f.

47 Silke Wenk, Pornographisierung des Faschismus – Körperbilder in der „Vergangenheitsbewältigung". Vortragsmanuskript, Juli 1997.

48 Vgl. Anm. 4.

der Generalstaatsanwaltschaft der DDR heißt es dazu: „Bis zum Jahre 1950 ist auf dem Territorium der [...] DDR die Amtsenthebung und Bestrafung aller Nazi- und Kriegsverbrechen im wesentlichen abgeschlossen worden.“[49]

Seit Anfang der 50er Jahre fiel die Ermittlung von NS-Verbrechen in die Zuständigkeit des MfS. Dessenungeachtet scheint die Behörde an der Aufklärung nationalsozialistischer Verbrechen nicht primär interessiert gewesen zu sein. Die Ermittlungen verfolgten in erster Linie das Ziel, Informationen über den Grad der gesellschaftlichen Integration des ehemaligen SS-Personals zu sammeln. Sie dienten einem Wissensbedarf, dem das MfS im Kontext der innerdeutschen Konkurrenzbeziehungen eine zentrale Bedeutung beimaß. Offenbar behauptete die Behörde ein Definitionsmonopol hinsichtlich der Frage, wer – je nach tagespolitischem Erfordernis – als NS-Täter geoutet werden durfte und wer nicht. Weite Kreise des in der DDR lebenden ehemaligen Lagerpersonals sind vom MfS als ein unter Beobachtung stehender „Pool“ genutzt worden, dessen man sich je nach Interessenlage bediente. Daß das MfS eine Reihe von NS-Belasteten deckte, entweder, um sie eines Tages mit ihrer Vergangenheit unter Druck zu setzen oder um ihnen demonstrativ den Prozeß zu machen, wenn dies politisch opportun schien, darüber hat nach Öffnung der Archive zuerst die Presse berichtet.[50]

Offiziell war die Tatsache, daß nicht nur in der Bundesrepublik, sondern auch in der DDR ehemalige SS-Angehörige lebten, tabuisiert. Die „Nazis“ und der Nationalsozialismus galten als Problem des „westdeutschen Systems“, dagegen stand die DDR im Zeichen der Unschuld. Wie problematisch die MfS-Ermittlungsberichte als Quellentexte historischer Forschung auch sein mögen – zumindest vermitteln sie einen Eindruck von der vollzogenen Integration ehemaliger SS-Angehöriger in die Gesellschaft der DDR. Daran ändert auch die Tatsache nichts, daß das MfS einen Teil dieser Personengruppe als „negative Elemente“ klassifizierte: Eine „undurchsichtige politische Einstellung“, Alkoholprobleme bzw. das Phänomen wechselnder „Männerbekanntschaften“ bildeten keine Merkmale, die einzig auf

49 Die Haltung der beiden deutschen Staaten zu den Nazi- und Kriegsverbrechen. Eine Dokumentation, hrsg. v. Generalstaatsanwalt der DDR, Berlin 1965, S. 23.

50 Vgl. u. a. Für ehrliche Zusammenarbeit, in: Der Spiegel, Nr. 19/1994.

die Gruppe ehemaliger SS-Aufseherinnen zutrafen. Läse man die Ermittlungsberichte ohne Kenntnis des Kontextes, könnte man sie für äußerst standardisierte Formeln über die Sozialfigur des weiblichen „Bürgers der DDR" halten, die unter einen nicht näher bezeichneten Verdacht geraten ist.

Erschreckend an diesen Texten ist nicht, daß sie von ehemaligen Aufseherinnen handeln, erschreckend ist vielmehr ihre nicht zu überbietende Trivialität. „Klischees, gängige Redensarten, konventionelle, standardisierte Ausdrucksmuster und Verhaltensweisen haben", so Hannah Arendt, „die gesellschaftlich anerkannte Funktion, gegen die Wirklichkeit abzuschirmen."[51] Insofern hat man es mit einem Paradox zu tun: Ein hochgradig durchorganisierter Geheimdienst arbeitete mit großem Aufwand daran, Texte zu produzieren, die wenig mehr als Gemeinplätze zum Inhalt haben. Die Identität der Überprüften wird zwar über Namen und biographische Daten fixiert, was aber folgt, sind Typisierungen, schemenhafte Profile, deren Eigentümlichkeit darin besteht, völlig austauschbar zu sein. Für eine biographiegeschichtliche Analyse des SS-Personals nach 1945 sind diese Texte daher nur bedingt geeignet. Aufschluß geben sie vielmehr über das Spektrum sozialer Normierungsvorstellungen, die, gefiltert durch die Optik des MfS, in der Gesellschaft der DDR historisch wirksam geworden sind. So gesehen ist es gerade die Trivialität dieser Berichte, die sie zu Dokumenten deutscher Bewußtseinsgeschichte werden lassen.

51 Hannah Arendt, Vom Leben des Geistes. Bd. 1, München 1989, S. 14.

Szenenfoto aus dem DEFA-Film
„Die Abenteuer des Werner Holt". (DEFA)

Martin Straub

„DIE ABENTEUER DES WERNER HOLT"
ODER DIE SEHNSUCHT NACH DEM „GEFÄHRLICHEN LEBEN"

ZUM KULTURPOLITISCHEN UMFELD DES ROMANS

VOR ACHT JAHREN
Da war eine Zeit
Da war alles hier anders.
Die Metzgersfrau weiß es.
Der Postbote hat einen zu aufrechten Gang.
Und was war der Elektriker?[1]

Diese sechs Zeilen eines Gedichts aus den „Buckower Elegien", Brecht schrieb sie zwischen Juli und August 1953, sprechen von Unerledigtem. Am 12. August desselben Jahres schreibt der Dichter: „Wir haben allzu früh der unmittelbaren Vergangenheit den Rücken zugekehrt,

1 Bertolt Brecht, Buckower Elegien, in: Bertolt Brecht Werke. Große kommentierte Berliner und Frankfurter Ausgabe. Bd. 12, Gedichte 2, Berlin/Weimar 1988, S. 314.

begierig, uns der Zukunft zuzuwenden. Die Zukunft wird aber abhängen von der Erledigung der Vergangenheit. Wo sind die Kunstwerke, die die ungeheure Niederlage der deutschen Arbeiterschaft von 1933 schildern, von der sie sich nur langsam erholt?"[2] Was Brecht und mit ihm auch andere aus dem Exil zurückgekehrte Autoren wie beispielsweise Anna Seghers beklagen, ist eine kulturpolitische Orientierung der Kunst und Literatur allein auf „die Herausbildung des neuen Menschen, die Schaffung einer neuen Arbeitsmoral [...] und die Erziehung der Massen zum lebensbejahenden Optimismus".[3]

Bertolt Brechts und Anna Seghers' Blickwendung auf das Unerledigte aber schließt noch etwas anderes ein: die Verantwortung gegenüber der Erinnerung. Es geht ja nicht allein darum, *daß*, sondern *wie* erinnert wird. Was so simpel klingt, ist nicht ohne Brisanz. Noch heute wird in den ostdeutschen Schulen „Die Abenteuer des Werner Holt" als *das* gültige Antikriegsbuch über den Zweiten Weltkrieg behandelt. Gleichzeitig avanciert der in der DDR gefeierte Entwicklungsroman zum Kultbuch der jungen Rechten in Ostdeutschland, die sich mit den tapferen Wehrmachtsoldaten Werner Holt und Gilbert Wolzow identifizieren.[4] Die Frage, ob dieser Roman nicht die literarische DDR-Variante der These von der „sauberen Wehrmacht" sei, hätte ich vor Jahren zurückgewiesen. Eine erneute Lektüre aber zeigt mir: Zwischen diesen scheinbar unvereinbaren Wertschätzungen gibt es Berührungspunkte. Und sie liegen eben in dem Unerledigten. Das macht Nolls Buch nicht erst heute fragwürdig. Insofern lohnt sich, auf das Vorfeld und das kulturpolitische Umfeld des Romans etwas genauer einzugehen.

Gerade die Exilautoren spürten bereits kurze Zeit nach der Beendigung des Krieges, wie verhängnisvoll sich die oben angesprochene Indolenz gegenüber einer künstlerischen Aufarbeitung der Vergan-

2 Bertolt Brecht, Kulturpolitik und Akademie der Künste, in: Bertolt Brecht, Schriften zur Literatur und Kunst. Bd. II, Berlin/Weimar 1966, S. 355.

3 Anton Ackermann, Bekenntnis und Verpflichtung, in: Neues Deutschland v. 7. 9. 1948. Leonore Krenzlin, Theoretische Diskussionen und praktisches Bemühen um die Neubestimmung der Literatur an der Wende der fünfziger Jahre, in: Literarisches Leben in der DDR 1945–1960. Literaturkonzepte und Leseprogramme. Hrsg. von der Akademie der Wissenschaften der DDR, Berlin 1980, S. 158.

4 Vgl. Burkhard Schröder, Rechte Kerle. Skinheads, Faschos, Hooligans, Reinbek 1992. Besonders das Kapitel: Karriere eines Faschos. In memoriam Werner Holt, S. 62–66.

genheit auswirkt, weil damit die Fragen nach Schuld und Mitschuld in den Hintergrund gedrängt werden. Schon wenige Jahre nach Kriegsende versuchte die Parteiführung der SED, diese Diktion durchzusetzen. Auf einer Konferenz der Parteischriftsteller kritisierte Walter Ulbricht 1948 die Exil-Autoren, sie seien lediglich damit beschäftigt, „ihre Erlebnisse in der Emigration, im Konzentrationslager oder noch weiter zurückliegende Ereignisse zu beschreiben", so sei ein „großer Teil zurückgeblieben. Inzwischen ist der Kampf um eine neue gesellschaftliche Ordnung geführt worden, aber ihr hinkt drei Jahre hinterher und fangt an, jetzt Probleme zu gestalten, die längst gestaltet sein sollten".[5]

Mit der Formalismusdebatte zu Beginn der 50er Jahre hatte diese dogmatische Kulturpolitik ihren ersten Höhepunkt. Die Kampagne richtete sich gegen eine lebendige Kunstentwicklung und ästhetische Innovation im Land. Sie machte auch nicht vor Bertolt Brecht und Hanns Eisler halt. Moderne Weltkunst wurde als kosmopolitisch, dekadent, rückwärts gewandt und antisozialistisch gebrandmarkt. In fataler Weise setzte sich mit dieser rigiden dogmatischen Verengung ein Zug nationalsozialistischer Kulturpolitik fort. Denn die Formalismuskampagne richtete sich auch gegen jene Künstler und ihre Kunstwerke, die von den Nationalsozialisten als „entartet" verbannt und vernichtet wurden. Nach den Juniereignissen 1953 nahm die Partei diese Politik teilweise zurück. In der Zeit des Atemholens strebten Autoren nicht nur nach einer Erweiterung des Ästhetischen, sondern auch der zeitlichen Perspektive. Und so mehrten sich nun erneut Stimmen, die wie Brecht eine Auseinandersetzung mit der Vergangenheit anmahnten.

Die Diskussionen im Vorfeld des IV. Schriftstellerkongresses 1956 sind in dieser Hinsicht charakteristisch. Anna Seghers schlußfolgert auf jenem Kongreß in ihrem Referat: „Die Schriftsteller haben sich oft thematisch auf die Schwerpunkte in der Gegenwart konzentriert und manches wichtige Thema zurückgestellt. Dadurch ist meines Erachtens die richtige Darstellung unserer unmittelbaren Gegenwart, auf die so unruhig gewartet wird, eher verzögert worden. [...] Wir

5 Walter Ulbricht, Zur Geschichte der deutschen Arbeiterbewegung. Bd. 3, Berlin 1953, S. 313. Krenzlin, Theoretische Diskussionen, S. 161.

besitzen zwar in der DDR wichtige Bücher, die in der Zeit des zweiten Weltkrieges spielen. Doch sie behandeln einen besonderen Stoff: Die Arbeiten der deutschen Antifaschisten. [...] Wir brauchen aber auch Bücher, in denen gezeigt wird, was junge Menschen erleben, die, vom Faschismus verführt, in den Krieg zogen, ihre Zweifel und ihre Verzweiflung, ihre Veränderung durch schwere Erlebnisse. [...] Nur wenn er (der Autor, M. S.) dem Thema gewachsen ist, nur wenn er schonungslos zeigt, was ein solcher Mensch war und was er geworden ist und wie, nur dann wird der Leser ihm glauben und sich verändern, wenn er selbst noch in alten Lügen steckt."[6]

Anna Seghers knüpft hier bewußt an politische Forderungen an, die im Vorfeld des Kongresses en masse zu lesen und zu hören waren. Vor allem mahnte man wie Marianne Lange das Fehlen der Stimmen von jungen Schriftstellern an, jener „Generation, die den Irrweg der deutschen Nation gläubig oder gleichgültig mitgegangen ist und ihn erst nachher als einen Irrweg erkannte. [...] Es gibt z. B. noch keinen Roman über den zweiten Weltkrieg, der den großen Wandlungsprozeß unserer jungen Generation zeigt".[7]

Diese Stellungnahmen sind hier deshalb auch in ihrer Problematik so ausführlich zitiert, weil sie in der Akzentsetzung literarische Muster vorgeben oder doch zumindest favorisieren. Bedenkt man Anna Seghers' und Marianne Langes Einlassungen, so unterscheiden sie sich schon von Brechts Überlegungen. Brecht spricht von der „ungeheuren Niederlage der deutschen Arbeiterklasse, von der sie sich nur langsam erholt". Marianne Lange dagegen fordert den „Roman über den zweiten Weltkrieg, der den Wandlungsprozeß unserer jungen Generation zeigt", und das in *einem* Satz, als hebe die Wandlung den zweiten Weltkrieg auf.

6 Anna Seghers, Der Anteil der Literatur an der Bewußtseinsbildung des Volkes. Rede auf dem IV. Schriftstellerkongreß, in: Anna Seghers, Über Kunstwerk und Wirklichkeit. Bd. 1. Bearbeitet und eingeleitet von S. Bock, Berlin 1970, S. 110.

7 Marianne Lange, Über die Gestaltung des neuen Lebens in unserer Republik, in: Einheit 3/1955, S. 230.

So wurde auch eine Romanform gefördert, die in der Tradition des deutschen Bildungs- oder Entwicklungsromans steht. Soll er doch zeigen, wie sich „der einzelne in bestimmten Stufen auf ein klares fest umrissenes Ziel hin entfaltet, das als Idealzustand des vollendeten Menschen hingestellt ist".[8] Der Dorpater Ästhetikprofessor Karl Morgenstern (1770–1852) beschreibt dieses Genre so: „Bildungsroman wird er heißen dürfen, erstens und vorzüglich wegen seines Stoffs, weil er des Helden Bildung in ihrem Anfang und Fortgang bis zu einer gewissen Stufe der Vollendung darstellt; zweytens aber auch, weil er gerade durch diese Darstellung des Lesers Bildung, in weiterm Umfang als jede andere Art des Romans fördert."[9] Hegel faßt in seiner Ästhetik dann nicht ohne Ironie und Sarkasmus das Ende solcher Bildungsreisen zusammen. „Diese Kämpfe nun aber sind in der modernen Welt nichts weiteres als die Lehrjahre, die Erziehung des Individuums an der vorhandenen Wirklichkeit, und erhalten dadurch ihren wahren Sinn. Denn das Ende solcher Lehrjahre besteht darin, daß sich das Subjekt die Hörner abläuft, mit seinen Wünschen und Meinen sich in die bestehenden Verhältnisse und die Vernünftigkeit derselben hineinbildet, in die Verkettung der Welt eintritt und in ihr sich einen angemessenen Standpunkt erwirbt. Mag einer auch noch soviel sich mit der Welt herumgezankt haben, umhergeschoben worden sein, – zuletzt bekömmt er meistens doch sein Mädchen und irgendeine Stellung, heiratet und wird Philister so gut wie die anderen auch: die Frau steht der Haushaltung vor, Kinder bleiben nicht aus, das angebetete Weib, das erst die Einzige, ein Engel war, nimmt sich ungefähr ebenso aus, wie alle anderen, das Amt gibt Arbeit und Verdrießlichkeit, die Ehe Hauskreuz, und so ist der ganze Katzenjammer der übrigen da."[10]

Schon Hegel machte sich über das „gesicherte Happy End" solcher Bildungsromane lustig und damit zugleich über ein „zeitlos gül-

8 Frank Trommler, Von Stalin zu Hölderlin. Über den Entwicklungsroman in der DDR, in: Basis. Jahrbuch für deutsche Gegenwartsliteratur II (1971), hrsg. v. R. Grimm/J. Hermand, Frankfurt a. M. 1971, S. 144.

9 Zit. in: Rolf Selbmann, Der deutsche Entwicklungsroman, Stuttgart 1984, S. 13.

10 Zit in: ebenda, S. 16.

tiges Erzählmodell" von trivialen Unterhaltungs- und Liebesromanen.[11] Die Stimmen aus dem anderen Jahrhundert sind hier zitiert, um nicht nur zu zeigen, wie das Grundmuster dieser Bildungsfabeln scheinbar unbeschadet von den Zeitläuften das gleiche bleibt. Zu fragen wäre vielmehr, ob dieses Modell mit seinem ungebrochenen Bildungs- und Fortschrittsoptimismus in unserem Jahrhundert mit seinen Kriegen, Katastrophen und Umbrüchen so hingenommen werden kann. Nicht übersehen sollte man zudem, daß nach dem Ende des Zweiten Weltkrieges die Entwicklungs- und Bildungsromane sich in der DDR wiederbeleben, obwohl gerade diese Romanform in völkischer und nationalsozialistischer Kriegs- und Heimatliteratur mißbraucht worden ist.

Der Handlungsgang solcher Romane läßt sich auf ein Grundmodell reduzieren: Junge Soldaten ziehen als begeisterte Nationalsozialisten, den Kopf voller falscher Ideale, in den Krieg. Sie werden von seiner Grausamkeit und Barbarei in ihren Grundfesten erschüttert und gelangen oft in sowjetischer Kriegsgefangenschaft zu neuen Einsichten, kehren nach Hause zurück und helfen beim Aufbau der neuen sozialistischen Gesellschaft, wobei sie noch mannigfache innere und äußere Konflikte überwinden müssen. Diese Helden streifen also ihren alten Adam ab und nehmen eine neue Ideologie an. Damit werden sie von Schuld und Mitschuld befreit. Die Schuld verliert sich in dem Maße, in dem richtiges Bewußtsein erlangt wird. Man zählt nicht mehr zu den Verlierern, sondern als Bürger des besseren deutschen Staates zu den „Siegern der Geschichte". Das trotz aller Mißlichkeiten, mit denen sich die neue Gesellschaft herumzuschlagen hat. Aus dem ehemaligen Hitlersoldaten ist der Repräsentant des richtigen nationalen Weges zum Sozialismus geworden. Romane dieses Typs zeigen nicht nur den Prozeß der Ablösung von den alten Verhältnissen. Wesentlicher ist der Prozeß der Integration in die neuen Gegebenheiten.

Zugleich damit erfolgt eine Abgrenzung von Entwicklungsromanen, die in den fünfziger Jahren in Westdeutschland entstehen. Denn dort steigen ja die Helden wie Günter Grass' Oskar Mazerat aus den neuen Gegebenheiten aus. Es „handelt [...] sich um Ausgliederung

11 Ebenda, S. 17.

aus Verhältnissen, die in ihrem Wert für den Menschen und ihrem Wesen nicht akzeptiert werden können. [...] Das Thema der Eingliederung dagegen, wie es die sozialistische Literatur beharrlich vorführt [...] in der Form des Heimatgewinns in einem neuen gesellschaftlichen Gefüge, macht auf einen historischen Einschnitt aufmerksam, auf ein neu gewachsenes gesellschaftliches Vermögen, entfremdete Verhältnisse zu überwinden."[12]

Nun wäre es falsch, das häufige Aufgreifen dieses Romanmodells lediglich auf kulturpolitische Favorisierungen zurückzuführen. Autoren wie Günter de Bruyn, Kurt David, Max-Walter Schulz, Dieter Noll und viele andere um 1920 Geborene reflektieren ja mit diesem Modell eigenes Erleben. Und es ist kein Zufall, wenn sich in solchen Romanen naturalistische Kriegsschilderungen häufen. Man schreibt, um diese schlimmen Erfahrungen zu bewältigen: Verzweiflung, Lethargie und tiefe Enttäuschung. Neu beginnen können bedeutet ein „kostbares Glück" (Fühmann), verheißt es doch, mit Schuld und Mitschuld fertig zu werden. Aus dieser Lebenssituation heraus ist das Verlangen nach Harmonie und Übereinstimmung groß und macht anfällig für eine neue Doktrin. Franz Fühmann schreibt darüber rückblikkend in dem Essay „Vor Feuerschlünden. Erfahrungen mit Georg Trakls Gedicht" (1982). „Kritisch mit meiner Vergangenheit beschäftigt, nahm ich kaum wahr, wie ich meiner Gegenwart auswich, was durchaus keine notwendige Folge eines Befassens mit dem Gestern sein mußte: [...] Und zugleich begann ich zu trinken und schrieb nachts dann Fragen ins Tagebuch, die ich am Morgen beschämt wieder löschte, da ich sie als Keime von Zweifeln empfand, Unglauben an die Kraft der neuen Gesellschaft."[13]

Fühmann verabschiedet nach der „Fahrt nach Stalingrad" (1952) diese Entwicklungsfabeln. Schon seine Novelle „Kameraden" (1954) läßt es deutlich werden. Er steht diesen schnell fertigen Wandlungs- und Einordnungsprozessen immer skeptischer gegenüber. Und es ließe sich fragen, ob nicht seine Figuren in deutscher Wehrmachtsuniform,

12 Dieter Schlenstedt, Ankunft und Anspruch, in: Kritik in der Zeit. Literaturkritik in der DDR 1945–1975. Bd. 2: 1966–1975, Halle/Leipzig 1978, S. 68. Schlenstedts Aufsatz ist zuerst 1966 in der Zeitschrift *Sinn und Form* erschienen.

13 Franz Fühmann, Vor Feuerschlünden. Erfahrung mit Georg Trakls Gedicht, Rostock 1982, S. 99.

sensibel, innerlich zerrissen, oft genug scheiternd, nicht auch die Bedrängnisse des Zweifelnden und erneut verzweifelnden Fühmann kompensieren. Aber da ist Fühmann wohl eher eine Ausnahme. Die anderen dagegen erheben ein Muster zu ihrer Schreib- und Lebensmaxime, das Günter Deicke, Jahrgang 1922, folgendermaßen umreißt: „Stationen eines Lebens [...] Irrfahrten eines Menschen, der auszog das Glück zu finden, und, von eigener und anderer Schuld gepeinigt, alle Höllen durchwandern muß, ehe er das Glück in der Mitte seines Volkes findet, nun ein Gewandelter. Es ist das zentrale Thema unserer Zeit, gleichzeitig das umfassendste."[14]

In seiner Weimarer Rede am 15. März 1994 machte Jurek Becker auf das Problematische solcher Muster aufmerksam. Die Abkopplung von der Vergangenheit und das damit verbundene Hineinwachsen in die DDR-Gesellschaft führte dazu, daß eine selbstkritische (die Betonung liegt auf selbstkritisch) Auseinandersetzung mit der Vergangenheit ausblieb. „Faschismus hatte nichts mit uns, DDR-Menschen, zu tun." Deshalb „ging uns der Blick für das Faschistoide an unseren eigenen Verhältnissen und an unserem eigenen Verhalten verloren".[15] Das ist der Umstand, an dem Fühmann verzweifelte und über den heute zu sprechen ist.

DAS MEISTGELESENE BUCH

Dieter Nolls erster Band der „Abenteuer des Werner Holt" (1960) ist wohl bis heute das populärste Buch aus dieser Reihe. Immer wieder betonen Lehrer, wie gern die Schüler den Roman lesen und wie sehr sie von ihm gefesselt sind. Und nicht wenige sagen, es sei für sie das wichtigste Buch über den Zweiten Weltkrieg. 1990 schreibt Christel Berger: „Dieter Noll wird immer das Verdienst bleiben, mit dem Erzählen von Erlebnissen junger Soldaten generelle Erfahrungen, den

14 Günther Deicke, Franz Fühmann. Wege einer Wandlung, in: Trommler, Von Stalin zu Hölderlin, S. 153. Deickes Aufsatz erschien 1964 in der Zeitschrift *Neue Texte*, einem Almanach für deutsche Literatur.

15 Jurek Becker, Ein Stück Faschismus überlebte. Rede in Weimar am 15. Mai 1994, in: Thüringische Landeszeitung, 21. Mai 1994.

Krieg allgemein, aber auch besonders diesen Krieg betreffend, zum ersten Male in dieser Art, in unserer Literatur zur Sprache gebracht zu haben."[16] Dieter Noll umreißt 1961 sein Anliegen, er wolle mit seinem Helden „eine Entwicklung zeigen, die in ihrer Richtung so eindeutig, in ihrem Verlauf so kompliziert als möglich sein sollte. Ich wollte einen klassenmäßig definierten, und zwar kleinbürgerlich definierten Helden, weil er meines Erachtens all die sozialen Zwischentypen als deren reinste Vertreter (zumindest in ihrer allgemeinen Problematik) einschließt. [...] Wenn es gelingt, den Bürgersohn Werner Holt auf überzeugende und glaubhafte Weise in einen dem kämpfenden Proletariat treu verbundenen, bewußten Bürger unserer Republik zu verwandeln, so wird sein Weg einleuchten als notwendiger und einziger Weg für den gutwilligen Deutschen unserer Zeit, zweitens für jeden Leser glaubhaft möglich sein".[17]

Auch wenn damals wie heute nur der erste des ursprünglich auf drei Bände konzipierten Romans behandelt wird, sollte diese Figurenanlage ernst genommen werden. Und man muß sich schon mit der Feststellung der „Unterrichtshilfen" zum Literaturunterricht der 9. bzw. 10. Klassen auseinandersetzen, daß Nolls Abrechnung mit der Zeit des Faschismus „von den Positionen der sich in der Deutschen Demokratischen Republik herausbildenden und festigenden sozialistischen Gesellschaft erfolgt".[18] Solche Beschwörungen hatten ihre Gründe. Denn gelesen wurden „Die Abenteuer des Werner Holt" aus ganz anderen Motiven. Ich erinnere mich noch gut daran, wie mir zu Beginn der sechziger Jahre diese Mischung aus action und trivialen Liebesgeschichten unter die Haut ging. Tolle Kerle waren das schon in diesem Roman. Sie schienen ja gar nicht in das Schema von DDR-Entwicklungshelden zu passen. Und hatten wir nicht wie Holt, Gomulka und Wolzow diesen tristen Schulalltag mehr als satt? Sehnten wir uns nicht wie sie nach Abenteuer und Aufbruch?

Heute melde ich starke Bedenken gegen das Buch an. Auch weil ich von anderer Literatur aus der DDR über den Nationalsozialismus

16 Christel Berger, Gewissensfrage Antifaschismus. Traditionen der DDR-Literatur, Berlin 1990, S. 77 f.

17 Gespräch mit Dieter Noll über „Die Abenteuer des Werner Holt" 1961, in: Christel Berger, Gewissensfrage Antifaschismus, S. 86.

18 Literaturunterricht 9./10. Klasse. Fachwissenschaftliche und methodische Anleitung. Teil II, Berlin 1975, S. 160.

geprägt wurde: Bertolt Brecht, Franz Fühmann, Anna Seghers, Christa Wolf, Jurek Becker, Johannes Bobrowski, Fred Wander, um nur einige Autoren zu nennen. Und ich mache aus meinem Bedauern keinen Hehl, daß Nolls Roman noch immer hoch im Kurs steht. Bobrowskis Prosa und Lyrik zu diesem Thema oder Fred Wanders „Der siebente Brunnen" werden ja weit weniger gelesen.

Eine ganz andere Frage wäre, inwieweit Schüler sich mit Dieter Nolls weiterem Tun und Lassen auseinandersetzen. Etwa 1979 im Zusammenhang mit den Ausschlüssen aus dem DDR-Schriftstellerverband. Drei Jahre nach der Ausbürgerung Wolf Biermanns sollte an neun Autoren erneut ein Exempel statuiert werden: Kurt Bartsch, Adolf Endler, Stefan Heym, Karl-Heinz Jakobs, Klaus Poche, Klaus Schlesinger, Rolf Schneider, Dieter Schubert und Joachim Seyppel. Dieter Noll spielte dabei eine unrühmliche Rolle. In einem offenen Brief an Erich Honecker, abgedruckt im *Neuen Deutschland* vom 27. Mai 1979, bezeichnete er diese Autoren als „kaputte Typen [...], die [...] emsig mit dem Klassenfeind kooperieren, um sich eine billige Geltung zu verschaffen". Am Schluß des Briefes bedankt sich Noll bei Erich Honecker über die „anerkennenden Worte" zu „Die Abenteuer des Werner Holt". Man lese „Protokoll eines Tribunals".[19]

„ES KRACHTE UND SCHMETTERTE UNAUFHÖRLICH"[20]

Die Handlung des 1. Bandes setzt im Mai 1943 ein, also nach der Kapitulation der deutschen Wehrmacht in Stalingrad. Schon das „Vorspiel" des Romans offenbart, warum dieses Buch so gern gelesen wird und warum sich die „Holt-Generation", dieser Begriff hatte sich in der DDR eingebürgert, also die um 1927 Geborenen, in diesen „Abenteuern" aufgehoben fühlt. Was wir erleben, ist ja erst einmal nichts anderes als eine verschärfte „Feuerzangenbowle" nach Spoerlschem Muster. Lehrer werden in ihrer ganzen Lächerlichkeit und in ihrem

19 Protokoll eines Tribunals. Die Ausschlüsse aus dem DDR-Schriftstellerverband 1979, Reinbek 1991.

20 Dieter Noll, Die Abenteuer des Werner Holt. Roman einer Jugend, Berlin 1961, S. 163. Seitenangaben fortan im Text.

Anachronismus bloßgestellt. Schülerstreiche, Abenteuer, Prügeleien, Pfadfinderromantik und erste Liebe. Ausbrüche aus einem frustrierenden Schulalltag. Die zentralen Figuren des Ganzen, zwei tolle, ganz unterschiedliche Burschen. Erst Rivalen, dann ein ungleiches Freundespaar. Werner Holt und Gilbert Wolzow.

Werner Holt: „Einsfünfundsiebzig groß, siebenundsechzig Kilo schwer, schmal, doch muskulös, aber neben Wolzow, der einsachtundachtzig maß und fast neunzig Kilo wog, eben doch beinahe knabenhaft. Dunkeläugig, dunkelhaarig [...] und das Haar war sehr widerborstig und ringelte sich gern in die Höhe." (S. 6) Holt wird von vornherein als offene, widersprüchliche Figur eingeführt. „Frühreif, einmal kindisch und ausgelassen, dann wieder ernst, in sich gekehrt. Die frühen Regungen des Geschlechts stürzen ihn in Sehnsüchte und Träume." (S. 21 f.) In ihm lebt nach dem Vorbild Goethes und Thomas Manns das widersprüchliche Elternpaar fort. Die Mutter aus einer reichen Industriellenfamilie hatte den Vater verlassen, nachdem er sich als Arzt und Hochschulprofessor dem unmenschlichen Forschungsprogramm der Nazis verweigert hatte; nun fristet er sein Dasein als Lebensmittelprüfer.

Wolzow dagegen, ein großer und finsterer Bursche, stammt aus einem preußischen Offiziersgeschlecht. Er „wollte Offizier werden, und bereitet sich von Kind an darauf vor". (S. 11) Er wird zum skrupellosen Landsknecht und Menschenverächter. Der eine findet Goethes „Zueignung" wunderbar, der andere findet den „Faust" „militärisch uninteressant". (S. 33) Exemplarisch will nun Noll an dem sich wandelnden Verhältnis zwischen Holt und Wolzow den „Irrweg der Nation" zeigen. Wie man sich, verführt und hineingezogen, von ihm befreien kann. Der Held, dem es mehr und mehr vor Wolzow graut, muß durch alle „sieben Höllen" wandern, bis er begreift, daß er das Gewehr umdrehen muß. Er erlernt das Kriegshandwerk von der Pike auf, und er erfährt die ganze Brutalität des Krieges am eigenen Leibe.

Der Erzähler verfolgt nicht nur den Weg seines Helden. Man hat eher den Eindruck, er erlebt ihn mit, als sei es der eigene. So, wie er am Anfang nicht ohne Sympathie Holts Schülerstreiche begleitet, folgt er ihm durch den Krieg. Zugleich ist es ein Bildungsweg mit einer didaktischen Steigerung. Was sind schon die Abenteuer der Schulzeit gegen den Flak-Einsatz und die apokalyptische Raserei am Ende des ersten Bandes. Der Leser wird durch die Suggestivität dieser Erzählhaltung wie durch einen Sog in die Geschehnisse hineingezogen, weil der Autor selbst beim Schreiben nochmals von dem Kriegsabenteuer durchzittert scheint.

Das Erinnerte wird als gegenwärtiges Geschehen dargeboten. Ist es nicht spannend, wie da der erste Flakeinsatz als eine Bewährungssituation erlebt wird? Wie „plötzlich alle Angst weggewischt" war, obwohl das „Bersten und Schmettern (nicht) verstummte". (S. 150) „Holt reichte Wolzow eine Patrone, Wolzow nahm sie und grinste." (S. 150) Und ist es nicht imponierend, wie der Hauptmann Kutschera „riesenhaft und barhäuptig" (was immer wieder betont wird) „über die Brustwehr (ragte) und [...] mit einem Fernglas den Himmel absuchte". (S. 147 f.) Oder wie Schmiedling, dieser Grundtyp des anständigen deutschen Soldaten, „nun seelenruhig war" und „Wolzow meinte: ‚Das Schießen ist großartig!'" (S. 152)

Wenn Schüler Holt gern haben und Wolzow erst recht der ihre wird, dann auch wegen solcher Stellen. Sie trotzen allem. Sie lassen sich von Kriegsgewalten genausowenig unterkriegen wie von der militärischen Hackordnung oder dem Drill mit seinen Schikanen. „‚So, jetzt wird schön flott zu mir herangerobbt!' Sie krochen den steilen Hang empor. ‚Auf!' befahl Gottesknecht. Er sah ihnen in die Augen, er war nicht böse. ‚Der Wolzow hat noch immer Wut! Schade!' Und beinahe besorgt: ‚Ich hab doch recht, Wolzow, nicht wahr? Sie sind wütend!' ‚Jawohl, Herr Wachtmeister!' ‚Sehn Sie! Ich seh das an den Augen, das hab ich von einem Schäfer, der erkannte auch alles an der Pupille, Schwangerschaften, Bauchgrimmen, Hodenbrüche ... Wir machen also noch'n bißchen weiter. [...] Holt, Sie leisten ihm doch Gesellschaft. [...] Sie haben doch Lust, mitzumachen?' [...] ‚Jawohl, Herr Wachtmeister!' – ‚Fabelhaft! Sehen Sie, Wolzow, das ist Freundschaft!'" (S. 155)

FRAGWÜRDIGE ÄSTHETIK DES KRIEGES

Beeindruckt sind die Helden auch von einer Ästhetik des Krieges. „Im Westen bebte die Nacht von schwerem Flakfeuer. Die Dunkelheit wich, es wurde blendend hell. Die Wolkendecke im Westen gleißte wie Silber, und strahlend regnete Licht herab... das war herrlich, das nahm den Atem, das drückte nieder in wilder Angst ... ‚Leuchtzeichen! Jetzt geht's los!'" (S. 162) Und natürlich wieder über allem der barhäuptige Hauptmann. „Er stieß Wolzow mit der Faust in die Rippen, und Wolzows Gesicht verzerrte sich zu einem Grinsen. Der Hauptmann bellte: ‚Gleich geht's los! Schmiedling, halten Sie sich bereit, Mensch, wenn der Wolzow schlapp macht!' Dann ging er. Schmiedling rief: ‚Die zwoa Flaschen, Wolzow, sie san uns sicher!'" (S. 162) Was für ein Bild wird hier von der Wehrmacht und den jungen Soldaten vermittelt? Sind sie nicht alle im Grunde ganze Kerle, lediglich verführt und verirrt?

Wolzow ist bei solchen Szenen der Ruhepol. Er kennt keine Angst. „Holt, mit einer Kopfbewegung, sah Wolzow breitbeinig hinter dem Geschütz stehen, ohne Helm, und sah ihn mit gleichmäßigen Bewegungen Patrone auf Patrone ins Rohr schieben." (S. 270) „In Holt zog Ruhe ein: Gilbert schießt!" (S. 273) „Er blickte zum Himmel, dort zog abermals eine Kette viermotoriger Bomber heran. Gruppenfeuer! ... Gruppe! Wolzow lud rasch und sicher." (S. 274)

In der Sekundärliteratur werden solcherart Schilderungen als reportagenhaft oder naturalistisch gekennzeichnet. Problematisch aber ist doch die Abstandslosigkeit, mit der Krieg als eine Bewährungssituation besonderer Art erlebbar gemacht wird, als Abenteuer, das es durchzustehen gilt.

Burkhard Schröder weist in seiner Arbeit nach, wie Anlage und Erzählweise des Romans zu einer ganz anderen Wirkung führen, als es sich der Autor einstmals erhoffte. Bei den jungen Neonazis fruchtet auch nicht die schulische Behandlung. Im Gegenteil. Sie sind von den Kampfszenen beeindruckt. Nicht aber von einem inneren Entwicklungsprozeß und den grübelnden Fragen nach dem Sinn des Krieges. Solche Haltung verbindet sich mit den Kriegserzählungen der Väter und Großväter. „Der deutsche Soldat war ganz anders, als in der Schule behauptet wird, das hat mir mein Vater erzählt, und das sieht man in ‚Werner Holt'."[21] Und es sei schließlich nochmals darauf verwiesen, wie sehr in einem frustrierenden Alltag die Abenteuer des „gefährlichen Lebens" locken.

21 Schröder, Rechte Kerle.

Im übrigen wies Anna Seghers schon 1929 darauf hin, wie die Jungen mit leuchtenden Augen aus dem Kino kamen, nachdem sie den Antikriegsfilm „Im Westen nichts Neues“ gesehen hatten. Auch hier der Widerspruch zwischen intendierter Wirkungsabsicht und tatsächlicher Wirkung. „Vielen von ihnen mögen in diesem Film nicht die Schrecken des Krieges eingegangen sein, sondern das Abenteuer, Proben der Kameradschaft, heroische Opfer ...“,[22] überlegt Anna Seghers.

Junge Leute können heute bei der Holt-Lektüre zu ganz analogen Leitbildern kommen. Schröder bedenkt, auch auf die Verfilmung des Romans eingehend: „Natürlich muß man weder Buch noch Film gerade so sehen. Zum Kultfilm vieler Jung-Rechter im heutigen Osten Deutschlands konnte ‚Werner Holt‘ aber werden, weil er in eine psychologische Lücke hineinstieß, die Autor und Regisseur weder vermutet noch beabsichtigt hatten. Eine pubertäre Aufbruchstimmung, weg vom Elternhaus, hin zu Freiheit, Kampf und Abenteuer.“[23]

DAS BILD VON DEN SOLDATISCHEN MÄNNERN

Diese Kampf- und Kriegsszenen lassen ein Männerbild aufleben, das mehr als problematisch ist. Es ist das Bild von den „Soldatischen Männern“, mit dem sich Klaus Theweleit in seinen „Männerphantasien“[24] auseinandersetzt. Auffällig ist, wie sehr im ersten Band der

22 Anna Seghers, Die Jugend erobern, in: Anna Seghers über Kunstwerk und Wirklichkeit II. Erlebnis und Gestaltung. Bearbeitet und eingeleitet von Sigrid Bock, Berlin 1971, S. 50. Besonders im Exil setzt sich Anna Seghers in ihrer Faschismusauseinandersetzung mit dem „gefährlichen Leben“ auseinander.

23 Schröder, Rechte Kerle, S. 65.

24 Klaus Theweleit, Männerphantasien, Basel 1977. Theweleit setzt sich, wie er in seinen Nachbemerkungen schreibt, mit „zwei Theorien“ auseinander, „die den Anspruch erheben, den Hauptteil einer Erklärung der Funktion des faschistischen Staates in der bürgerlichen Gesellschaft zu leisten“. Die eine geht vom „Primat der Politik“, die andere vom „Primat der Industrie“ aus. Erinnert sei in diesem Zusammenhang auch an Georgi Dimitroffs Faschismusdefinition. Theweleit aber geht es um einen „dritten wesentlichen Aspekt“, der in diesen Theorien nicht enthalten ist.: „die Wünsche, die Lebenskraft der in den historischen Prozessen agierenden Menschen“. Er folgt damit Wilhelm Reich, „der in seiner ‚Massenpsychologie des Faschismus‘ (1933) als erster nach den Voraussetzungen des Siegs des Faschismus in der Struktur bestimmter Massen gefragt hat“. Theweleit schreibt: „Es geht um die Attraktion des Faschismus selbst. Und diese Attraktion ist von Anfang an eine Attraktion der Gewalt. [...] Ein Verständnis dieser quasi ‚freiwilligen‘ lustvollen Feier der Gewalt und der Gewaltausübung selbst hat mich interessiert.“ (S. 532 ff.) Solche Zusammenhänge sollten in der Auseinandersetzung mit Nolls Roman mitbedacht werden.

„Abenteuer des Werner Holt" Wert auf die Schilderung des Körperäußeren gelegt wird, auf die Schilderung des schönen und häßlichen Männerkörpers. Oft genug schließt der Erzähler von einem häßlichen Körper auf einen fiesen Charakter. Beispiele: Otto Barth, der HJ-Führer, „groß und stark, mit einem verpickelten vom Schreien geröteten Gesicht". (S. 63) Herbert Wurm, der Stammführer, „ein großer, magerer Bursche mit einem eiförmigen Gesicht und schwarzen, mit Pomade am Kopf festgeklebtem Haar. Er ließ stets den Unterkiefer herabhängen, und der offene Mund gab seinem Gesicht einen Ausdruck unbeschreiblicher Dummheit." (S. 63 f.) Wieder ein anderer hat eine „krumme Nase". Und schließlich Ziesche, der Gegenspieler Holts und Wolzows: „ein gedrungener, blonder Junge von siebzehn Jahren, etwas dicklich, mit weibischen Zügen, unreiner Gesichtshaut und einer großen Warze an der linken Schläfe." (S. 146) Ihn „überraschte Holt mit einem kleinen, blonden Jungen mit weichem Haar und verträumten Augen". (S. 187)

Oder es sei an die ausführliche Zeichnung des Obervormann Schulze erinnert, „ein grober, stiernackiger Bursche. [...] Den wasserhellen Augen fehlte jeder menschliche Ausdruck, sie blickten [...] tierhaft drein. [...] Der deprimierende Eindruck wurde verstärkt durch die zu lang herabhängenden, mit Muskelwülsten bepackten Arme und eine reichliche Körperbehaarung, die Holt [...] mit immer neuem Ekel erfüllte". (S. 346) Verwiesen sei auf Ziesches Vater, den „Reichsbeauftragten für die Festigung deutschen Volkstums im Generalgouvernement" (S. 187), also den Mann von Gerti Ziesche. Zu diesen Figuren zählt der Unteroffizier Revetcki, den Gomulka „pervers" nennt und der sich dann auch entsprechend aufführt. „Er pflegte sorgfältig seine schlanken Hände und parfümierte sich. Sein Gesicht war zerknittert, verfältet; in der Mitte, über einem hölzernen, roten Mund, hing eine gurkenförmige Nase herab." (S. 412) „Der Wolzow weiß, daß ich heterosexuell bin." (S. 413)

Ganz abgesehen davon, mit welchem Landservorzeichen Homosexualität gekennzeichnet wird, gibt es mit diesem Bestiarium noch ein tieferes Problem. Nur diese Figuren sind die Schuldigen, die Schlimmen, die Perversen. Sie sind übrigens auch keine Kämpfer. Dagegen sind die unschuldig Verführten um Werner Holt doch von ganz anderer Art. Sie beweisen ihre kriegerischen „Tugenden" bis hin zum

Schluß: Sie haben den Mut, sich zu schlagen wie jener Oberfeldwebel Burgkert, der gegen Ende in die Handlung eingeführt wird, ein „ausgewichste(r) Panzermann". (S. 476) Vormals armer Bauer in Pommern, der in Hoffnung auf Land als Berufssoldat in den Krieg zog. Nun fühlt er sich betrogen und ist ständig betrunken. Schon das Äußere ist imponierend. Ein „riesiger Mann". (S. 437) „Er war so groß wie Wolzow, aber viel breiter und bulliger." (S. 436) „Er ließ sich von niemandem etwas sagen, grüßte die Offiziere lasch, herablassend und erwiderte den Gruß Untergebener mit einem Kopfnicken. [...] EKI und EKII [...], goldenes Verwundetenabzeichen, silberne Nahkampfspange, Deutsches Kreuz in Gold, sieben Panzervernichtungsabzeichen ..." – „‚Schau dir den Ramsch ruhig an, mein Junge!'" [...] Wir sind ja so beschissen worden. [...] Er goß sich das Glas wieder voll." (S. 437)

In der Schlußhandlung des ersten Bandes wird Burgkert zu einer bestimmenden Figur. Dieser „soldatische Mann", der in seiner Verzweiflung, die Niederlage vor Augen, vom Kampf nicht lassen kann. Holt und seine Kameraden folgen ihm. Verbunden mit einer Kriegsmaschinerie, verwachsen mit ihrem Geschütz und mit ihren Panzern. Immer wieder rappeln sie sich auf und ermannen sich. „‚Durch!' Brüllte Burgkert. ‚Durch! Hurra!' Die Schützen in den Schneemänteln waren dabei, sich einzugraben, warfen die Spaten weg und griffen zur MP. Handgemenge. Urrä und Hurra in einem. Schmetternde Detonationen von Handgranaten, splitternde Kolben, Mündungsfeuer. Holt stolperte, fiel aufs Knie. Die Maschinenpistole verschaffte ihm Luft. Vor ihm war Dunkel. Flucht!" (S. 473) „Ein ganzes Ausbildungsprogramm wurde in Holt lebendig: wie man sich in den toten Winkel eines Panzers pirscht, wie man sich überrollen läßt, wie man von hinten auf den Stahlkoloß losgeht ... Aber wie man im Inneren dieses Stahlgrabes sitzt, die Nerven bis zum Zerreißen gespannt, gelähmt vor Angst, das erlebte er zum erstenmal, die Sinne wach wie ein Tier, das sich in Todesangst duckt. [...] Wolzow schießt! Auf der Grabenböschung sprang eine Fontäne von Feuer, Schnee und Erde hoch. [...] ‚Wir brennen ... Hiiiilfe!' Wolzow eiskalt: ‚Wieder'n Graben, Herr Oberfeld, Schützenlöcher!' [...] Der Fahrer: ‚Hab ein Schützenloch unter der Kette!' Der Motor raste, der Panzer drehte sich wie ein Kreisel um seine Achse ... In Holt stieg Grauen hoch." (S. 485 f.)

Es scheint, die Erzählerfigur wird nicht klüger. Von Anfang bis Ende schwelgt sie in der Schilderung der Kampfszenen. Tempo, Atemlosigkeit, alles entlädt sich. Männerbilder. Oder so erzählen Männer über den Krieg. Nolls Zwiespalt läßt sich an der Erzählhaltung erkennen. Natürlich verabscheut er den Krieg. Aber im Erzählen wird er sichtlich in eine Welt hineingezogen, die ihn noch nicht entlassen hat. Nun könnte man fragen, begegnet der Autor solchen kriegerischen Männerbildern nicht dadurch, daß er mit Holt einen höchst sensiblen Helden zeichnet, und wird diese Sensibilität nicht gerade in seinem Verhältnis zu Frauen offenkundig? Doch auch hier folgt der Autor den bekannten Klischees. In der Handlung unterliegen alle jungen oder älteren Frauen Holts Charme. Ob „siebzehn Jahre alt, schlank, zigeunerhaft, hübsch und schlampig" (S. 25) wie Marie Krüger, ob intellektuell überlegen wie die Offizierstochter Uta von Barnim oder die femme fatale Gerti Ziesche und zuvor das Schankmädchen. „Er wußte nicht einmal ihren Namen. Er dachte an Marie Krüger. Er dachte an Uta." (S. 69) Und dann schließlich Gundel, die von Holt „Utas Kreuz mit dem Kettchen in ihre Hände" bekommt. (S. 343)

Manche dieser Szenen strotzen vor Sentimentalität. Man lese die Holt-Gundel-Szene, in der ihre Liebe begründet wird. (S. 330–335) Ist es Zufall, daß sie an die Faust-Gretchen-Szene in Marthe Schwertleins Garten erinnert? Gundel und Gretchen erschauern vor dem Freund des jeweils Geliebten. „Ist das dein Freund? Ich glaube er … hat kein Herz" (S. 331), sagt Gundel, ehe Holt sie das Küssen lehrt. Andere Szenen enden mit markigen Sätzen. „Das Abenteuer war Vergangenheit. Die Gegenwart war Uta. Die Zukunft war der Krieg." (S. 93) Das Problematische dieser Konstellationen bringt Günter de Bruyn in seiner Parodie „Gundel oder die Moral" auf den Punkt. Er läßt den Helden sagen: „‚An den Frauen und Mädchen entwickle ich mich empor, durch sie hindurch gelange ich zur Wahrheit. […] Das ist ein Prozeß, der irreversibel, also nicht umkehrbar ist, verstehst du?' ‚Nein, Werner! Wie können denn alle Menschen nur Leitersprossen für einen Entwicklungshelden sein?'"[25]

25 Günter de Bryn, Maskeraden. Parodien, Halle 1966. S. 16.

Nun wird mancher einwenden, daß Holt ja selbst zu Einsichten kommt, sein Verhältnis zu Wolzow immer distanzierter wird. Man wird darauf verweisen, wie er bei den Aktionen gegen die Partisanen den Hausmeister und die Tochter befreit und vor dem Tode rettet, wie ihn die SS-Bestialität in der Sägemühle erschüttert. Und man wird hervorheben, wie Holt sich immer trostloser und einsamer fühlt, kritisch seine inneren Prägungen prüfend, und dabei jegliche Illusionen verliert. Wo der Erzähler das ausstellen will, läßt er, wie Frank Trommler schreibt, Holt seinen „privaten Kommentar" hinzufügen. „Ihm wird gleichsam Gelegenheit gegeben, einen Schritt zurück zu treten, um das Erlebte zu fixieren und auszulegen."[26]

SCHWÄCHE DER ANTIKRIEGS-RHETORIK

Zweifellos ist aber damit die Figur überfrachtet. Die Darstellung erreicht bei weitem nicht die Eindringlichkeit der vorher geschilderten Kampfszenen. Wenn, wie nach dem Sägemühlenerlebnis, Holt mit einem Mal auf den Grund der Dinge schaut und dann die „Exegese des gesamten politischen Geschehens in den Mund" gelegt bekommt, „die seine ‚Menschwerdung' mit Hilfe religiöser Gerechtigkeitsformeln ins Allgemeine projiziert".[27] „Vielleicht muß das so sein ... damit wir endlich wir selbst werden. Vielleicht muß es so sein, daß alles dies erst über uns selbst kommt: Elend, Zerstörung, Qual und Tod, in den Bombennächten, und nun wohl bald überall, im ganzen deutschen Land." (S. 396) Zuvor schon hatte der Freund Gomulka angesichts dieses Erlebnisses die Apokalypse (Offenbarung Johannes 6,8) beschworen. „Und ich sah, und siehe, ein fahles Pferd. Und der darauf saß, des Name hieß Tod, und die Hölle folgte ihm nach."[28] An anderen Stellen nutzt Noll einen platten agitatorischen Gestus, um die Einsichten zu vertiefen. Erinnert sei an die Debatte, bevor Gomulka

26 Trommler, Von Stalin zu Hölderlin, S. 162 f.
27 Ebenda, S. 165.
28 Stuttgarter Jubiläumsbibel mit erklärenden Anmerkungen, Stuttgart 1949. S. 409. In „Die Abenteuer des Werner Holt" sagt Sepp Gomulka: „Und ich seh das Kriegsende ... das fahle Pferd, von dem es heißt: Und der darauf saß, des Name hieß Tod. Und die Hölle folgte ihm nach." (S. 388)

und der Gefreite überlaufen und Holt verhindert, daß sie von Wolzow erschossen werden. Wie ist über die Kernsätze heute zu sprechen? „,Ich kann nicht!' rief Holt. Im Bruchteil einer Sekunde liefen all die eingedrillten Begriffe durch seine Gedanken: Vaterland, Treue, Ehre, Pflicht. ,Ich kann doch nicht zu den Russen! Ich bin doch Deutscher!' ,Junge!' rief der Gefreite. ,Mach Schluß mit den Phrasen! Damit haben sie die Arbeiter lange genug aufeinandergehetzt! Sieh endlich ein, wer unser Todfeind ist! ... Es heißt nicht: Russen und Deutsche, sondern es heißt immer noch: Bourgeois und Proletarier! Bist du Fabrikbesitzer? Heißt du Krupp?'" (S. 462) Und Gomulka wirft Wolzow vor: „,Denk an die Sägemühle! Du weißt viel mehr als du zugibst! Du hast uns nie die Wahrheit gesagt, [...] Du willst uns zugrunde richten [...], damit du deine Freude am Kriegsspiel hast! [...] Du weißt alles! Du kennst den Kommissarbefehl. [...] Du kennst den Nacht-und-Nebel-Erlaß [...] du weißt genau, was Auschwitz ist.'" (S. 459) Genau darin liegt die Fragwürdigkeit. Sie allein wissen es nicht.

Gerät nicht „fast in Vergessenheit", fragt Sigrid Töpelmann in ihrer Analyse 1975 als eine der wenigen schon zu DDR-Zeiten, „daß Holt ganz real ein Soldat der faschistischen Wehrmacht ist, einer von denen, die schießen und treffen (was Noll auch in der Handlung stärker übergeht, als gut ist), daß Holt zum Beispiel durchaus konkrete Mitschuld daran hat, daß noch in den letzten Kriegsstunden eine Stadt in Flammen aufgeht".[29]

Die Wehrmacht war der Ort, wo die Gewaltfähigkeit der Bevölkerung mit den Gewaltpotentialen des nationalsozialistischen Regimes zusammentraf. Bei Noll droht diese Tatsache aus dem Blickfeld zu geraten. Eben dieses Übergehen, die vorzügliche Schuldzuweisung an die SS und nicht an die Wehrmacht ist das Problematische des ersten Bandes. Macht die „Holt-Generation" nicht auch deshalb diese „Abenteuer" zu ihrem Abenteuer? So tief der Autor Holt am Ende in den Krieg hineingeraten läßt, er bewahrt ihn vor dem Scheitern. Der Held wird gerettet für den Aufbau einer neuen Gesellschaft, also für den zweiten Band. Ein solches Konstrukt verhindert dringliche Debatten. Und hier kommt nun der Punkt, wo sich literarische Fragen und

29 Sigrid Töpelmann, Autoren, Figuren, Entwicklungen. Zur erzählenden Literatur in der DDR, Berlin/Weimar 1975, S. 276.

Lebensfragen ganz eng berühren. Nochmals sei an Franz Fühmann erinnert. Seine erbarmungslose Selbstanalyse führt zu einer ganz anderen Konsequenz, wenn er an den in den Krieg gezogenen jungen Nationalsozialisten denkt. Denn er stellt das mögliche Funktionieren in Auschwitz in den Mittelpunkt. Vor solcher Befragung aber wird Nolls Held gerettet. „Gesetzt, du wärest nach Auschwitz kommandiert worden, was hättest du dort getan? Nein, sage nicht die Frage sei unsinnig, da du ja eben nicht dort gewesen bist ... Gewiß, ein gütiges Geschick hat mich im Krieg (und auch davor) bewahrt, Grausamkeiten zu begehen; es ist nicht mein Verdienst, sie sind mir nicht befohlen worden. [...] Aber wenn es mir befohlen worden wäre [...] Und es brauchte ja nicht Auschwitz zu sein, nur eine Handvoll Morde. [...] Du hättest in Auschwitz vor der Gaskammer genauso funktioniert, wie du [...] hinter deinem Fernschreiber funktioniert hast.“[30]

Daß Dieter Noll nicht Holts „innere Entwicklung [...] in eine unglaubwürdige Saulus-Paulus-Bekehrung umschlagen“ ließ, wie Frank Trommler schreibt, war für den damaligen Leser in der DDR schon bemerkenswert.[31] Von verordneten positiven Wandlungshelden hatte er genug. Im Gegensatz zu seinen Lehrern fehlt aber dem heutigen jungen Leser dieser DDR-Hintergrund. Insofern wird er Holts „Aushalten“ bis an das bittere Ende wider bessere Einsicht anders beurteilen. Mancher wird nicht zu kritischem Abstand finden. Und es tritt nun ein, was Sigrid Töpelmann 1975 völlig zu Recht befürchtete: „Die eigene, konkrete Schuld Holts wird [...] noch stärker in den Hintergrund gerückt.“[32] Aber das provoziert die Anlage des Romans. Zudem bekommt der Held am Ende noch eine schnell fertige Generalabsolution. Symbolträchtig findet ja „großes“ Theater statt, wenn Holt nun das Gewehr auf Wolzow und die SS anlegt. „Der Vorhang riß mitten durch. [...] Holt zog ab. [...] Es war soweit. Die Rechnung wurde beglichen, für die Sägemühle, für die Gestreiften, für Gundels Eltern ... Ihm war, als falle die Vergangenheit wie eine Last von ihm ab.“ (S. 535)

30 Franz Fühmann, Zweiundzwanzig Tage oder Die Hälfte des Lebens, in: ders., Das Judenauto, Kabelkran und blauer Peter, Rostock 1979, S. 473 f.

31 Trommler, Von Stalin zu Hölderlin, S. 163.

32 Töpelmann, Autoren, Figuren, Entwicklungen, S. 275 f.

Wie läßt doch Johannes Bobrowski seinen Erzähler in „Levins Mühle. 34 Sätze über meinen Großvater" zu Beginn des 9. Kapitels sagen: „Der fünfzehnte Satz gehört nicht zur Handlung. Wenn auch zu uns, er heißt, nicht ganz genau: Die Sünden der Väter werden heimgesucht an den Kindern bis ins dritte und vierte Glied. Da reden wir also über die Väter oder Großväter und müßten doch wissen, daß diese Väter oder Großväter ihrerseits ebenfalls Kinder sind. [...] Da gibt es kein Ende, wenn wir erst anfangen herumzusuchen. Da finden wir Schuldige über Schuldige und halten uns über sie auf und nehmen uns unterdessen vielleicht stillschweigend aus."[33] Aber wer liest noch „Levins Mühle" von Johannes Bobrowski?

33 Johannes Bobrowski, Levins Mühle. 34 Sätze über meinen Großvater. Dritter Band. Die Romane, Berlin 1987, S. 126.

DIE AUTOREN

Dr. Jürgen Danyel, Wissenschaftlicher Mitarbeiter am Zentrum für Zeithistorische Forschung in Potsdam. Veröffentlichungen u. a.: Die geteilte Vergangenheit. Zum Umgang mit Nationalsozialismus und Widerstand in beiden deutschen Staaten, 1995; Gesellschaft ohne Eliten? Führungsgruppen in der DDR (Mithrsg.), 1997.

Dr. Insa Eschebach, Wissenschaftliche Mitarbeiterin am Kulturwissenschaftlichen Seminar der Humboldt-Universität zu Berlin. Veröffentlichungen u. a.: Ermittlungskomplex Ravensbrück. Das Frauenkonzentrationslager in den Akten des Ministeriums für Staatssicherheit, in: IWK 33 (1997), S. 212–231.

Diana Gring, M. A., Historikerin, Arbeit an einer Dissertation zum Thema „Todesmärsche in der Endphase" an der Universität Hannover, Autorin und Regisseurin im Dokumentarfilmbereich.

Andreas Herbst, Historiker, Mitarbeiter am Zentrum für europäische Sozialforschung, Herausgeber des biographischen Handbuches des deutschen Kommunismus, Mitherausgeber des Handbuches „Die SED – Geschichte, Organisation, Politik", 1997.

Dr. Wolfgang Kießling († März 1999), Historiker, em. Professor für Geschichte. Veröffentlichungen u. a.: Partner im Narrenparadies, 1994; Paul Merker. In den Fängen der Sicherheitsorgane Stalins und Ulbrichts, 1995.

Dr. Annette Leo, Historikerin und Publizistin, Mitglied der Fachkommission der Stiftung „Brandenburgische Gedenkstätten". Veröffentlichungen u. a.: Fürstenberg-Drögen, Schichten eines verlassenen Ortes, 1994; Geschichte wird Erinnerung. Zum 50. Jahrestag der Befreiung im Land Brandenburg (Hrsg.), 1995.

Peter Reif-Spirek, Stellvertretender Leiter der Landeszentrale für politische Bildung Thüringen, Referat Jugendbildung, Gedenkstättenarbeit; Veröffentlichungen u. a.: Speziallager in der SBZ. Gedenkstätten mit „doppelter Vergangenheit" (Mithrsg.), 1999.

Regina Scheer, Publizistin und Kulturwissenschaftlerin; Veröffentlichungen u. a.: AHAWAH. Das vergessene Haus, 2. Aufl. 1997; Es gingen Wasser wild über unsere Seele. Ein Frauenleben, 1999.

Martin Straub, Literaturwissenschaftler, z. Z. Geschäftsführer des Thüringer Büros zur Autoren- und Leseförderung, Lese-Zeichen e. V. Veröffentlichungen u. a.: Blicke auf ein Denkmal. Zu Texten über den Warschauer Ghettoaufstand von Stephan Hermlin und Hanna Krall, in: Argonautenschiff. Jahrbuch der Anna-Seghers-Gesellschaft, 6/1997.

Andreas Weigelt, 1996 Autor der Wanderausstellung „Umschulungslager existieren nicht" zum Speziallager Nr. 6; 1997 Wanderausstellung „Die Juden sollen zittern" zum KZ-Nebenlager; seit 1998 Vorbereitung einer Bildungs- und Begegnungsstätte in Jamlitz.